"中国治理的逻辑"丛书
丛书主编 ◎ 唐亚林

社区治理的逻辑
城市社区营造的实践创新与理论模式

THE LOGIC OF COMMUNITY GOVERNANCE

Practical Innovation and Theoretical Model of Urban Community Revival

张安平　华英姿
施海涛　张波
唐亚林　钱坤
徐龙喜
王旗
著　审

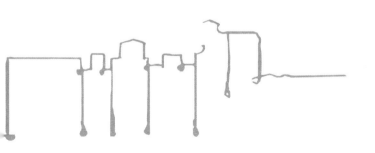

复旦大学出版社

周家渡街道云台二"标准化样板居民区建设"
入选"2018中国(上海)社会治理创新实践十佳案例"

荣誉证书

周家渡街道原党工委书记张安平（左二），原街道办主任、现街道党工委书记华英姿（右一），街道党工委副书记张波（左一），云台二居民区原党总支书记陈纯（右二）在社区进行调研

街道领导集体听取社区营造方案汇报

街道领导听取社区营造预算费用情况汇报

周家渡街道云台二居民区社区营造动员大会现场

社区营造专家团队总负责人唐亚林教授与居民区党总支书记陈纯等现场商讨社区营造事宜

街道、社区、社区营造团队等成员与有特殊需求的居民进行当面沟通交流,现场解决问题

营造专家给居民讲解社区改造设想

遛狗俱乐部议事会讨论现场

改造前的社区中心花园

改造后的社区中心花园

社区居民在改造后的
社区中心花园健身休闲

改造后的中心花园休憩点

社区营造专家团队总负责人唐亚林教授、
规划师徐龙喜与社区议事会志愿者合影

人心政治：探寻中国治理的奥秘
（丛书总序）

复旦大学　唐亚林

大约五年前，一个朋友从美访学归来，我们一起小聚。言谈中，他提到了网络上流传甚广的关于中美生活环境对比的"对联"：上联是关于美国的，即"好山好水好无聊"；下联是关于中国的，即"又脏又乱又快活"。虽然是逗趣，也有点以偏概全，可也形象地说明了中美生活环境的各自优点与不足。

那天，笔者喝了点酒，脑子正处于兴奋状态，突然一下子冒出了给这幅对联做个"横批"的想法，而且横批的内容也一下子从脑海里冒了出来，即"美中不足"四个字。这是个双关语横批，即指中美生活环境都既有好的一面，又有不好的一面，而"美中不足"很贴切地表达了中美双方的各自特点，而且还是一个成语，通俗易懂。当时，朋友们听了，都说好，属于"绝配"。

这副看似戏谑的民间流传的对联，实际上深刻地揭示了中美两国民众对于生活本质理解的深层次差异。2017年1月，笔者在时隔15年后重访美国，相继参访了纽约、亚特兰大等地。重新审视以往教科书与专著上所言的美国与现实生活中的美国，比较了以前怀着阅读心情考察的美国与如今怀着重新评估心情考察的美国，真切感受到"美国虽然还是那个美国，可却换了人间般"。

何故？因为笔者发现美国虽享有极其广袤富饶而得天独厚的自然环境，而且还拥有长久发展的能力，可这个国家从上到下、从左到右已然失去了创造关系、创造情感、创造日子的能力。立基于个人主义的完全原子化社会把美国社会分割成了大大小小的功能区隔性单元，并通过滚滚的汽车洪流，让合作主义失去了社会根基，出现了笔者谓之的"基于个人主义的汽车国度运不来合作主义现象"。

2019年暑假，笔者再次前往美国。期间，笔者专门从美国中南部到东南部转了一圈，感觉如同2017年一样，地大物博，人烟稀少，得天独厚，这是上天赐给美国最宝贵的东西。可在这片空旷的土地上，其存在的问题也越来越明显：国家上下没有贯通，左右没有联结。虽然美国有巨大的发展活力，但立基个人主义的单打独斗式发展模式终究是竞争不过全国上下齐心、左右联合的中国发展模式的，其中最为核心的，还是美国没有像中国那样，有幸拥有一个像中国共产党这样强大的政党组织来领导国家的发展。

遥想近190年前（1831—1832年），法国思想家托克维尔与友人一起到美国考察，停留了9个多月后，回国写了洋洋洒洒的两大卷《论美国的民主》，热情讴歌深嵌于美国社会的追求平等的观念、反对多数人暴政的原则、自由结社的艺术、新英格兰的乡镇自治精神等美好画卷，而如今的美国又呈现出一幅什么样的画面呢？

自20世纪30—40年代开始，由工业化和城市化双重动力推进的美国社会进入到大都市圈（区）时代。大量的中产阶级居住在大城市的郊区，纷纷搬进了一家一户的独栋别墅，即居住空间"house"化，[1]其意外的后果是开始摧毁美国人引以为傲的社

---

[1] 这种house多半两三层，开放式格局，前后有花园，主要用木材搭建，采用标准件方式构建，易建造，易装修，冬暖夏凉。

会交往与结社的根基,主要表现在城市空间布局的功能化,生产与生活空间分离;服务设施与民众生活方式"功能区隔化",人与人的交往疏离化。比如,人们购物餐饮大多进郊区的大型 shopping mall(如今大多是 super mart),其中各类功能性品牌门店林立(如 Wal-mart、Nike、Gap 之类),人来人往,没有交集;封闭的居住小区,逐渐呈现相互隔开的富人区与穷人区并存状态,物以类聚,人以群分;小区空间分布不再以教堂、邮局、学校等为中心,而是呈现由圈到线、由线到排的并排状态,各自一统,互不往来;人与人之间失去交往信任,健身遛狗成为时尚,还美其名曰是亲近自然。

与中产阶级居住郊区化紧密相连的是美国"三化社会"的全面降临:一是"生活功能区隔化",如购物大卖场化、餐饮集中化、小区贫富分化;二是"社团服务的门槛化",如社会福利性社团穷人化、政治性社团精英化、宗教性社团保守化;三是"个人生活的原子化",如居家生活的宠物化、业余生活的电视化、交往生活的自然化。此外,当初推动美国国力强盛、汇聚民心意志的移民的创造活力,在美国国家现代化进入政治生活资本化、财富分配两极化、金融生活大鳄化、社会福利寄生化、公共安全焦虑化、身份流动固定化等诸多因素交织的后现代化时代,反而日渐退化,整个美国社会兴起了对资本的贪欲崇拜与生活奢靡消费之风,这不断地侵蚀着美国当初的立国精神——"人人生而平等""每个人都是自己命运的主宰(机会平等)"。其结果是出现了美国社会民情的根本性转变,正如帕特南所著一书的书名所言——《独自打保龄球:美国社区的衰落与复兴》(*Bowling Alone: the Collapse and Revival of American Community*)。人们不再关注公共事务,不再以社会交往平台为参与公共生活的有机载体,而是热衷于亲近自然、锻炼身体、豢养宠物、与动物交朋友……美国社会民情的根本性转变,直接导致社会资本遭到削弱,民众对政府信任度下降,选举投票率徘徊不前,人情淡薄,生活无聊,因此,有人不得不哀叹"好山好水好无聊"了!

反观中国,却是另外一番景象。

中国是一个崇尚团体生活、讲究集体主义精神、有着悠久历史文化传承的东方大国。梁漱溟先生认为,中国社会与西洋社会构造演化不同,以非宗教的周孔教化为中心,以伦理为本位,通过家庭家族生活来有机绵延"彼此相与之情者"的中国文化精神。[1] 费孝通先生亦认为,中国社会是一个以己为中心,并由里向外推所形成的网络状"差序格局"社会,每个人的社会关系犹如一块石头丢在水面上所发生的一圈圈推出去的波纹,愈推愈远,也愈推愈松散,其核心在于以己为中心的亲疏远近关系的建构。[2]

中国人对于人生、生活、国家、世界的理解,深深扎根于中国人对生命奥秘的洞察。如果用一句话来总结中国人千百年来凝结下的美好生活愿望,就是"天下太平,过上好日子"。正是基于这样的美好生活愿望,中国人铸就了三大品性:一是勤劳。只有通过勤劳的双手,才能创造美好的生活,这是中国人笃信不疑的生活信条。虽说哪里的人民都可能具备勤劳的特性,但是中国人的勤劳特性却往往是与劳累和牺牲自己,一心为家庭家族的美好生活和兴旺发达而工作的品性联系在一起的。二是忍耐。中国人的忍耐精神是闻名于世的,无论是在天寒地冻的北方,还是炎热酷暑的南方,无论是在人生地不熟的异乡乃至国外,还是在条件艰苦、资源有限的不毛之地,只要是适合人类生存的地方,只

---

[1] 梁漱溟:《中国文化要义》,上海人民出版社2011年版,第50—51页。
[2] 费孝通:《乡土中国 生育制度 乡土重建》,商务印书馆2011年版,第27—32页。

要能够从土里刨出食来，中国人都可以拖家带口地开荒播种、收获交易、扎根繁衍，最终活生生地闯出一片天地来。三是变通。中国人深谙以和为贵、和气生财、家和万事兴的和合之道，其精髓在于变通，如《周易》所言："穷则变，变则通，通则久。"也就是说，中国人干什么事情，都会争取获得最佳效果。只要是认准的事情和事业，有比当下状况更好的光明前景，即使受制于各方面条件，中国人也会想尽一切办法，没条件也要创造条件上，绝不会轻易地放弃和服输；中国人按照"绩法理情势"的原则，在时势都具备时，会动用一切资源和人脉，大干快上，尽可能地创造出让更大的群体共享的美好成果。当然，中国人的做事和过日子的"变通"品性，既具有积极向上、开拓创新的正向激励作用，也内蕴明哲保身、"人在屋檐下，不得不低头"的负向沉沦效应。

基于向往美好生活而铸就的中国人的勤劳、忍耐与变通三大品性，源于中国人独特的圈层包容共生式"四层次三十二字"需求观。这种需求观不像马斯洛所言的基于纯粹个体选择、不受其他条件约束的阶梯式需求观（见图丛书总序-1），即生理需求、安全需求、归属和爱的需求、自尊需求、自我实现需求依次满足基础上的逐层提升。马斯洛一方面承认基本的需求得到满足后，又有新的（更高级）的需求出现，依次类推，展现出一种相对优势的层次，即按优势或力量的强弱排成等级，"相对的满足平息了这些需求，使下一个层次的需求得以出现，成为优势需求，继而主宰、组织这个人"；另一方面他也承认"高级需求也许不是在低级基本需求的满足后出现"这种例外情况，是可以在诸如禁欲主义、理想化、排斥、约束、强迫、孤立等场景中产生的，且这种情况"据说在东方文化中是普遍的"。这就意味着这种基于个体从低到高逐层满足的需求观，并非是人类社会需求观的"唯一源泉",[1]而且存在忽视个体需求观与家庭、家族和国家的需求观的有机连接和嵌套复合之不足。从此意义上讲,马斯洛基本需求观的层次论内蕴着无可弥补的缺陷,更与东方社会将个体需求观与家庭、家族和国家需求观内在统一的特质相距甚远,即使其能成为西方社会基于个人主义的个体需求观模式,但构不成人类社会社会整体动力理论的需求观模式。

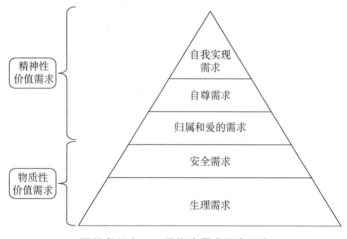

图丛书总序-1　马斯洛需求层次理论

中国人的需求观是一种圈层包容共生式"四层次三十二字"需求观,是历经千百年演化的,建立在农耕时代宗法社会特质基础之上的,基于中国人特有的"生不过百年""生有涯"的生活与生命哲学。它也是一种基于血缘关系和族群关系而建构的对个体、家庭、家族、国家与世界的生存、延续、发展、共荣的使命担当,包含了中国人对于成功人生标准的认知,体现了中国人的家国情怀和历史使命。简单地讲,对于普通人来说,这种情怀和使命体现在"耕读传家"的传统理念中,也体现在儒家对士人的

---

[1] [美]亚伯拉罕·马斯洛:《动机与人格》(第三版),许金声等译,中国人民大学出版社2007年版,第18—42页。

"修身齐家治国平天下"之"个体家庭家族国家天下"依次递进的教义要求上。

这种圈层包容共生式"四层次三十二字"需求观的内涵,最根本地体现在相互依赖、嵌套复合并一体化贯通的四大层次需求观体系(见图丛书总序-2):[1]一是保障个体生命的存活,这是一切生命得以存续的前提,体现为生存需求,其基本内涵在于"丰衣足食、安居乐业";二是保障家庭血脉的延续,这是个体物理生命与精神生命的双重传承,体现为交往需求,其基本内涵在于"出入相友、守望相助";三是保障家族与国家的繁荣,这是群体生活的价值所在,是各族群共同栖居在同一片土地上的生生不息的动力源,体现为一种家国同构的发展需求,其基本内涵在于"国泰民安、政通人和";四是保障国家和世界的和平共处与

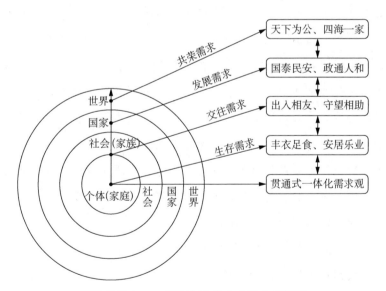

图丛书总序-2　圈层包容共生式需求观模型

---

[1] 唐亚林:《中国式民主的内涵重构、话语叙事与发展方略——兼与高民政教授、蒋德海教授商榷》,《探索与争鸣》2014年第6期。

共同发展，体现为共荣需求，其基本内涵在于"天下为公、四海一家"。在这种相互依赖、嵌套复合并一体化贯通的四大层次需求观体系中，基于农耕社会的发展特质，往往还与对自然界"风调雨顺"的期盼紧密地联系在一起。不过，基于农耕社会的个体与家庭的需求，往往是简单的、以自给自足自然经济为特征的，而人与家庭需要获得更大更高质量的发展，就必须超越家庭这种简单的组织形态，进入到以社会大分工、社会大生产、社会大交往为特征的高级组织形态，从而获得更高层次的发展。

这种中国人的圈层包容共生式需求观始终将个体的生存与家庭的延续、家族与国家的发展、世界的共荣捆绑在一起，并一体化贯通于中国人的生命与生活共同体之中，体现为由物质到精神再到人与人、人与社会、人与国家、人与世界和谐相处的层层递进关系，这四大层次的需求观体系有机统一于天下为公、大同世界的"和合图景"之中。中国人的圈层包容共生式需求观是将个体、家庭、家族、民族、国家和世界紧密相连的美好生活需求观体系，是将个体生命的存活与家庭血脉的延续、家族和国家的繁荣、世界的共荣发展有机连接、相互交融且内在一体化贯通于生命与生活共同体的独特生活与生命体验。与马斯洛的需求层次理论只以个体为单位和根基，只关注个体的需求多样性与递进性相比，中国人的这种需求观与其有着天壤之别，更具备穿越历史时空并放之四海而皆准的独特魅力。

斯塔夫里阿诺斯在《全球通史》中曾经对于不同文化背后的社会控制机制的差异作了精彩论述："为什么理想社会发展模式与现实之间出现了如此大的反差，并且这种反差在不断扩大呢？答案要从文化中去寻找。所有民族的所有文化都由为规范社会成员的行为而设置的控制机制构成。构成各种社会文化的社会标准被认为增强了社会的结合和生存。因此，通常体现在诸文化中的社会标准有利于最大限度地繁衍以保证种族的永存，最大限度地生产以保证经济的维持，最大限度地加强军事力量以保证实际的生存。"[1]"一方水土养一方人。"斯氏认为，同样的政治、经济与社会发展模式，往往因为历史-社会-文化条件的不同，会呈现完全不同的发展走向，产生不同的实际效果，而规范社会成员行为的文化控制机制往往起到了非常重要的作用。这种特定社会的文化控制机制又因需求观的不同，产生了不同的治理目标、治理主体、治理使命、治理制度与治理文化等。

这种在中国大地上生长出来的圈层包容共生式需求观，在作为使命型政党[2]的中国共产党的领导下，孕育出了基于人心政

---

[1] [美]斯塔夫里阿诺斯（L. S. Stavrianos）：《全球通史：从史前史到21世纪》（第7版修订版），吴象婴等译，北京大学出版社2006年版，第790页。

[2] "使命型政党（Mission-oriented Party）""使命型政治（Mission-oriented Politics）"等学术概念由笔者2010年与同事朋友一起进行研讨时首次提出，而后在不同学术研讨会场合及微博微信等社交媒体上笔者又反复提及。笔者在2014年第6期《探索与争鸣》上发表《中国式民主的内涵重构、话语叙事与发展方略》一文，从政党功能等复合视角对使命型政党的内涵进行了说明："中国共产党不仅承担着普通政党所承担的代表与表达两大常规功能，而且还承担着作为长期执政的政党所承担的整合、分配和引领三大新功能，融性质、价值、地位、功能、使命于一体的中国共产党已经成为一种使命型政党（Mission-oriented Party），其所致力于建构的政治已经成为一种使命型政治（Mission-oriented Politics）。而且，这种使命型政党所建构的使命型政治，初步体现了经济建设、社会建设、文化建设、政治建设与生态建设'五位一体'的治理绩效。"

所谓使命型政党，是指建立在超越资本、利益、地方、党派、泡沫民意等，以"为人民服务"为根本宗旨的党性人（组织）假设基础之上，体现先锋队性质，具备领导国家和社会的地位，承担代表与表达、分配与整合、服务与引领等复合角色与功能，发挥建设和领导现代化国家的作用，以实现人的全面自由发展和人类最终的解放为使命，将政党发展、国家发展和世界发展密切结合，历经"党建国体制"到"党治国体制"再到"党兴国体制"的体制变迁，将政党工具理性、价值理性与主体理性三者有机统一及党性（良心）、制度（良制）与治理（良治）三者有机结合的新型政党。使命型政党的特点集中体现在由马克思主义指导，充分认识共产党执政规律、社会主义建设规律和人类社会发展规律，具备自我革命品质与引领国家与社会发展特质的中国共产党身上。

相关文献可参阅笔者如下著述：《中国式民主的内涵重构、话语叙事与发展方略》，《探索与争鸣》2014年第6期；《使命-责任体制：中国共产党新型政治形态建构论纲》，《南京社会科学》2017年第7期；《从党建国体制到党治国体制再到党兴国体制：中国共产党治国理政新型体制的建构》，《行政论坛》2017年第5期；《论党领导一切原理》，《学术界》2019年第8期；《新中国成立70年来中国共产党领导的制度优势与成功之道》，《复旦学报（社会科学版）》2019年第5期；《新中国70年：政府治理的突出成就与成功之道》，《开放时代》2019年第5期；《当代中国政治发展的逻辑》，上海人民出版社2019年版。

治的中国的独特治理观。

这种基于人心政治的中国的独特治理观，首先强调中国共产党作为国家和社会治理的主导性组织所内蕴的组织力量。以往源自西方的经典政党理论都忽视了政党在一国治理中的核心作用，只是把政党当作连接国家与社会的工具，认为政党只是起到代表和表达的作用，甚至也只是沦为一种职位分配、争夺执政权、代表部分群体和资本集团利益的组织。恰恰中国共产党是与众不同的使命型政党，代表着最广大人民的利益，没有自己的私利，不仅具备代表与表达的功能，而且具有整合与分配、服务与引领的功能，既承担着为中国人民谋幸福、为中华民族谋复兴的历史使命，又承担着实现人的全面自由发展和人类最终解放的重大责任。在领导国家和社会实现国家现代化过程中，中国共产党展现了作为政党组织的主体理性特征，表现出一种组织上的强大的自我认知、自我塑造、自我期许、自我实现的能动力；体现在国家和社会的发展模式上，就是政党对理论、道路、制度、文化的自我选择、自我塑造、自我建构、自我实现的能动力，同时表现为政党领导与参与国家建设的能级与能量，以及政党将工具理性、价值理性与主体理性相结合的能动力。

其次，强调中国共产党为建构国家和社会治理的秩序力量。任何一个政治体系的发展，都需要在一个稳定开放的发展环境中进行，而建构系统理性、自主协调、适应变革的制度体系，是保障一国现代化发展的基础性条件。在大变革时代，一国政治体系面临经济发展、政治参与、社会转型、文化变迁、国家统一、大国复兴、国际环境等多重因素的影响，而这些重要变量的时空历史方位与发展次序，不仅存在相互冲突的可能，而且存在特定时空与资源约束条件下多目标优先次序满足与多发展领域重要性选择的权衡问题。这就需要执政党既要考虑改革、发展、稳定这三者的关系问题，把改革的力度、发展的速度和社会可承受的程度有机统一起来，建构稳定的社会秩序，又要考虑党治、民治、法治这三者的关系问题，将坚持党的领导、人民当家作主、依法治国有机统一于中国社会主义民主政治的发展实践，建构有序的政治秩序。

再次，强调中国共产党为建构国家与社会治理的仁爱力量。一个政治体系之所以有生命力，仅仅靠冷冰冰的制度体系来维系社会的运转是远远不够的，不仅运行成本巨大，而且失去了基本的温情。恰恰自古以来中国社会所内蕴的"仁者爱人""推己及人"的思想以及道德教化的情感力量，让整个社会充满了温情。这种仁爱的力量体现在中国共产党治理国家和社会方面，就是通过"结对子"、"送温暖"、谈心、调解、对口支援等情感治理方式，充分发挥"全心全意为人民服务"的宗旨，将以德治国与依法治国有机结合，充分展示中国共产党建构"人心政治"的根基和魅力。

复次，强调中国共产党为建构国家和社会治理的共荣力量。任何社会都是一个由多元主体组成的社会，各守其土，各司其职，相互配合，相互协调，发挥合力，是一个和谐社会生生不息的追求。由于不同的人、不同的组织在社会中占据的地位不同，拥有的资源不一，持有的价值观迥异，如何求同存异，如何实现先富带后富并最终走向共同富裕，始终是人类社会面临的最大挑战之一。中国共产党基于社会主义社会的本质特征，在国内建构"全国一盘棋"理念，在国际上倡导"人类命运共同体"构想，其根本目标在于彻底打破各种先天与后天不平等的羁绊，在效率与公平之间找到有效平衡点，通过渐进的方式，最终走向人类和平共处、和谐共荣的理想状态。

最后，强调中国共产党为建构国家和社会治理的绵延力量。

任何政治体系都是关于人生、人口、人民与人心的制度安排与价值取向的复合。政治体系关于人生的追问，关涉人的不同人生阶段需求及其满足问题；政治体系关于人口的思考，关涉人的不同种族平等权利的保护与规模化人口发展目标选择的优先次序平衡问题；政治体系关于人民的终极关怀，关涉人的主体尊严和共荣发展问题；政治体系关于人心的真切关注，关涉人与政权的价值认同和共同体生活的最终皈依问题。无论是人生问题、人口问题，还是人民问题、人心问题，都涉及政治体系是否可持续地绵长发展问题，其核心奥秘在于执政党是否从人民、民族、国家和世界的需求出发，有机平衡眼前利益和长远利益、近期目标与长远目标、本国与世界的关系问题，这既牵涉一个国家有尊严地立足于民族国家之林的"国格"问题，又牵涉一个国家在地球上发展的"资格"问题。因此就需要中国共产党一是继续加强中国共产党的全面而卓越的领导，创造先进的制度文明；二是继续坚持改革开放，建构不断推进自我革命的宏观大格局，创造绚丽的精神文明；三是继续带领全国上下齐心协力谋发展，创造优越的物质文明，最终开创人类社会"良心＋良制＋良治"的文明发展之路。

正是基于中国人的圈层包容共生式需求观和中国共产党"使命型政党"的独特使命综合而成的中国治理观，促使笔者近年来围绕区域治理、社区治理、城市治理、文化治理、政府治理、政党治理这六大领域，开始了持续跟踪的实地研究与理论研究，并和学生们一起合作，撰写了"中国治理的逻辑丛书"——《区域治理的逻辑：长江三角洲政府合作的理论与实践》（唐亚林著）、《社区治理的逻辑：城市社区营造的实践创新与理论模式》（唐亚林、钱坤、徐龙喜、王旗著）、《城市治理的逻辑：城市精细化治理的理论与实践》（唐亚林、钱坤、王小芳、黄钰婷著）、《文化治理的逻辑：城乡文化一体化发展的理论与实践》（唐亚林、朱春著）、《政府治理的逻辑：自贸区改革与政府再造》（唐亚林、刘伟著）、《政党治理的逻辑：中国共产党治国理政的理论与实践》（唐亚林著）。

其中，《文化治理的逻辑：城乡文化一体化发展的理论与实践》乃笔者承担的2012年度国家社会科学基金重大项目《包容性公民文化权利视角下统筹城乡文化一体化发展新格局研究》（12&ZD021）的阶段性成果；《城市治理的逻辑：城市精细化治理的理论与实践》乃笔者承担的2017年度国家社会科学基金重大专项《大数据时代超特大城市精细化管理的体制机制创新及其关键技术应用研究》（17VZL020）的阶段性成果，由此向给予我们大力支持的有关专家、各级管理部门致以诚挚的谢意！

我们期待这套"中国治理的逻辑丛书"的出版能够为建构当代中国学科知识体系、制度体系、价值体系、话语体系贡献我们的绵薄之力！更期待来自各方面的批评和指正！

目 录

当代中国城市社区治理的新阶段：社区居民美好生活需要与社区营造新时代（导言） / 1

第一章 社区营造的八大原理 / 8

一、社区党建引领社区营造原理 / 8

二、社区空间重塑原理 / 17

三、社区规划顶层设计原理 / 27

四、联合专家组介入原理 / 31

五、社区居民参与协商原理 / 35

六、社区智慧应用原理 / 38

七、社区志愿维护原理 / 40

八、社区营造本土化原理 / 43

本章小结：创造基于中国社区营造生动实践的鲜活原理 / 52

第二章 社区营造的整体设计 / 54

一、"美好周家渡"创建实践 / 55

二、综合性样板居民区推进工作与"整体治理模式试验区创建"的登场 / 59

三、社区营造"六阶三十条" / 66

四、社区营造、社区治理与社区发展的内生动力　　/ 80
　　本章小结：用顶层设计开创社区营造、社区
　　治理与社区发展"三社一体"的新格局　　/ 86

第三章　社区营造的十二步法　　/ 89

　　一、居民区基本情况分析与前期准备　　/ 90
　　二、社区营造专家组前期踩点调研与社区动员　　/ 92
　　三、居民议事会社区营造实地勘察与意见征集　　/ 101
　　四、社区营造主要问题梳理　　/ 109
　　五、社区营造核心战略的确定　　/ 120
　　六、社区营造初步方案形成　　/ 126
　　七、居民议事会社区营造方案评议与投票　　/ 129
　　八、社区营造方案街居职能部门意见征集　　/ 134
　　九、社区营造总体方案优化与投资估算　　/ 136
　　十、社区营造实践推进与居民全程监督　　/ 137
　　十一、社区营造绩效评估与经验总结　　/ 148
　　十二、社区营造标准制定与经验复制推广　　/ 151
　　本章小结：用扎实周密、环环相扣的社区营造
　　实操技术将理论设计转化为生动实践　　/ 153

第四章　社区营造的六大运作机制　　/ 155

　　一、需求导向机制　　/ 155
　　二、重心下移机制　　/ 163
　　三、统筹协调机制　　/ 168
　　四、参与协商机制　　/ 172
　　五、联动维护机制　　/ 176
　　六、以文化人机制　　/ 179

本章小结：通过人、组织、事务、资源、技术、
价值在空间上的重组，让社区营造运转起来　　／182

第五章　社区营造的新型关系建构　　／186

一、新型交往关系的建构：中心花园的空间
布局与功能重构　　／186

二、新型服务关系的建构：居委会、业委会、
物业公司"三位一体"家门口服务体系打造　　／196

三、新型协商关系的建构：多功能聚空间的
共治主体及其参与机制　　／204

四、新型邻里关系的建构：宅间共享花园的
志愿认领与长效维护　　／210

本章小结：用新型党建模式引领城市基层社区
治理新型关系模式的发展　　／215

第六章　社区营造整体治理模式的生成　　／217

一、周家渡街道"1＋4＋8"社区整体治理体系的
顶层设计　　／218

二、社区营造"党建引领＋居民参与＋社区协商
＋小区营造＋智慧应用＋长效机制"的整体
治理模式的生成　　／228

三、社区营造标准化手册的创建及其经验的
复制与推广　　／236

四、社区营造中国经验的创造与基层治理中国
道路的开辟　　／239

本章小结：屹立于新时代改革的潮头，用社区
营造的支点撬动中国基层社区治理的整体腾飞　　／246

附录 / 249

附录一 "找回居民"：专家介入与城市基层治理模式
创新的内生动力再造 / 251

附录二 关于创建"美好周家渡"标准化样板居民
区的实施意见 / 280

附录三 "美好周家渡"综合性样板居民区创建工作
推进方案 / 286

附录四 "美好周家渡"整体性治理模式试验区创建
实施方案 / 295

附录五 "美好周家渡"整体治理模式试验区创建
"六阶三十条" / 299

附录六 致云台第二居民区居民的一封信 / 303

附录七 云台第二居民区社区居民议事会议事员推选方案
/ 305

附录八 社区营造团队专家唐亚林教授在浦东新区
周家渡街道云台第二居民区楼组长动员会
上的讲话 / 308

附录九 街道负责人在周家渡街道云台二综合性样板
居民区开工启动动员大会上的讲话 / 323

附录十 社区营造团队专家在周家渡街道云台二综合性
样板居民区开工启动动员大会上的讲话 / 329

附录十一 社区营造长效机制建设与社区公约 / 333
    云台第二居民区文明养犬公约 / 333
    中心花园遛狗功能区管理公约 / 334
    中心花园文明游园公约 / 334
    云台第二居民区家门口休憩点志愿维护
    公约 / 335

云台第二居民区多功能聚空间志愿管理
　　公约　　　　　　　　　　　　　　／ 336
　　云台第二居民区垃圾分类管理公约　　／ 337
　　云台第二居民区共享花园认领与晾晒设施
　　维护公约　　　　　　　　　　　　／ 337
　　云台第二居民区规范停车公约　　　／ 339
　　云台第二居民区爱护环境守护绿化公约／ 340
　　云台第二居民区和谐楼道公约　　　／ 341
　　云台第二居民区睦邻互助公约　　　／ 343
　　云台第二居民区平安公约　　　　　／ 343

参考文献　　　　　　　　　　　　　　／ 345

"陪你说说话"：把论文写在祖国的大地上（后记）　／ 354

当代中国城市社区治理的新阶段：社区居民美好生活需要与社区营造新时代（导言）

改革开放以来，我国经历了世界历史上规模最大、速度最快的城镇化进程，城市发展波澜壮阔，取得了举世瞩目的成就。城市发展带动了整个经济社会的发展，城市建设成为现代化建设的重要引擎。2011 年，我国城镇人口占全国总人口的比例达到 51.27%，这标志着当今中国进入到"城市中国"时代。国家统计局发布的《中华人民共和国 2017 年国民经济和社会发展统计公报》显示，2017 年中国城镇常住人口占总人口比例为 58.52%，城市化率进一步提升。快速的城市化带来了整个国家经济社会文化生活的全面发展，城市成为各种资源要素的集聚地，更是政治、经济、文化等各个方面的中心。

一、城市发展进入精细化治理新阶段

伴随着快速的城市化进程，当代中国各地城市发展的重点，在以往很长一个时期内，都被放在以"卖土地""造新城""盖楼房"为重点的"摊大饼"式城市建设之上，而并没有将重点放在城市内部治理上。[1] 由此导致以城市交通拥挤、城市积水及雾

---

[1] 唐亚林:《"所有的道路都通向城市"的中国之道》，《探索与争鸣》2016 年第 12 期，第 35—37 页。

霾严重、生态环境恶化等为突出"症状"的"大城市病"凸显，倒逼城市发展方式不得不发生转变。[1]

自2012年起，当代中国开始步入"三新"发展时期——经济发展走向了稳增长、调结构、抓创新、促开放的"经济新常态"；政治发展走向了反腐败、讲规矩、履责任、重法治的"政治新格局"；社会发展走向了固保障、求质量、讲公平、重生态的"生活新期待"；而城市发展也开始从以"卖土地""造新城""盖楼房"为重点的"摊大饼"式的规模化建设，向以"补短板"为重点的"精细化"内涵化治理转变。

2015年，中央城市工作会议在时隔37年后再次召开，会议强调要坚持集约发展，树立"精明增长"理念，推动城市由外延式扩张向内涵式提升转变。会议同时要求转变城市发展方式，完善城市治理体系，提高城市治理能力，着力解决"城市病"等突出问题；要抓住城市管理和服务这个重点，不断完善城市管理和服务，彻底改变粗放型管理方式。

随后，以上海市的"五违四必"生态环境综合整治、[2]北京市"街乡吹哨、部门报到"基层治理改革[3]等为代表，各大城市纷纷开展了一系列以提升城市精细化治理能力为导向的城市社会秩序建构等新型治理行动。城市发展正式进入一个以健全城市治理体系、提高城市治理能力、回应民众多样化需求为主要目

---

[1] 李程骅：《新型城镇化战略下的城市转型路径探讨》，《南京社会科学》2013年第2期，第7—13页。
[2] 所谓"五违四必"，是指对违法用地、违法建筑、违法经营、违法排污、违法居住等"五违"现象，按照安全隐患必须消除、违法无证建筑必须拆除、脏乱现象必须整治、违法经营必须取缔的"四必"要求，强力推进区域生态环境综合整治。参见唐亚林、钱坤：《城市精细化治理的经验及其优化对策——以上海"五违四必"生态环境综合治理为例》，《上海行政学院学报》2019年第2期，第43—52页。
[3] 狄英娜：《"街乡吹哨、部门报到"——强化党建引领基层治理，促进城市精细化管理的北京实践》，《红旗文稿》2018年第23期，第13—15页。

标的精细化治理新阶段。社区作为城市的基本单元，是城市居民日常生活的主要空间，是实现城市精细化治理的关键领域。

二、人民美好生活需要的满足与社区治理形态的更新

中共十九大报告指出，新时代我国社会的主要矛盾是人民日益增长的美好生活需要和不平衡不充分的发展之间的矛盾。社区是城市的基本构成单元，是城市居民的生活交往空间，社区治理的好坏直接关系到城市治理的质量以及城市居民的获得感和满意度。城市居民的社区美好生活构成了满足人民美好生活需要的重要组成部分。正如有学者指出的那样，中国改革开放四十年的发展历程，在社区治理方面，实际上也是一个重新发现和重新培育社区的过程，社区的重要地位体现在它是拯救城市的一道底线。[1]

我国的城市化率从2001年的37.7%攀升至2017年年底的58.52%，以平均每年1.3个百分点的速度快速提高。伴随着城市化率的不断提高以及城市规模的不断扩张，相当一部分老旧城市社区因多年的风吹雨淋与缺乏维护，其基础设施和硬件环境正在逐渐衰败。以2017年《上海市城市总体规划（2017—2035年）》为代表的城市总体发展规划，开始重视超大城市进入存量发展阶段后的各种新任务新问题，而存量更新将逐步取代增量扩张，并成为未来城市空间供给的重要途径。[2]

超大城市进入到存量更新和内涵治理的新阶段后，运用城市更新与社区营造的理论和方法来提升城市发展质量水平，已成为

---

[1] 刘建军、王维斌：《"社区中国"：原理、地位与目标》，《城乡规划》2018年第3期，第54—60页。
[2] 苏海威、胡章、李荣：《拆除重建类城市更新的改造模式和困境对比》，《规划师》2018年第6期，第123—128页。

一种趋势和潮流。在一些超大城市,在社区层面,借助专业力量制定社区发展规划,积极动员广大社区居民参与社区治理,投入各种资源改善社区居住环境,鼓励孵化各类相互扶持的志愿社团,共同营造诸如"美好家园""缤纷社区""社区花园""睦邻社区""美丽楼道"等社区共治形态,成为推进社区营造和城市更新的普遍做法。

也就是说,以社区居民的生活居住条件和环境改善为突破口,借助社区协商和居民参与,推进社区治理形态的更新,促进社区公共交往,推动社区共同体意识的生成,增强社区居民的认同感,成为满足社区居民对美好生活向往的新途径。这也是中共十九大报告提出的回应人民群众对美好生活新期待的应有之义。

三、城市基层治理模式从社区自治到社区功能的整体提升

市场经济体制的建立,使得以单位办社会的自给自足式单位制不断走向瓦解和分化,城市社区治理模式从行政型社区向合作型社区和自治型社区转型,代表着我国城市社区发展的方向。[1] 社区自治是党领导社区居民实现自我管理、自我教育、自我服务、自我监督的一种基层民主形式,社区居民参与社区自治的途径主要是直接民主。[2] 这种在政府指导下以参与、协商、行动为核心的社区自治,是一种直接民主的方式,其核心内容在于保障和落实社区居民的知情权、表达权、参与权、协商权与监督权。

2017 年《中共中央国务院关于加强和完善城乡社区治理的意

---

[1] 魏娜:《我国城市社区治理模式:发展演变与制度创新》,《中国人民大学学报》2003 年第 1 期,第 135—140 页。
[2] 唐亚林、陈先书:《社区自治:城市社会基层民主的复归与张扬》,《学术界》2003 年第 6 期,第 7—22 页。

见》正式发布。《意见》的总体目标是，到2020年，基本形成基层党组织领导、基层政府主导的多方参与、共同治理的城乡社区治理体系。在城市精细化治理的新阶段，城市社区治理开始转向构建党委领导、政府出资、社区指导、民众参与，以解决民众实际生活问题为导向的共同参与的新型平台体系。这标志着社区自治模式发生了目标转向，转向了以人民群众美好生活需求为主要追求，建构包括执政党、政府、民众、社会组织等在内的多元主体共同参与，推动社区功能整体提升的新型治理形态。

随着城市发展进入精细化治理的新阶段，如何更好地提升城市社区治理水平，成为当下中国理论界和实务界关注的热点。中国台湾地区的社区营造经验越来越多地走进众多理论和实务工作者的视野。台湾地区的社区营造又被称为"社区总体营造"，最早是在1994年提出的，并受到日本的"造町运动"等影响，成为过去二十年间台湾重要的社会改造运动，[1]并且已经上升为一种可以效仿的带有学习价值的基层社会改造模式。

实质上，"社区营造"是以"社区共同体"的存在和意识作为前提与目标的，核心是动员社区居民积极参与地方公共事务，凝聚社区共识，培养社区的自主能力。[2]其中，不仅包括社区公共空间的形态塑造、居住空间品质的提升、地方产业的再发展和学习体系的建立等，还包括以文化来塑造人，通过社区文化空间的营造，激发人们的地方文化自豪感，创建一个"心之所在"的故乡。[3]可以看出，共同体精神和意识是中国台湾社区营造的关键追求，亦是其本质性内涵。因此，社区营造就是

---

[1] 黄瑞茂：《社区营造在台湾》，《建筑学报》2013第4期，第13—17页。
[2] 张梅青、张蕾：《文化创意产业与社区交融互动模式研究——借鉴台湾社区营造实例》，《山西财经大学学报》2010年第2期，第151—152页。
[3] 张婷婷、麦贤敏、周智翔：《我国台湾地区社区营造政策及其启示》，《规划师》2015年第1期，第62—66页。

将居住于一定地域空间范围内的人群聚合成富有认同感和内聚力群体的行动。

近年来，社区营造的理念、方法和模式逐渐在中国各地基层社区治理中得到应用，一些地区相继开展了诸如社区花园营造、缤纷社区打造、老旧小区更新、实行社区规划师制度等实践。

总的来看，随着城市化率的不断提升和城市治理问题的不断增多，我国城市发展进入精细化治理的新阶段，而满足城市居民对于美好生活的向往成为城市发展的重要追求。社区是城市的基本单元，城市社区治理在整个城市治理体系中的地位越来越重要。以社区营造和微更新为代表的社区精细化治理行动，不仅改善了部分社区的基础设施条件和治理环境，而且在这一过程中发挥了动员居民广泛参与、共同协商、志愿维护的积极作用。未来的城市基层治理，特别是社区治理既要关注以参与、协商、行动、互助为核心的社区自治，又要关注多方力量参与下社区整体功能的提升。

2018年3月起，在上海市浦东新区周家渡街道党工委与街道办的大力支持下，在周家渡街道云台第二居民区党总支、居委会和广大居民的全力配合与积极参与下，由复旦大学唐亚林教授总负责，复旦大学国际关系与公共事务学院大都市治理研究中心唐亚林教授团队与上海复旦规划建筑设计研究院施海涛研究员团队联手合作，在周家渡街道云台第二居民区开展"'美好周家渡'整体治理模式试验区创建暨云台二社区营造"活动，将党建引领、居民参与、社会协商、小区营造、智慧应用、长效机制、多方合力等核心要素，有机地统一在城市基层整体治理模式创建与社区营造整个过程之中。

此项社区营造活动经由包括调查研究、居民议事、专家探讨、整体设计、街道决策等社区营造整体设计阶段，以及实地建设、居民监督、功能整合、收益共享、后续维护等社区营造整体推进阶段的接力建设，使得整个社区的面貌焕然一新，广大居民的参与度、认同感和满意度得到极大提升，基层政权机关的工作绩效得到了广大居民的普遍认可，取得了良好的经济与社会效益。

复旦大学联合专家营造团队通过对这一过程的深入分析，力图从实践中总结和提炼根植于中国经验、具有中国特色的社区营造和城市更新模式，以期对当代中国的社区治理和城市基层治理提供鲜活的经验素材、有效的发展模式和成熟的理论参考。

第一章
社区营造的八大原理

本章主要通过对复旦大学联合专家营造团队在上海市浦东新区周家渡街道云台第二居民区进行社区营造实验的经验总结与理论分析，提炼出在当今中国从事社区营造活动必须遵循的且带有普遍指导意义的八大基本原理，包括社区党建引领社区营造原理、社区空间重塑原理、社区规划顶层设计原理、联合专家组介入原理、社区居民参与协商原理、社区智慧应用原理、社区志愿维护原理和社区营造本土化原理。

一、社区党建引领社区营造原理

1992年，中共十四大提出了建立社会主义市场经济体制的伟大目标。历经近三十年的发展，社会主义市场经济体制的基本制度框架已基本建构起来。社会主义市场经济体制的建立，最先受到巨大改革冲击并引发体制变迁的，是传统单位办社会体制以及国营企业与集体经济计划体制：一方面单位办社会的功能逐渐剥离出来，交由市场和社会去承担；另一方面大量的中小型国营企业和集体经济企业改制和兼并重组，大量的传统计划经济体制下的工人群体因为下岗、再就业回到社会之中，回到以居住地为依托的社区之中，失去了原来的单位依靠。而以党政机关和事业单位为主体的单位制，在剥离了其单位办社会功能后，仍然顽强地发挥着单位体制的管理与服务功能。社会资源的市场和社会配置逐渐成为资源配置的主导方式，以及传统企业单位体制的式微，让大量的新经济组织、新社会组织及其从业人员游离于传统基层管理范围之外，成为城市基层治理中难以掌控的"变量"。在这种情况下，社区建设与社区党建应时而生。

2000年11月，中共中央办公厅、国务院办公厅发布《关于转发〈民政部关于在全国推进城市社区建设的意见〉的通知》（中办发［2000］23号），提出"大力推进城市社区建设，是新形势下坚持党的群众路线，做好群众工作和加强基层政权建设的重要内容，是面向新世纪我国城市现代化建设的重要途径"。城市社区建设正式进入当代中国城市建设的议事日程。

城市社区日益成为党的建设的重要战略性空间，是党开展自身建设，凝聚群众，获得民心，巩固执政社会基础的新的阵地。[1] 社区党建与传统基层党建相比，有着新的内涵和新的目标指向，即巩固党的基层组织，改善党的基层组织的活动方式，强化党对社区活动和社区建设的主导，密切党与社会、党与人民群众的联系，构建党的领导和执政的广泛的社会基础，提高党组织整合社会的能力。[2] 在实践中，加强社区治理和服务，破解社会主要矛盾，关键在党建引领。[3]

2016年2月，习近平同志在考察南昌市光明社区时指出：

---

[1] 李朝阳：《城市社区党建：加强党的建设的战略性选择》，《天津师范大学学报（社会科学版）》2005年第5期，第3—7页。

[2] 林尚立：《合理的定位：社区党建中的理论问题》，《探索与争鸣》2000年第11期，第16—19页。

[3] 曹海军：《党建引领下的社区治理和服务创新》，《政治学研究》2018年第1期，第95—98页。

"社区工作很重要,一是要抓好党的建设,使党组织真正成为社区的领头人,把各方面工作带动起来。二是要抓好服务,人民群众的事情就是我们的牵挂,要以问题为导向,力争实现各种服务全覆盖,不断满足百姓提出的新需求。"[1]中共十九大报告明确提出:"党政军民学,东西南北中,党是领导一切的。"党的领导要体现在基层工作的方方面面,必须以中共十九大报告关于加强党的基层组织建设的精神为指导,以新党章为基本遵循,以城市基层党建工作会议和城市精细化管理会议精神为依据,以提升组织力为重点,坚持党建引领,突出政治功能,建强战斗堡垒,积极回应人民群众对未来生活的美好憧憬和更高期待。

社区营造是城市社区更新与城市基层治理创新的载体、途径及重要模式。在社区营造过程中,贯彻党的领导是一项重点工作,也是事关社区营造成败的关键影响因素。社区营造不仅仅是一场社区形态更新改造运动,而且是一场组织群众、宣传群众、凝聚群众、服务群众,坚定地走群众路线的政治动员运动,还是积极宣传党的主张、贯彻党的决定、建设党的阵地、厚植党执政基础的重要活动方式。

社区党建引领社区营造原理的精髓,就在于将社区党建作为一根红线贯穿于社区营造全过程之中,通过党建精神[2]的核心引领作用,辅之以组织嵌入、阵地拓展、平台协商、资源整合等

---

[1]《习近平:人民群众的事情就是我们的牵挂》,新华网,2016年2月3日,http://news.xinhuanet.com/politics/2016-02/03/c_128700094_3.htm,最后浏览日期:2017年12月9日。
[2] 党建精神是指中国共产党在领导中国人民在长期革命与现代化建设的历史实践中,通过党组织、党员领导干部、党员的模范带头作用,将自己的政治理想转化为推进革命事业与现代化事业的生动实践,所展示出的崇高使命意识与积极承担责任精神,主要表现为服务群众精神、党组织领导核心作用精神、党建工作合力精神、党员领导干部与党员模范带头精神、党建工作制度化精神等。参见唐亚林、刘伟:《党建引领:新时代基层公共文化建设的政治逻辑、实现机制与新型空间》,《毛泽东邓小平理论研究》2018年第6期,第21—27页。

机制，推动社区营造在社区的顺利开展，在实现社区形态更新改造的同时，确保社区治理的正确发展方向。

（一）党的基层组织引领

党的基层组织是推动社区营造的核心组织力量。中共十九大报告对于党的基层组织建设提出了明确的要求，即党的基层组织是确保党的路线方针政策和决策部署贯彻落实的基础，要以提升组织力为重点，突出政治功能，把基层党组织建设成为宣传党的主张、贯彻党的决定、领导基层治理、团结动员群众、推动改革发展的坚强战斗堡垒，担负好直接教育党员、管理党员、监督党员和组织群众、宣传群众、凝聚群众、服务群众的职责。

社区党组织是社区建设和社区治理的坚强领导力量。在社区营造过程中，将社区党组织深深地嵌入其中，可以发挥坚强的引领作用。这种新型党建形态刚开始被称为嵌入式党建，即指社区党组织嵌入或加入社区管理或服务体系，并且已经深入于居民群众当中，组成并服务于居民自治的集体行动单元，与社区居民形成了协商参与、合作治理的社区党建工作新方式。[1] 在上海市浦东新区周家渡街道云台第二居民区社区营造的实践过程中，我们可以很明显地发现这样一个规律，即社区营造的实践过程也是社区党组织嵌入社区并发挥功能的过程。

首先，社区营造项目是在上海市浦东新区周家渡街道党工委实施"五美五好"发展战略的科学决策和有力部署的推动下，才得以真正开展和实施的，街道党工委自始至终发挥着强有力的领导核心作用。其次，社区营造在社区的顺利推进，离不开云台第二居民区党总支与居委会的组织、协调和动员等作用。从社区营造的方案形成阶段到建设阶段再到后来的长效维护阶段，社区党

---

[1] 孔娜娜、张大维：《嵌入式党建：社区党建的经验模式与路径选择》，《理论与改革》2008年第2期，第51—53页。

总支都发挥着重要的组织协调作用。再次，在社区营造实践方案形成过程中，将经过居民意见收集之后的社区营造方案交由家庭小党校、区域化党建单位等党的基层组织审议，收集相关的意见建议，切实发挥着党的基层组织参谋决策的作用。最后，在社区营造项目建设以及后续的长效维护阶段，居民区党总支将施工地划片，就近安排各党小组与志愿者组成监督小组，监督工程质量、协调施工过程中的矛盾、收集居民的意见等，并在工程完成之后就地转化为长效维护志愿小组，形成体系化的参与共治机制，让这些最基层的党组织发挥参与监督作用。

党的基层组织通过分支组织的组建（裂变）、党组织加入基层社区管理与服务的整个体系（嵌入）和组建家庭小党校等新型组织（新拓展），实现对包括社区营造在内的所有基层社区治理事务的有效引领。

总体来看，在云台第二居民区社区营造过程中，无论是战略决策的提出，还是决策的具体执行和执行的有效监督，基层党组织都发挥了举足轻重的作用。这充分说明了城市基层社区能否实现有效治理的目标，其中的关键就在于基层党组织是否引领有力。

（二）基层党员引领

党的先进性最终是通过党员队伍的先进性得以体现的，只有发挥好广大党员的先锋模范作用，党才能够永葆先进性和创造力。[1] 在基层社区建设过程中，特别是在社区营造实践中，党员发挥重要的先锋模范作用，是引领和推动社区营造的主体力量。

城市社区与乡村社会一个很重要的区别，在于城市社区是一

---

[1] 沈素珥：《社区党员保持先进性的思考》，《党建研究》2002年第10期，第46—47页。

个个体化、陌生化的社会，社区居民普遍对与自己无关的事务热情不足。因此，城市社区治理的一个主要难题，就在于如何动员社区居民参与到社区公共事务中来。社区党员作为社区治理的骨干力量，在社区各项公共事务中发挥着重要的表率和引领作用。他们通过以身作则和积极引导的方式，可以带动社区居民参与社区治理，从而推动整个社区的有序发展。社区营造中的党员引领具体可以分为党总支书记的表率引领、睦邻党支部以及家庭小党校负责人的合力引领、普通党员以身作则的示范引领等不同形式的引领方式，充分发挥党员在社区治理中的核心骨干作用。

首先，居民区党总支书记发挥着表率引领作用。项目申报阶段，在居民区党总支书记的带领下，通过对社区全体党员群众的全面动员与合理分工，提设想、定方案、做保障，全社区齐心协力，最终赢得了综合性样板居民区试点的名额。而在社区营造阶段，居民区党总支书记协调政府、居民、营造团队等各方主体在居民区的工作，有力地保障了营造实践的顺利开展。居民区党总支书记勇于担当、积极行动、协调各方，很好地发挥了作为党总支书记的表率作用。其次，在党总支书记的带领下，睦邻党支部以及家庭小党校负责人发挥着重要的合力引领作用。仅仅依靠党总支书记个人的力量，肯定无法完成相关工作。应时而生的各居民区睦邻党支部以及家庭小党校的负责人作为党员的中坚力量，积极行动，收集意见，耐心做工作，动员好、管理好家人和身边人，全面负责社区营造实践在所在睦邻网格内的推动。最后，社区普通党员则在党总支书记和党员骨干的带领下，积极参与社区营造实践的各个过程，通过向社区居民宣传讲解营造内容、组建和参与监督小组与长效维护小组等，在日常实践中发挥示范作用。总之，作为社区治理的重要骨干和积极分子，通过党员的全程参与、全面引领，社区居民也深受感染并积极参与到社区营造整个过程中,有力地推动了该项工作的顺利开展。

2014年3月,习近平同志在全国"两会"期间参加上海代表团审议时提出:"加强和创新社会治理,关键在体制创新,核心是人"。在城市基层治理中,党员作为社区治理的骨干力量,在引领和推动社区各项事务中发挥着关键性的作用。在周家渡街道的社区营造实践中,就涌现了一个发挥重要示范效应的典型代表,他就是云台第二居民区的业委会副主任季黎明同志。他作为一个退休老党员,又是总支委员、自治团队"黎明工作室"的负责人,在社区营造实践中他和小区的党员、居民群众一起积极参与。在前期的宣传、方案设计过程中,他广泛征求各方面意见,提出了众多合理有益的意见和建议。在施工建设阶段,根据社区党总支的安排和网格睦邻党建工作的要求,他所在的第四党支部被分在"中心花园"片区,负责中心花园的施工维护、质量监督、现场劝说、现场解答工作。正是有着以其为代表的社区党员的模范引领,社区居民纷纷参与到这项事关切身利益的社区公共事务中,有力地推动了社区营造实践的开展。

(三)区域化党建引领

区域化党建体现了党在新时期、新形势下基层党建工作的新理念、新形态。所谓区域化党建,主要是指在一定区域内,党组织对行政、居民区以及驻区各类组织实行政治、组织、文化等全面引导和整合,推进社区党建工作由垂直管理向区域整合转变,由条块分割向条块结合、以块为主转变,实现社区党建工作区域化的建设过程。[1]

在最早开始区域化党建探索的上海市,推进区域化党建的原因主要有五个方面:一是适应"两新"组织迅猛发展的需要;二

---

[1] 梁妍慧:《区域化党建是党的建设新课题》,《理论学刊》2010年第10期,第21—23页。

是增强党的阶级基础，扩大党的群众基础，进而巩固党的执政基础的需要；三是服务于日益老龄化的社区实际，以满足不断增长的养老、保健和医疗等服务的需求；四是应对大流动、大变动的基层社会现实，加强社区内各方力量的共建、共创、共治；五是通过党组织整合政府提供的公共产品、公共服务，市场（企业）提供的商品、有偿服务，社会（社会组织、民间组织）公益性服务，发挥三方面资源和力量的合力，使之互换、互动、互补，构成比较完整的服务群众的网络体系，推动和谐社会、和谐基层社会的建设。[1] 从城市基层社区存在公共性服务、市场性服务和公益性服务三大类型服务的视角看，绝然独立的社区自治在现实生活中是不存在的，而通过党建引领与整合社区服务乃大势所趋势。

上海区域化党建的探索，起步于20世纪90年代末加强"两新"组织政治领导、消除"空白点"、扩大覆盖面的社区党建；成型于21世纪初以服务群众为重点，构建以街道（社区）党工委为中心，辖区内以政府派出机构为主的行政党委、以法人单位为主的综合党委、以居民区自然人为主的居民区党委广泛参与的"1＋3"社区党建组织体制；成熟于2007年中共上海市第九次代表大会报告提出的"单位党建、区域党建、行业党建互联互补互动的基层党建工作新格局"。这种以街道党组织为领导核心、以居民区党组织为基础、区域内各类党组织和全体共产党员共同参与的党建工作格局，相较于其他基层党组织，由于其依托于区县党组织及其资源支撑，具有协调权威性、组织稳定性、资源综合

---

[1] 周鹤龄：《我所参与的改革：国企领导干部制度改革与社区党建回忆录》，上海交通大学出版社2018年版，第332—333页。

性、工作协同性等明显优势。[1]

城市基层区域化党建的首要功能在于实现基层党组织内部的整合，同时扮演"整合中心"的角色，以实施社区社会整合、基层行政整合以及异度空间整合的目的。[2]区域化党组织发挥了其特有的稳定性、权威性优势，为多重主体搭建了协商协同平台，探索了参与共治路径，实现了区域资源统筹，区县、街镇、居村三级联动，条与块优势互补。[3]区域化党建的强大整合能力，可以全面整合区域内的资源、平台、项目和人力等，有力地推动和引领社区营造实践的顺利开展。

社区营造关涉的不仅仅是社区内的各个主体，社区范围内以及周边的企事业单位、政府部门等区域化党建单位都是重要的参与主体，能够提供丰富的资源，发挥很强的动员力和参与力。社区营造能否动员区域化党建单位并有效发挥作用，是营造工作能否顺利开展的重要影响因素之一。社区范围内事实上存在着很多资源，诸如各种事业单位、政府部门乃至国有企业、民营企业等，可以通过区域化党建的方式进行整合。区域化党建突破了固化垂直型组织结构，形成了兼容开放的组织架构，能够增强政党的社会整合力、统筹资源力和服务群众力。[4]社区通过区域化党建的引领，动员各区域化党建主体积极参与到社区营造过程中来：一方面，相关区域化党建单位在方案形成过程中参与社区协商，对初步形成的社区营造方案提出他们相应的意见和建议；另一

---

[1] 冯小敏：《上海城市基层党建回眸与启示》，《中国浦东干部学院学报》2017年第9期，第97—102页。

[2] 卢爱国、陈洪江：《论城市基层区域化党建的整合功能》，《湖南师范大学社会科学学报》2015年第1期，第34—40页。

[3] 冯小敏：《上海城市基层党建回眸与启示》，《中国浦东干部学院学报》2017年第9期，第97—102页。

[4] 牛月永：《区域化党建：基层党建的重大课题》，《新视野》2013年第6期，第80—82页。

方面，区域化党建单位具有一定的资源，可以通过区域化党建平台进行有效整合，为社区营造提供更加多元、有力的资源支撑。

总之，在中国的城市社区治理实践中，党建的力量贯穿于从决策的作出到具体实施的整个过程。从周家渡街道的社区营造实践看，社区党建在党的基层组织、社区党员、区域化党建等不同层面都发挥着重要的引领推动作用。党的基层组织引领、基层党员引领、区域化党建引领，是社区党建引领社区营造有效运转的基本内容，而三者的有机统一和有效运转，构成了社区党建引领社区营造的基本原理。

二、社区空间重塑原理

社区公共空间并不仅仅指物理意义上的空间。由于社区居民的生活、居住、交往等需要，社区公共空间已经成为一个综合了政治、经济、文化、健康、安全、生态等多方面意涵的概念，社区居民也赋予社区公共空间诸如交往、合作、帮助、关系等丰富的内涵。正如列斐伏尔（Henri Lefebvre）所指出的那样，若不能创造一个新的空间，就不能实现它的所有潜能，也不能改变生活本身。[1] 社区营造的过程不仅仅是其在社区物理空间形态上的更新和改造，更重要的是以社区营造为契机和切入点，以人为中心，以关系建构为重点，实现街道和社区层面的组织、人、事（需求）、资源（平台）、技术、价值六大要素在社区地域空间中的重组与再造。

（一）社区组织重塑

一个社会的组织化程度越高，其稳定性就越强，社会活力就越大，社会管理的难度系数就越小；反之，社会因缺乏活力和社

---

[1] Henri Lefebvre, *The production of space*, Donald Nicholson-Smith trans., Wiley-Blackwell, 1992, p.54.

会理性,稳定性就越差,社会管理和治理的难度系数就越大。[1]因此,作为社区治理中不可缺少的关键主体之一,社区组织有必要发挥其参与社会建设的主体作用,有必要建立"政府主导、项目带动、网络联动、整合发展"的社区社会组织参与社会建设的创新模式。[2]除了居委会、业委会、物业公司、居民区党支部等正式组织,社区内还有大量的以"同意"为基础的民间互助组织。[3]社区营造的目标之一就是将原子化、个人化的社区居民组织起来,参与到社区公共事务中,推动社区的有序发展。在这个过程中,居委会等正式组织的参与固然重要,但仍需要有以居民为核心的自治组织的参与。只有社区正式组织和非正式组织共同参与、通力合作,才能有效实现社区的治理目标。

社区营造团队进入后,首先要解决的问题就是将社区中个体化、原子化、私人化的社区居民动员并组织起来,进入社区公共空间中,对各种事关所有社区居民的公共事务进行协商。具体到本次社区营造实践,就是通过对社区居民的动员和激活,将他们组织、动员起来参与社区营造,围绕能够改善生活环境与人际关系的社区公共事务进行协商,将他们的意见、建议进行有效整合,达成共识后设计营造方案,最终通过具体的施工建设实现预定目标。社区居民全程参与社区营造过程,并在营造活动结束之后,再就地转化并自发组建各类志愿小组,对社区新建的公共基础设施与公共空间,对凝聚他们心血的、与他们生活息息相关的社区营造成果进行长效维护。

---

[1] 李雪萍、陈艾:《社区组织化:增强社区参与达致社区发展》,《贵州社会科学》2013年第6期,第150—155页。

[2] 高红:《社区社会组织参与社会建设的模式创新与制度保障》,《社会科学》2011年第6期,第76—83页。

[3] 李友梅:《基层社区组织的实际生活方式——对上海康健社区实地调查的初步认识》,《社会学研究》2002年第4期,第15—23页。

社区组织重塑的起点是社区营造团队在广泛动员之后，根据"随机抽选＋自我推荐＋社区协商"的原则，选出居民代表组建居民议事会。在施工建设阶段，则根据建设施工点的分布，将施工点划分成不同片区，组建各个片区的联合监督小组，负责对片区内施工点施工质量的监督，以及与居民有关的矛盾调解工作。施工建设完成后，各联合监督小组就地转化为志愿维护小组，负责对社区新建公共基础设施与公共空间的日常维护工作，形成社区自治的长效机制。

在社区营造的不同阶段，根据营造任务和目标的不同，调整社区居民参与的组织形式和目标定位。社区居民则在这个过程中高密度、多频次地围绕社区公共事务进行公共交往与社区协商。通过这种以多层次、小尺度事务合作为主要内容建设社区的合作机制，能够更加有效地构建社会合作机制，提高社区公共事务的自主治理能力。[1]

（二）社区人员激活

社区发展的关键，越来越取决于社区主体意识的复苏以及社区居民参与社区集体行动能力的培育和塑造。通过增强社区的自我发展能力，动员调动社区主体参与社区事务的治理，为社区及其主体"增能"和"赋权"，这些关系到社区建设的未来方向和发展前景。[2]

在社区党建引领社区营造原理中，包括社区党总支书记在内的社区党员作为社区治理的骨干，发挥了重要的引领作用。但是，社区营造仅依靠社区党员的积极参与和模范引领的作用是远

---

[1] 王德福：《城市社会转型与社区治理体系构建》，《政治学研究》2018年第5期，第6—9页。
[2] 魏智慧、杨敏：《社区主体意识的复苏及其参与行动的培育——社会互构论视野下的社区建设考察》，《学习与实践》2015年第6期，第81—88页。

远不够的，必须将社区居民动员起来并参与其中，重塑社区普通居民参与社区公共事务的意愿和能力。

动员社区居民参与的过程，对社区工作者和社区居民而言都是一种挑战：一方面，考验社区工作者联系群众、动员群众、开展群众工作的能力；另一方面，考验社区居民参与社区公共事务的意愿和能力。包括社区工作者和普通社区居民在内的社区人员，是社区集体行动和参与公共事务的绝对主体，通过社区营造的过程，重塑构建社区良好秩序的意愿和能力，是社区可持续发展的重要基础。

社区营造对社区居民的重塑，从动员居民有效表达他们的需求和意见开始，通过科学的社区协商程序进行整合，形成大多数居民都能够接受的社区营造共识。在社区共识的基础上，营造专家团队的规划设计师开始设计社区营造的具体实施方案，保证社区居民的意见能够真正得到体现，确保后续建设成果能够满足居民的综合需求。通过参与社区营造的全过程，并在营造结束后就地、自发地转化为长效维护小组，社区居民围绕社区营造开展了多次社区协商，习得了一整套参与社区公共事务、协商达成共识的方法和能力。最后，实实在在的、看得见摸得着的可视化营造成果，极大地激发了社区居民参与社区公共事务的持续热情、高度荣誉感和责任感，从而为社区的良性治理注入了强大的发展活力。

社区营造对社区工作人员的重塑，从不断倾听社区居民的各种意见和建议开始。在社区营造过程中协调来自各方的不同诉求，协助营造团队形成最终的营造方案。施工建设阶段，社区工作人员不断感知施工方进场后居民们产生的新的诉求和意见，与营造专家和街道相关部门一起，解决施工过程中出现的各种问题、协调居民的矛盾、微调施工建设方案，为施工建设的顺利进行创造了良好的环境。事实上,社区营造的过程也是社区工作人员与社区群众打交道、做群众工作的过程,社区工作人员为民服务的能力也在社区营造过程中不断得到锻炼和提升。

(三) 社区居民需求整合

"事"是推动社区组织以及各项制度运转的主要因素。事实上,社区层面沉睡着很多的组织和制度,由于缺乏相应的事务导入和激活,这些组织和制度设置未能发挥应有的作用。在社区层面,促使组织和制度有效运转的事就是居民的需求,即与居民日常生活息息相关的各种小事。了解和辨明社区居民的现实需求是城市社区治理的一项重要任务,也是提高社区治理成效的第一步。[1] 中共十九大报告提出我国社会的主要矛盾已经转化为人民日益增长的美好生活需要和不平衡不充分的发展之间的矛盾。人民对美好生活的向往是共产党人奋斗的目标,满足社区居民的需求,实现社区居民对美好生活的向往,是社区治理所追求的终极目标。

但是,只有公民的需求得到充分表达,政府提供公共服务的逻辑起点才能回归正常。[2] 不清楚社区居民到底需要什么服务,政府提供的各种公共服务的绩效可想而知。不过,让社区居民表达他们的需求只是第一步。由于城市社区居民的异质性和个体化程度比较高,社区居民的需求自然就呈现多样化状态,就必须找到社区大多数居民的共识性需求或者某个群体的共识性需求,公共服务的提供才是真正有效的。

在社区营造实践中,笔者发现社区居民对于社区更新改造的

---

[1] 徐学通:《城市社区需求现状调研》,《党政论坛》2018年第12期,第46—49页。
[2] 陈国权、张岚:《从政府供给到公共需求——公共服务的导向问题研究》,《人民论坛》2010年第2期,第32—33页。

意见往往在很多方面是有分歧的。因此，需要一套科学的协商程序和方法，整合社区居民的差异化需求，达成多数居民都认可的共识，才能有利于社区营造工作的顺利开展。在周家渡街道云台第二居民区的社区营造实践中，扰民树的修剪就是居民意见分歧表达得很明显，最终靠协商达成共识的典型案例。在居民意见收集和方案设计过程中，社区居民对于扰民树修剪的意见共识在于"需要修剪"，对于具体如何修剪，最初社区营造专家团队也未能考虑到可能出现的意见分歧。因此，在施工队入场后，扰民树修剪现场来了很多围观的居民群众，有建议砍"头"的、有建议只是修剪边上的枝丫的、有要求直接把树连根拔起的、有发牢骚的，意见不一、众口难调，导致施工难以进行下去。

可见，居民的意见分歧并不完全存在于前期的意见收集和方案设计阶段，在施工建设阶段也都有可能发生。因此，关键还在于要能够围绕意见分歧开展社区协商，达成共识。针对扰民树修剪的意见分歧，云台第二居民区党总支、居委会及时组织召开修剪扰民树听证会，着重听取社区党员、楼组长、志愿者、群众代表以及对扰民树修剪意见较多的社区居民的意见和建议。经过充分的民主讨论和协商，最终达成了扰民树修剪标准的共识，使得扰民树的修剪工作得以顺利地进行。

无论是在社区营造，还是在社区治理方面，居民的需求表达和需求整合均具有同等重要性，只有居民真实而充分地表达出了他们的需求，并经过社区协商达成共识，社区营造乃至社区治理才能符合大多数居民的期待，才能达到预期的目的，才能获得最大程度的认同和满意。

（四）社区资源重组

资源是社区营造的主要限制性因素，也是社区后续发展的关键性条件。当前各地社区营造的主要限制就是资源的匮乏与沉睡，这里的资源既包括直接的物质资源，也包括各种尚未挖掘的社会资本。随着城市发展进入新阶段，城市中的大量老旧小区亟需更新改造。但是，政府拥有相对有限的资源，无法实现对社区的全面改造，必然要根据社区居民需求的重点进行部分与轮流更新。而且，政府对社区更新改造的资源投入不可能做到无休止地投放，政府资源投放未能覆盖的社区更新又该如何开展，更是一个需要解答的问题。

事实上，社区中往往蕴藏着大量尚未被发现和激活的社会资本，诸如社区中有很多有一技之长的居民（又称社区能人、社区达人）、区域化党建单位的资源，等等。例如，上文提到的扰民树修剪的意见分歧，除了通过社区协商达成共识外，社区居委会还充分利用区域化党建单位的资源，请到了区域化党建单位的一位高级园艺师来现场指导，最终居民的共识再加上园艺专家的专业意见共同促成了问题的解决。由此可以看出，开启区域化党建等新形式，不能仅仅满足于让区域化党建单位搞搞经费募集、项目认领、年终聚会等程式化形式，更要让区域化党建单位中的人、资源与智力都流动起来，融入所在社区与街道之中，发挥合力作用。

社区营造重要目标之一，就是通过社区活力的提升，激活原本沉睡于社区中的大量社会资本，让人与资源流动起来。繁荣的社会资本不仅是社区发展的重要支持条件，也是社区治理的最终目标指向，然而社会资本的存量在社区管理体制行政化"惯习"的约束下，普遍呈现出缺失和脆弱的特点，需要通过组织行动和制度建构的途径进行重建。[1] 社区营造通过各种不同的平台和渠道，将社区中潜在的社会资本动员起来，不仅为社区营造的顺

---

[1] 郝彦辉、刘威:《转型期城市基层社区社会资本的重建》,《东南学术》2006 年第 5 期，第 27—33 页。

利开展提供支撑，而且为社区治理乃至于后续的微更新、微改造提供了重要支撑。

社区资源（社会资本）重组的过程，也是社区多元主体共同参与社区公共事务和社区治理的过程。包括重组社区资源在内的社区营造，可以激发每个居民对于社区的共同责任，增进认同，形成社会多元主体共同投入社区营造和社区治理的新局面，从而实现社区的有机更新和有序发展。

（五）社区治理技术重塑

2017年6月，《中共中央国务院关于加强和完善城乡社区治理的意见》（以下简称《意见》）发布。《意见》明确指出要实施"互联网＋社区"行动计划，加快互联网与社区治理和服务体系的深度融合，运用社区论坛、微博、微信、移动客户端等新媒体，引导社区居民密切日常交往、参与公共事务、开展协商活动、组织邻里互助，探索网络化社区治理和服务新模式。现代信息通信技术（information communication technology，ICT）正在快速地改变着我们这个世界，先进技术的使用，能够以更小的成本解决很多原本很难解决的问题。除了信息通信技术对社区治理能力的增强以外，诸如规划设计技术、社区协商技术等治理技术，在社区层面也得到引入和科学化，使得社区治理更加便捷、高效。

诸如微信群、QQ群、社区通、移动APP等移动互联技术使得社区成员之间的联系以及社区协商更加快捷，也能够在社区营造乃至社区治理中发挥重要作用。在社区营造过程中，云台第二居民区的"有事好商量"微信群发挥了重要作用，社区居民在群里及时沟通和讨论社区营造的相关问题。在意见收集阶段，社区居民积极在群里发言，表达自己的意见建议；施工建设阶段，志愿者定期反馈施工进度，普通居民则积极发表针对施工的意见建议；长效维护阶段，志愿维护小组则不定期在群里公开不爱惜、不维护新建设施的不文明行为等，号召社区居民共同抵制不文明行为。

此外，周家渡街道官方微信公众号"美好周家渡"、云台第二居民区微信公众号"家园云台二"等在整个社区营造过程中，及时推送重要信息和建设进度，起到了良好的宣传动员效果。再如，在周家渡街道的社区营造实践中，社区中的垃圾问题是居民们反映比较多的问题，通过引入能够对餐厨垃圾进行分解变成肥料的设备，既能够解决垃圾分类和处理的问题，又能够将生产的肥料用在社区共享花园的日常维护上，可谓一举两得。

上海市杨浦区通过建立"社区规划师制度"，让每位社区规划师与杨浦区的一个街道（镇）结对，为该街道（镇）社区更新工作提供长期跟踪指导和咨询服务。社区规划师的主要职责是掌控公共空间微更新、"里子工程"、睦邻家园等社区更新项目的设计质量，全过程指导更新项目实施，参与问题调研、方案建议、政策理念宣传、群众动员和协调、监督实施、活动组织以及项目长期运维等各个阶段的工作。这是规划设计技术进入社区的鲜活案例，能够更加有效地指导城市老旧城区的更新改造和社区治理。笔者团队在周家渡云台第二居民区开展的社区营造实践，则是将社区营造的理念和社区协商的技术方法引入社区，不仅使得社区营造得以顺利开展，更为社区的可持续发展和有效治理提供了重要的技术支撑。

总之，通过新的信息技术、治理技术的运用，社区治理中的很多问题都可以得到有效解决，极大地提升了社区治理的能力和治理绩效。

（六）社区精神重塑

社区共同体是一个充满争议的概念。有学者指出城市社区已经不再是传统意义上的共同体，甚至随着商品房小区的增加，城市社区的共同体色彩可能会进一步淡化。[1] 不过，仍有学者强调，把陌生人变成熟人的社区共同体是城市社区建设的重要内容，[2] 是化解城市社区问题的有效理念。[3] 在城市居民个体化、异质性不断增强的背景下，城市社区可能真的无法成为传统意义上的共同体，但是传统共同体所具有的那种公共精神却是当前的城市社区所需要重塑的。社区营造不只是在营造一个社区，实际上，它是在营造一个新社会、营造一个新文化、营造一个个新的"人"。[4] 通过社区营造，激发社区居民的公共精神，使其积极参与社区公共事务，推动社区的有效治理及更好发展。

社区营造的核心价值就在于培育社区成员共同体般的公共精神，即通过对社区成员精神的重塑，实现整个社区精神的重塑。可以说，一个具有共同体公共精神的社区必然是一个发展有序、治理有效、情意满满的社区。在周家渡街道云台第二居民区的社区营造实践中，通过动员社区居民参与到社区公共空间的更新改造中，在不同的阶段采取不同的参与和组织形式，将个体化、原子化的社区居民动员并组织起来。在社区营造的方案形成、施工建设乃至于长效维护等阶段，营造团队通过教会社区居民社区参与和协商的有效程序和方法，最终取得实实在在的更新改造效果。社区居民的参与意识和能力以及社区整体精神也在这个过程

---

[1] 桂勇、黄荣贵：《城市社区：共同体还是"互不相关的邻里"》，《华中师范大学学报（人文社会科学版）》2006 年第 6 期，第 36—42 页。

[2] 李宽：《城市社区共同体的生成机理：从陌生人到熟人》，《重庆社会科学》2016 年第 5 期，第 49—55 页。

[3] 杨君、徐永祥、徐选国：《社区治理共同体的建设何以可能？——迈向经验解释的城市社区治理模式》，《福建论坛（人文社会科学版）》2014 年第 10 期，第 176—182 期。

[4] 罗中峰：《社区共同体的追寻：解析社区总体营造运动的理路》，《台北市：两岸文化与族群学术研讨会论文集》，2004 年，转引自李敢：《"社区总体营造"：理论脉络与实践》，《中国行政管理》2018 年第 4 期，第 51—56 页。

中得以重塑。

社区居民参与的过程、取得的成果，以及在这个过程中发生的高密度、高频次的公共交往和互动，都为社区居民共同体精神的建构打下了良好的基础。社区精神是社区居民积极主动参与社区公共事务，通过协商的方式解决社区中存在的各种问题，并在此过程中建立起紧密联系，产生对所在社区的归属感和责任感，进而形成的一种信任、合作与友爱的精神，它是社区持续发展的文化基础与动力源泉。

三、社区规划顶层设计原理

在中国，规划有着非常丰富的内涵，既包括国民经济和社会发展规划这类综合规划，也包括诸如科技人才发展规划、旅游公共服务规划等专项规划，还包括城市总体规划、社区规划等其他类型的规划。一般而言，城市规划是一项注重理性和工具的学科，城市规划的直接对象是城市物质空间，在价值判断上倾向于以单位土地使用所能获得的最大收益为标准。[1] 国外规划领域中，社区规划基本上属于社会规划和社会工作的范畴，通常是指以公众参与为主的规划内容，工作的主要内容涉及社区公众参与的组织、过程和参与。[2] 因此，社区规划强调自下而上，以社区需求和社会治理为导向，其所需要的知识背景和专业素养已经超越了城市规划学科本身。[3]

社区规划是一种协商式规划。与自上而下的管制型规划不

---

[1] 赵蔚、赵民：《从居住区规划到社区规划》，《城市规划汇刊》2002年第6期，第68—71页。

[2] 孙施文、邓永成：《开展具有中国特色的社区规划——以上海市为例》，《城市规划汇刊》2001年第6期，第16—18页。

[3] 钱征寒、牛慧恩：《社区规划——理论、实践及其在我国的推广建议》，《城市规划学刊》2007年第4期，第74—78页。

同，协商式规划强调通过不同利益主体之间的交流沟通来达成目的，从而实现协商过程中关系的建立和重塑整合。[1] 协商式规划方法是规划走向社会治理的主要手段，该方法强调协商沟通机制的建立，重视多方参与和多元利益的平衡。[2] 社区营造作为对社区从物质到精神的总体性营造，必须首先对社区营造的整个过程做好顶层设计。在实践中，已经涌现了非常多的社区规划案例，诸如社区花园、自治花园、缤纷花园等，为中国的社区营造提供了各自不同的探索经验。

针对浦东新区周家渡街道云台第二居民区的社区营造，研究团队始终从社区整体和长期发展的角度来进行规划设计，不局限于一个点或者几个点。方案设计不仅要从社区整体利益出发考虑问题，还需要结合街道层面的很多限制性条件，来进行社区规划的顶层设计，这样才能保证社区营造方案是具有可操作性的、能够落地的。从社区营造的整体性和长期性、社区营造的协调性等两个方面可以看出，社区规划顶层设计原理，无论是在社区营造中，还是在社区治理中，都具有不可替代的重要性。

（一）社区营造的整体性和长期性

一方面，社区营造是一项整体性的工作。社区内某一个点的营造固然重要，但往往功能非常有限，单兵突进容易忽视社区发展的整体性和协调性，造成重复建设乃至破坏性建设，产生很多不必要的浪费，也影响社区景观的美感度。

我们在进行社区营造方案的顶层设计时，针对社区居民的需求，对每一个节点的营造方案的考虑，都从社区整体协调发展的

---

[1] 王丰龙、陈倩敏、许艳艳、刘云刚：《沟通式规划理论的简介、批判与借鉴》，《国际城市规划》2012年第6期，第82—90页。

[2] 林赛南、李志刚、郭炎、刘达：《走向社会治理的规划转型与重构》，《规划师》2019年第1期，第25—30页。

视角进行重新审视。只有在社区规划顶层设计原理的指导下，才能够用最低的成本带来最大的绩效。在具体的社区营造实践中，立基居民的实际需求，通过对社区现状的通盘考虑，将需要改造的社区更新项目列出，经过社区居民（议事员）的投票表决之后，排出改造的重要性程度和先后顺序。在排序的基础上，我们将对该居民区的改造与街道层面能够提供的资源条件相结合，做好各方面情况的整合以及社区营造方案的整体设计，最终提出了"一环（由文化健身步道与'珍珠链'式休憩点构成）、一心（中心花园）、两轴（由小区两条主要车行道路构成）、多节点（小区已经形成的景观节点）、'微循环'式标准化样板社区（点线面结合、中心边缘呼应、前后左右联体）"的总体构想，然后将之付诸实践。

另一方面，社区营造是一个长期工程。对于政府来说，不可能每年都有大笔资金投入来持续进行老旧小区改造，再加上街道有待更新改造的社区数量太多，社区如果想要持续地改善环境，就需要更多地动员社区内的资源，以微更新的方式逐步推进。政府如果有相对较大的资金投入，社区就多改造一点；政府如果资金投入较少或者没有投入，就更多依靠社区内的各种社会资本，包括通过区域化党建等平台进行资源整合，每两年或者更长时间进行一项乃至几项的更新改造，从而使得整个社区的更新改造成为一个连续的过程。这其中的关键就在于所有长期改造项目的确定，都是在社区规划顶层设计原理的指导下，经由社区协商确定的，即社区的更新改造是科学的、有序的，每一个更新改造项目都是为满足社区居民的"痛点"需求而设置的。

无论是由政府投入资源进行的社区更新改造，还是由社区内自发组织、整合相关资源进行的具有长期性的社区改造，社区营造顶层设计原理都能够发挥非常重要的作用。在该原理的指导下，社区的营造和更新才能够从社区整体发展和居民整体利益的前提出发,才能保证社区更新和社区发展是一个长期、科学、有规划的过程。

(二) 社区营造的协调性

社区营造的基础目标是社区硬件条件的更新改造,社区营造的建设项目很可能会和当前政府进入社区的大量建设项目有重叠或者冲突的部分。如果仅仅从社区层面看问题,不从街道层面进行顶层设计和规划,就很可能出现新建的社区营造项目由于与国家进入社区的其他改造项目冲突而被拆除或破坏的情况。除此之外,对一些本可以通过由基层政府的社区建设项目顺带改造,不需要另外筹集资金的社区营造项目,也要统筹协调好。

研究团队在周家渡街道的社区营造项目中,非常注意整个营造的社区规划顶层设计:一方面,根据居民的需求和意见,将社区目前需要进行更新改造的点排出重要性和优先性的次序,再进行总体设计;另一方面,积极与街道进行对接,根据街道承接的自上而下的国家、省级市、地市级区的社区改造项目,对社区营造方案进行甄别,区分不同建设点可以采取的建设方式,总体原则是尽可能集约地利用资源。

总的来说,中国当前的社区营造,并不是指简单的社区层面某个或某几个点的更新改造项目,而是指从整体上对社区营造和社区建设进行顶层设计规划改造。在社区规划顶层设计原理的指导下,在社区层面可以从社区整体利益出发,协调各种项目建设的先后次序,科学有效地进行社区更新改造;在街道层面,则避免了社区的建设项目与很多自上而下的项目之间的冲突,提高整个街道工作的协调性和有效性。总之,无论是由政府投入相关资源还是由社区内部筹集、整合相关资源进行社区的更新改造,都必须加强顶层设计,一份科学、有序的社区顶层规划设计是社区营造以及社区长期建设发展能够有序进行的重要保证。

四、联合专家组介入原理

当前，以社区营造和微更新为代表的社区精细化治理行动，不仅改善了部分社区的基础设施条件，而且在这一过程中发挥了动员居民广泛参与、共同协商的积极作用。未来的城市基层治理，特别是社区治理既要关注以参与、协商、行动为核心的社区自治，又要关注多方力量参与下的社区整体功能的提升。恰恰此时，作为拥有专业知识、理想情怀和行动能力的专家学者，在当代中国城市治理的新阶段，开始异军突起，不仅成为了一支积极的参与力量，而且承接了自古以来中国知识分子群体积极"入世"、改造社会现实的文化传统。

有学者就指出，国内的"社区营造"实践多为外部精英发起，他们并非社区利益的直接相关者，因而难以与既有体制结构发生互构。[1] 在周家渡街道的社区营造实践过程中，专家学者在其中就发挥着非常重要的作用。专家学者作为"在知识和信息方面占有比较优势的个人"，以其为基础形塑的就是"学者型治理"，[2] 他们在很多情况下承担着联系政府与公众的重要角色。[3] 他们通过发挥提供专业知识、畅通政府与民众的沟通渠道、动员居民、调和各方诉求等方面的作用，搭建起了各方参与社区共治的桥梁，推动该项创新治理实践的顺利进行。社区营造专家介入之后，就像在平静的社区"水面中"加入了"烧红的铁块"，使得社区发生了剧烈的变动。

---

[1] 钟晓华：《"嵌入"还是"搅动"？外部精英介入社区营造的路径》，《南京社会科学》2018年第7期，第87—93页。

[2] 杨立华：《学者型治理：集体行动的第四种模型》，《中国行政管理》2007年第1期，第96—103页。

[3] Yang L, Lan G Z, He S, "Roles of scholars in environmental community conflict resolution: A case study in contemporary China", *International Journal of Conflict Management*, 2015, 26 (3), pp. 316-341.

据研究团队观察，在大部分的社区营造实践中，介入的专家要么是专业的规划设计专家，要么是社会治理专家。专业的规划设计专家可能更多着眼于实体层面的社区营造项目，社会治理方面的专家则更多集中在运行机制的软件层面。但是，基于社区营造的整体性和综合性要求，社区营造往往需要的是"规划知识"与"社会治理知识"兼具的联合专家团队。

因此，研究团队介入之初就从整体性治理的角度审视周家渡街道的社区营造实践，组建了综合性的营造专家团队，即"治理＋规划"的研究设计团队。其中，来自大都市治理研究中心的"治理"专家负责运用理论、方法，实行战略理念规划、运行机制建构与推进过程跟进；来自规划建筑设计研究院的"规划"专家则负责将战略理念转化为图纸和可供操作的设计方案，并根据实际推进情况不断微调规划方案。有了综合性的联合专家团队的参与和指导，可以保障社区营造既能够有专业实体层面的社区营造设计，又能够有治理体制机制方面的创新设计。

专家学者发挥作用的基础在于其拥有的专业知识和社会声望，专业知识使其能够提出切实有效的具体方案，社会声望则使其能够赢得政府官员和社区居民双方的信任，并以自身为中介在政府和居民之间搭建信息沟通和相互协商的桥梁。

(一) 联合专家团队的专业作用

联合专家团队的首要作用就是提供专业知识。拥有专业知识的专家越来越成为包括国家治理在内的各个领域的关键角色，西方学界也兴起了一股"技术专家治国论"[1]浪潮，甚至有学者

---

[1] Grundmann R，"The role of expertise in governance processes"，*Forest Policy and Economics*，2009，11 (5-6)，pp.0-403.

认为政府已经变成由专家控制的政府。[1]虽然可能有夸大的成分，但不可否认的是真正有专业知识和社会声望的专家，通过搭建各方沟通协商的治理桥梁，在国家与社会治理中均可发挥十分重要的作用。

　　社区营造是具有较强专业性的实践，无论是在社区整体风貌规划设计方面，还是在基层治理的体制机制创新方面，都需要具有专业知识的专家介入进来。联合专家团队的介入，一方面，能够通过科学、有效的社区动员和社区协商的程序方法，让社区居民真正参与到社区营造中来，并将他们对于社区更新改造的很多需求和意见进行整合，作为营造方案设计的重要参考；另一方面，社区居民、社会治理专家以及政府部门等社区多元主体关于社区营造的意见，需要借助联合专家团队中的专业规划设计人员，将其转化为具体可行的设计方案。

　　联合专家团队通过带领社区居民探索确定一套具有可操作性的社区协商的程序和方法，为社区居民参与社区治理和社区公共事务提供了科学的方法支撑。总之，周家渡街道社区营造过程中组建的"治理＋规划"联合专家团队，根据科学的理论和方法，了解社区情况、收集居民意见、整合各方需求，最终形成的是具有可操作性的工作方案，是社区营造实践能够取得成功的关键。这一经验具有极大的推广价值。

（二）联合专家团队的统筹协调作用

　　除了提供专业知识和技能之外，联合专家团队的作用还体现在能够起统筹协调、连接居民与政府、搭建治理桥梁的纽带作用。学者参与政策过程的基点与主要动力在于他们的专业知识，

---

[1] Spann R N, Mosher F C. "Democracy and the Public Service", *Administrative Science Quarterly*, 1971, 16 (2), p.237.

而他们的主张也正因为相对于非专业者的知识优势而具有权威性和可信度。[1] 这种权威性和可信度则是专家学者社会声望的基础，也是其能够深度参与实践创新的重要前提。一方面，专家学者与政府官员以及社区居民双方都能够建立良好的信任关系，居民能够向专家学者大胆地表达真实诉求，政府官员也能够接受专家学者的合理建议；另一方面，专家学者在政府和民众双方都信任的社会背景下，能够在既有的科层体系之外，在政府与民众之间传递有效信息、促进相互协商、搭建治理桥梁。

周家渡街道的社区营造实践是以社区公共基础设施的形态更新与综合改造为基本目标的，因此需要专业的规划设计人才来进行专业设计。通过"治理＋规划"的综合性团队的组建、分工与合作，一方面弥补以往从事治理研究与规划研究的专家队伍各自知识体系与动手能力的不足；另一方面既能够保证社区公共基础设施的形态更新与综合改造，又能够推动背后的公众参与、社区协商和街道层面的体制机制创新。

此外，联合专家团队的介入还能够在政府与广大的普通城市居民乃至其他社区多元主体之间搭建沟通协调的桥梁。其一，社区营造的资源主要来自政府，社区营造的规划方案需要与政府层面的很多社区建设项目进行协调，专家学者可以很好地胜任这个工作。其二，社区营造过程中需要尽可能地以社区居民的意见和需求为导向进行方案设计和施工建设，专家学者的权威性则可以让社区居民更加直接地表达自己的需求并达成最终的共识。

总之，由于政府与居民之间互动不畅、信任度不足，需要一个能够得到双方认可的第三方来协调居民、政府以及社区多元参与主体的关系，构建多元主体之间的沟通桥梁。在周家渡街道社

---

[1] "Expertise and Policy Making: Legal Professionals in Local Government", *Public Administration*, 2010, 84 (3), pp.771-781.

区营造实践的前期阶段，存在普通民众缺位的现象，他们的意见也无法通过正式的渠道真正地被感知。联合专家团队的出现，使得参与治理的各方主体形成了以专家学者为联结点，搭建沟通信息、共同协商的治理桥梁的新局面。联合专家团队也在综合考量各方主体的诉求以及各种限制性条件的情况下，拿出了一个既能够得到居民认同又符合政府要求的社区整体营造方案，确保了社区营造的顺利开展。

五、社区居民参与协商原理

2015年的中央城市工作会议提出，要坚持以人民为中心的发展思想，坚持人民城市为人民，是做好城市工作的出发点和落脚点。中共十九大报告中鲜明地提出了"中国特色社会主义进入新时代，我国社会主要矛盾已经转化为人民日益增长的美好生活需要和不平衡不充分的发展之间的矛盾"的重大判断。城市归根结底是人的城市，人的需求满足特别是人民群众对美好生活向往的需求满足是城市发展的根本宗旨。中央城市工作会议更是明确提出，要尊重市民对城市发展决策的知情权、参与权、监督权，鼓励企业和市民通过各种方式参与城市建设、管理，真正实现城市的共治共管、共建共享。

当前，政府和资本主导下的大规模城市建设正在逐渐转向居民生活需求主导下的城市有机更新，其城市发展逻辑正在转向为民众的城市美好生活而创造良好实现条件的生活逻辑。[1]社区营造即是顺应这一趋势而出现的城市社区更新的重要模式，社区居民是社区营造中的绝对核心，他们的需求和意见是营造方案设计的基础，他们的参与是社区营造得以顺利推进的关键因素。

---

[1] 陈水生：《中国城市公共空间生产的三重逻辑及其平衡》，《学术月刊》2018年第5期，第101—110页。

通过社区营造的方式开展社区更新改造，是关涉整个社区的公共事务，体现的是整个社区的公共利益，相关的决策应当由社区居民协商达成共识后作出。社区居民参与协商主要包括三个方面的内容，即社区居民的动员、参与和协商。

（一）社区居民的有效动员

城市社区的"陌生人社会"特征，使得社区自主治理的集体行动难以形成，这是中国新型社区治理面临的现实困境，[1]突出表现为动员机制式微背景下的参与弱化，社区因此陷入公共性发展的困境。[2]因此，社区参与协商的首要工作是要动员社区居民，社区居民有效动员的范围越广，社区营造就越能够顺利开展。

在周家渡街道云台第二居民区的社区营造前期过程中，动员居民的方式多种多样：其一，向社区每一户居民发放"致云台二居民的一封信"，在倡议信的形式和内容上进行创新，使其能够贴合更大年龄范围居民的喜好；其二，通过社区的微信群、QQ群，以及街道微信公众号、社区电子布告栏等，进行广泛宣传；其三，通过召开社区楼组长大会、党员大会等，通过社区基层组织，以楼组长和党员为核心，向普通居民进行广泛宣传。

动员社区居民并不意味着要让所有居民直接参与到社区营造中来。由于不同居民的参与意愿和方式不同，通过宣传让更多的居民了解即将进行的社区营造的基本情况，以及他们可以进行意见反馈的渠道和方式，赢得他们的理解、尊重和认同，十分必要。某种程度上，居民对于社区营造情况的知晓本身就是一种参

---

[1] 刘中起：《基层社区动员的框架整合：凌云"绿主妇"个案研究》，《华东理工大学学报（社会科学版）》2015年第6期，第40—49页。

[2] 刘博、李梦莹：《社区动员与"后单位"社区公共性的重构》，《行政论坛》2019年第2期，第117—123页。

与方式。随着社区营造进程的不断推进,社区居民关注、讨论社区营造的氛围越来越浓,在这种整体氛围的感染下,社区居民的参与程度也会越来越深。

(二)科学有效的参与方法和程序

随着新常态下社区多元组织协同、社区弱参与、社区冲突和社区自治等多发问题的集中到来,协商治理能够最大范围地激起公众参与,对社会治理的公开性和回应性特征也能做到最大程度上的响应。因此,目前最需要的是推进规模化和常态化的社区协商试验。[1] 社区营造即是这样一种在城市基层推动社区协商的重要探索,居民参与社区协商并不是一个简单的概念话语,背后涉及一整套的居民参与协商的程序和方法,以保证居民能够顺利地表达意见,并通过协商将这些意见进行整合,从而形成居民都能够认同的共识。

营造团队提出"随机抽选+自我推荐+社区协商"的原则选择居民议事员,通过组建居民议事会等组织以构建社区营造的组织基础。居民议事员中,三分之一通过随机抽选的方式选出,三分之一通过自我推荐和他人推举的方式选出,三分之一通过协商的方式选出。最后,40人组成的社区居民议事会中,既有随机抽选出来的代表,也有通过自我推荐和他人推举相结合的方式选出来的代表,从而使得居民议事会能够最大程度地代表社区大多数居民,保证社区协商参与主体的代表性。

除了通过多种方式选出社区议事会的议事代表之外,社区营造团队还通过招募学生志愿者陪同居民议事代表实地考察社区,让议事员对整体状况有更加全面和直观的认知方式,保证议事员所提出的意见具有有效性和针对性。

---

[1] 闵学勤:《社区协商:让基层治理运转起来》,《南京社会科学》2015年第6期,第56—61页。

(三) 社区共同体精神的营造

居民参与社区营造只是重要的手段和方法，最根本的目的还是通过动员社区居民的深度参与，激发他们对社区的认同感和归属感，培育社区的共同体精神，塑造"社区新人"。当然，这一终极目标不可能仅仅通过一次社区营造就可以实现，但是却可以由此打下良好的基础。社区共同体精神建构的实践路径，在于增加社区横向互动，使得居民通过互动交往，重构关系网络，进而引导居民围绕公共议题进行商议，在兼顾公共利益和私人利益的基础上达成共识规范，产生价值认同和公共精神。[1]

因此，围绕社区公共基础设施而进行的社区营造实践，使得居民通过高密度的公共交往和社区协商，逐渐激发了自己的公共精神和共同意识。社区营造的作用在于：一方面，扩大了社区居民对于社区公共利益的认知范围，使他们更加重视经由自身的参与而塑造的社区公共利益；另一方面，社区居民在这个过程中习得了一整套社区协商的程序和方法，并最终看到了实打实的营造成果。基于社区营造习得的方法、激发的意识和热情，社区居民会更加有意愿并且有能力针对社区的各项公共事务进行协商。

社区居民参与协商原理解决的是社区营造过程中居民动员以及社区参与协商的程序和方法问题，力图推动社区共同体精神的重塑。在社区营造的过程中，我们可以发现，社区营造的各种行动、项目等都只是手段，根本目的是通过这些手段的运用，打造一个具有社区共同体精神、可持续发展的社区。

六、社区智慧应用原理

随着现代信息通信技术的快速发展，技术正越来越深刻地改

---

[1] 胡晓芳：《公共性再生产：社区共同体困境的消解策略研究》，《南京社会科学》2017年第12期，第96—103页。

变革着我们的生活。信息化时代的城市社区需要智慧治理,不但要通过智能化方式提升社区的"智力",而且要通过和谐的治理主体间关系与恰当的治理方式,实现"慧"的治理。[1] 社区营造实践中,各种智慧手段的应用是提升营造质量的重要因素。通过技术手段的应用,一方面,可以极大提升治理的效率,包括发现问题更加迅速快捷、回应解决问题更加及时;另一方面,基层社区的组织样态也发生了极大变化,可以跨越物理空间的限制而发挥作用。但是,技术应用的目的终究是为了提高治理能力,需要在明确传统社区发展核心要义的基础上,将新的技术、方法和理念充分融入传统社区的发展框架之中。[2]

(一) 社区营造中的技术应用

在社区营造过程中,通过技术手段的应用,可以使社区居民的动员宣传及相关意见建议的收集工作更加便捷高效。例如,运用移动互联手段,通过微信群、QQ 群等进行广泛动员宣传,广泛征求社区营造的意见建议。社区智慧应用在社区公共安全、公共服务、公共管理等"三公"领域的作用更加突出。在周家渡街道云台第二居民区的社区营造中,小区大门的智能道闸系统以及覆盖整个小区的电子围栏系统,极大地降低了小区各种治安事件的发生率,使得小区的安全得到了很好的保障。

社区安全是社区居民对于社区的基本要求。当前很多社区中逐渐得到推广应用的各种智能设备,大多围绕社区公共安全做文章。上海市杨浦区控江路街道的"智慧社区大脑",就是通过遍布社区的大量智能感应设备、探头,形成智能感知社区各种信息

---

[1] 邓沁雯、王世福、邓昭华:《城市社区智慧治理的路径探索——以佛山张槎"智慧城市管家"为例》,《现代城市研究》2017 年第 5 期,第 9—15 页。
[2] 常恩予、甄峰:《智慧社区的实践反思及社会建构策略——以江苏省国家智慧城市试点为例》,《现代城市研究》2017 年第 5 期,第 2—8 页。

的网络体系,并通过大数据分析技术的应用,对海量信息进行挖掘分析,为社区提供更加精准的管理和服务。智慧社区以现代信息技术为手段,有利于转变传统的社区治理模式,提升社区治理的效率,增强社区居民的生活体验。[1]社区营造过程中,应当善于运用各种现代信息通信技术,以提升社区营造的效率。

(二) 社区公共服务提供中的技术应用

智慧手段在公共服务方面的应用也很广泛,比如很多小区已经得到推广的智能车库,不需要专人的管理,使用集成烟雾报警器等安全探头以及方便的充电装置,能够非常便捷地为居民提供服务。浦东新区借助于各种技术手段的运用,构建"家门口"服务体系,使得社区居民能够在社区范围内享受众多基础性的公共服务,解决了公共服务的"最后一公里"难题。针对困扰众多城市小区的停车难问题,已经有部分小区通过微信小程序及时释放与调剂空闲车位的使用情况,使得社区在整体上提高了车位的利用效率,停车难的问题也因此得到一定的缓解。

总之,社区治理一定要有应用技术手段的意识,要认识到很多社区治理问题往往可以通过运用合适的社区智慧技术得以解决。

七、社区志愿维护原理

对于城市中的大多数居民而言,社区是其主要的生活交往空间,社区各种基础性保障条件的好坏在很大程度上决定了社区的居住生活品质。一般而言,社区中的很多公共设施,如果能够得到合理的维护和保养,有效使用寿命会大大延长。不过,如果得不到很好的维护,就会被迅速损坏进而导致有效使用寿命大为缩短。犯罪学中有一个著名的"破窗理论",该理论认

---

[1] 陈跃华:《加快智慧社区建设,破解社区治理难题》,《人民论坛》2019年第2期,第60—61页。

为，环境中的不良现象如果被放任存在，会诱使人们效仿，甚至变本加厉。以一幢有少许破窗的建筑为例，如果那些破窗得不到及时的修理，可能将会有破坏者破坏更多的窗户。最终他们甚至会闯入建筑内，如果发现无人居住，也许就在那里定居或者纵火。

现在很多城市社区内的公共基础设施也是如此，如果得到很好的维护，其破败的速度可以得到很大的缓解，可以满足设计年限甚至超出相应期限的使用要求。但是如果放任不管，就很可能会被加速破坏，并迅速丧失功能。

通过社区营造的方式，很多的城市老旧小区可以实现以居民意见和需求为导向的更新改造，从而最大限度地满足社区居民的需求。但是，社区更新改造完成后，新建社区公共基础设施的维护是一个关键问题，社区营造也要在基础设施改造的同时构建有效的维护机制，从而保证新建设施能够长久发挥作用。经由社区营造而得到改善的社区硬件基础设施，应当由社区中的居民来进行维护，而且围绕着新建社区公共基础设施的后续维护行动与运作机制建设，应当成为社区自治的重要内容。

（一）社区志愿维护的双重意涵

社区志愿维护原理有两层涵义：其一，社区居民组成志愿维护小组，对经由社区营造建设的各个社区公共设施提供志愿的长效维护，保障社区居民享受更加长久的服务；其二，社区志愿维护还能够带来社区居民之间长久的良性交往互动，即各长效维护小组围绕社区营造新建设施的日常长效维护，形成了稳定有序的社区公共交往，构建了常态化的社区自组织体系。

在周家渡街道的社区营造实践中，社区新建公共基础设施的志愿维护是社区营造的自然结果。在方案形成阶段，通过组建居民议事会的方式，构建社区居民参与和意见表达的组织基础。在施工建设阶段,根据网格睦邻党建、家庭小党校、"三会一代理制度"等,结合社区营造主要建设工程点的实际,就近选择附近居民议事会成员(包括党员代表、家庭小党校召集人、居民代表、楼组长、文化团队负责人、业委会成员等)组成四个联合监督小组,主要负责工程建设过程中的居民意见收集与协调、各种争端的调停与协商、质量监控、工程建设秩序的志愿维护、工程建设效果的社会宣传等事务。随后,施工建设过程中形成的各个联合监督小组,在项目完成后就地转化为志愿长效维护小组,成为社区自治的重要力量之一。

从前期的动员参与、施工阶段的监督到后期长效维护的整个过程,社区营造始终以社区居民为核心,以社区居民的意见为基础,以社区居民的参与为动力,并通过他们的社区协商,推动社区营造的开展,真正体现社区自治的精神。

(二)志愿维护与社区治理

除了通过志愿维护小组在日常生活中的维护,让诸如社区中心花园、社区小游园、社区休憩点等新建的各种社区公共设施能够发挥更加长久的功能之外,社区志愿维护还让营造过程中组建的居民议事会能够以更好的形式继续存在,从而达到强化这种组织作用的目的。社区作为相对独立完整的地域性人群社会生活共同体,更需要自我管理、自我教育、自我服务、自我约束,这就离不开自组织机制作保障。[1]

社区居民围绕社区新建设施而构建的长效维护机制,构筑了较为稳定的自组织基础,以及由此带来社区居民之间的长期交往和良性互动关系。以社区营造后的四个长效志愿维护小组为基础,社区保持着对于社区公共设施乃至社区公共事务的相对稳定的参与

---

[1] 杨贵华:《自组织与社区共同体的自组织机制》,《东南学术》2007年第5期,第117—122页。

和关注，社区居民也在这种长期的日常维护中建构相互的认同和共同体意识。在这个基础上，社区后续的设施更新与环境建设，以及社区治理等问题，都可以通过居民自治协商的方式解决。

社区营造不仅使得社区的公共基础设施条件大为改善，而且也让社区居民通过实质性的参与，让自己的意见和需求变成社区营造的指导方针和工作方案，并最终转化为实实在在的可视化成果，极大地激发了社区居民参与社区公共事务的积极性。从居民议事会到监督小组，再到志愿维护小组，社区居民参与社区公共事务的组织基础也得以建立。周家渡街道的社区营造实践，既着眼于现在，更着眼于未来，通过对社区硬件和软件的共同营造，使得社区自治的基础得到极大改善，社区的可持续发展能力也得到了极大增强。

八、社区营造本土化原理

近年来，关于社会科学"本土化"的讨论相当丰富，但是学者之间的分歧较大，远未达成共识。谢宇认为，从议题上看，中国社会学的研究议题已经相当本土化，而且不必为突出本土化特征而束缚研究；从应用上看，一些应用西方理论或方法的中国研究本土契合性不足，其原因在于研究者本身缺乏对社会学的认识和对如何做好研究的理解。[1] 洪大用则认为，要超越西方化与本土化之争，在科学思想指导下，以推动和引领世界社会学发展为目标，增强回应当代世界与中国实践重大议题的能力，提升话语影响力。[2]

---

[1] [美]谢宇：《走出中国社会学本土化讨论的误区》，《社会学研究》2018年第2期，第1—13页。
[2] 洪大用：《超越西方化与本土化——新时代中国社会学话语体系建设的实质与方向》，《社会学研究》2018年第1期，第1—16页。

事实上，很多学者讨论本土化，脱离不了关于普遍性与特殊性、理论与实践、知识与权力三对矛盾的讨论。[1]熊万胜则从中国"知行合一"的知识传统出发，指出本土化问题的要害不在于问题、理论或方法的出处，而在于研究这些问题和使用这些理论或者方法的人的精神归处，即本土化问题的关键在于，从中国"知行合一"的知识传统出发，将知识与实践相结合，推动知识与实践既相互分离又相互交融，知识服务于现实，知识的生产具有强烈的实践导向。[2]

近年来，以社区营造为名，广大城市和农村社区的治理积极引入台湾地区的社区发展模式，并快速铺开，形成具有竞争性的各种营造模式和景观，已成为一种趋势。作为一种制度变迁的话语机制和创新社区治理的重要力量，社区营造通过回应20世纪90年代以来社区建设行动的痛点和在各主体间塑造共识，进一步促进了跨域营造联合体的出现，推动了社区治理合作体系的形成和发展，帮助实现国家、社会和市场间的良性互动目标。[3]台湾地区的社区营造是通过整合社区自有资源和行政资源，以文化资源为切入口，其终极指向在于充分调动居民参与意识，发展社区独特产业，凝聚社区民众集体行动能力，推进社区事务参与能力建设，共同打造可持续发展共同体。[4]

中国大陆的社区营造实践，更多的是借鉴台湾地区社区营造

---

[1] 李宗克：《社会学本土化的理论反思》，《探索与争鸣》2011年第10期，第75—77页。

[2] 熊万胜：《归向何处：对本土知识传统的审思》，《探索与争鸣》2018年第5期，第106—116页。

[3] 吴海红、郭圣莉：《从社区建设到社区营造：十八大以来社区治理创新的制度逻辑和话语变迁》，《深圳大学学报（人文社会科学版）》2018年第2期，第107—115页。

[4] 李敢：《"社区总体营造"：理论脉络与实践》，《中国行政管理》2018年第4期，第51—56页。

的理论和方法,在根本理念上还是存在很大的不同。比如,不存在营造社区有机体的观念,因为在中国大陆的社区中,存在着统领社区建设与社区发展的关键性力量——中国共产党的基层组织;在具体形式上同样存在较大的差别,如重视顶层规划的重要性,强调各方参与治理的意涵,体现为为居民提供各种生活性服务的便利等。

(一) 社区营造与当代中国社会现实

自1987年民政部首次提出"社区服务"的概念以来,我国城市社区经历了从以"单位制"为主、"街居制"为辅的城市基层管理体制格局,到"两级政府、三级管理"的城市管理体制格局,再到"两级政府、三级管理、四级网络和网格化发展"的"社区制"转型过程。而且,传统计划经济体制下形成的单位办社会的功能在市场经济体制下被剥离并转移到市场和社会之后,当代中国的城市社区始终没有解决好社区自治与行政化之争的问题,且一直陷在两者间摇摆的窠臼里打转,不仅广大居民不满意,而且基层党委和政府也不满意,更在学术界引发对社区"行政化"的批评之声。

因此,社区营造所面临的现实问题是居民原子化、个体化程度很高,社区居民难以被动员,社区中又存在着较为强大的难以被控制的政府行政力量。社区营造既要保持最有价值的核心理念,即致力于以人为中心的社区共同体的构建,强调一种居民参与、自下而上的生活导向,又要保障党的力量引领其正确发展方向,形成与政府的行政力量进行良好沟通和协调的运作机制与制度体系。有鉴于此,当代中国的社区营造不能照搬日本或者中国台湾地区的经验,而是要结合我们的实际以及老百姓日常需求的基本特征,进行有针对性的顶层设计和有策略性的工作推进。

（二）以社区营造为载体的城市基层整体治理模式创新的基本经验

1. 专家学者的深度介入与治理桥梁的搭建

在周家渡街道的整体治理模式试验区建设过程中，专家学者在其中发挥着非常重要的作用。他们通过发挥提供专业知识、畅通政府与民众的沟通渠道、动员居民、协调各方诉求等作用，搭建起了各方参与社区共治的桥梁，推动该项治理创新实践的顺利进行。专家学者发挥作用的基础在于其拥有的专业知识和社会声望，专业知识使其能够提出切实有效的具体方案，社会声望则使其能够赢得政府官员和社区居民双方的信任，并以自身为中介在政府和居民之间搭建信息沟通和相互协商的桥梁。

在周家渡街道的创新案例中，专家学者按照科学研究的理论与方法，了解社区情况、收集居民意见、整合各方面需求，最终形成的是具有前瞻性的顶层设计方案与具有实际可操作性的工作手册，这是该项创新实践能够顺利落地的关键所在。

除了专业知识，专家学者的社会声望也是其能够深度参与实践创新的重要基础。一方面，专家学者与政府官员以及社区居民双方都能够建立良好的信任关系，居民能够向专家学者大胆地表达真实诉求，政府官员也能够接受专家学者的合理建议；另一方面，专家学者在政府和民众双方都信任的背景下，能够在既有的科层体系之外，起到在政府与民众之间传递有效信息、促进相互协商、搭建治理桥梁的作用。

在周家渡街道创新案例的前期阶段，存在普通民众缺位的现象，他们的需求和意见无法通过正式的渠道真正地被感知。专家学者团队的出现和介入，使得参与治理的各方主体形成了以专家学者团队为联结点，搭建沟通信息、共同协商的治理桥梁的新局面。

2. 居民参与、社区协商与基层治理的生活本位导向

2015年中央城市工作会议强调，做好城市工作，要坚持以人民为中心的发展思想，坚持人民城市为人民。中共十九大报告更是指出，要形成完整的制度程序和参与实践，保证人民在日常生活中有广泛持续深入参与的权利。在城市精细化治理新阶段，城市治理中有效的居民参与和社区协商是提升基层治理水平的主要方式。周家渡街道以居民需求为导向，形成云台第二居民区社区营造方案，并成功地将其转化为现实，整个社区的面貌无论是在硬件层面还是在软件层面，都得到了极大的改变。

经过多年的快速城市化，权力和资本主导下的城市发展逻辑正在转向以为民众的美好城市生活创造良好实现条件为主导的生活逻辑。[1] 在追求宜居和幸福生活的逻辑主导下，如何真正感知居民的需求和意见是推进城市基层治理的关键基础。但是，在当前城市基层治理实践中，出现了"形式的参与"和"参与的形式"等"形式化参与现象"比"实质是否参与"更为突出的现象。[2] 形式化参与现象普遍产生的重要原因，在于缺少科学的感知需求、整合需求的方法和程序，来切实推进旨在解决实际问题的实质性基层民主。

周家渡街道的实践表明，在专家学者介入推动的背景下，通过科学的方法与程序，社区居民通过参与和协商，将自己基于日常生活的需求、意见与建议转化为可以看得见的落地建设方案，体现为一种实打实的社区参与进程。街道也在这个过程中，将满足人民群众日益增长的美好生活需求的口号转化为生动的创新实

---

[1] 陈水生：《中国城市公共空间生产的三重逻辑及其平衡》，《学术月刊》2018年第5期，第101—110页。
[2] 韩福国：《超越"指定代表"和"随机抽样"：中国社会主义复式协商民主的程序设计》，《探索》2018年第5期，第71—81页。

践,既体现了执政为民的本色,又将生活本位的思考贯穿在基层治理精细化的整个过程之中。

3. 体制机制创新、流程再造与基层整体治理

周家渡街道的实践探索,通过综合性样板居民区的社区营造活动,不仅找到了社区层面治理创新的切入点,而且也找到了街道层面治理体制机制的创新突破口。整体治理是对政府组织分部化、管理碎片化和裂解性公共服务的反思与修正,力图构建一种基于协同、合作与整合的整体性治理框架和政府运行模式,[1] 强调"以问题解决"作为一切活动的逻辑,使得整体性治理必须充分利用包括政府在内的各利益相关者的专有资源和比较优势,自发生成多变的网络治理结构。[2] 整体性治理着眼于政府内部机构和部门的整体性运作,主张管理从分散走向集中,从部分走向整体,从破碎走向整合。[3] 总之,整体性治理涉及的内容,既包括政府内部的协同与整合,也包括政府与其他治理主体之间的协同与整合。

在综合性样板居民区建设的前期推进阶段,周家渡街道各职能部门的"碎片化"、社区居民及其他治理主体的缺位等现象,直接反映了当前基层治理实践中的普遍性问题,需要在整体性治理的理念下推动整个基层治理体系的重塑。在专家学者这一外部因素的介入和推动下,政府内部各部门之间实现了资源与项目的整合、工作推进的协同与配合。在综合性样板居施工建设过程中,街居之间也相互配合,街道各职能部门以基层社区的问题需

---

[1] 曾凡军:《从竞争治理迈向整体治理》,《学术论坛》2009 年第 9 期,第 82—86 页。

[2] 胡象明、唐波勇:《整体性治理:公共管理的新范式》,《华中师范大学学报(人文社会科学版)》2010 年第 1 期,第 11—15 页。

[3] 竺乾威:《从新公共管理到整体性治理》,《中国行政管理》2008 年第 10 期,第 52—58 页。

求为导向,通过现场办公会的方式,集中解决涉及多方面的问题。此外,包括居委会、物业公司、区域化党建单位以及专家团队都以试点居民区的社区营造为中心,通力协作、相互配合。

总之,以社区营造为契机,以居民需求为导向,各治理主体充分整合各自的资源和优势,形塑集中、整体的基层治理体系。

4. 分工明确、知识互补的研究设计营造团队与使命感驱动的情感治理

专家学者从介入之初就从整体性治理的角度审视周家渡街道的社区营造实践,组建了综合性的专家营造团队,即"治理＋规划"的研究设计营造团队。其中,来自复旦大学国际关系与公共事务学院大都市治理研究中心的"治理"专家负责运用理论、方法,进行战略理念规划、运行机制建构与推进过程跟进;来自复旦规划建筑设计研究院的"规划"专家则负责将战略理念转化为图纸和可供操作的设计方案,并根据实际情况不断进行调整。

周家渡街道的社区营造实践是以社区公共基础设施的形态更新与综合改造为基本目标的,因此需要专业的规划设计人才来进行专业设计。通过"治理＋规划"的综合性团队的组建、分工与合作,一方面弥补以往从事治理研究与规划研究的专家队伍各自的知识体系与动手能力的不足;另一方面既能够保证社区公共基础设施的形态更新与综合改造,又能够推动背后的公众参与、社区协商和街道层面的体制机制创新。

除了物质层面的设施更新和具体的制度和运行机制的创新,"情感治理"也成为周家渡街道城市基层整体治理模式创新的重要特色。近年来,情感治理的重要性开始被学者们注意到,有的从社区的角度探讨社区如何重建共同情感,[1] 柔化成员间以及

---

[1] 成伯清:《社会建设的情感维度——从社群主义的观点看》,《南京社会科学》2011年第1期,第70—76页。

国家与社会的关系；[1]有的则将其视作国家治理体系和能力现代化过程中被忽视的重要维度。[2]周家渡街道社区营造团队总负责人十几次深入居民区与居民真诚交流，帮助解决个别"钉子户"的实际情况；街道主要负责人及各职能部门负责人多次深入社区倾听居民意见、现场办公、具体指导，注重在基层治理中注入情感这一柔性因素，初步构建了一种由责任感和使命感驱动的情感治理模式。

（三）社区营造本土化原理的基本内涵

无论是日本还是中国台湾地区的社区营造，都是一种建立在适应当地的社会经济文化条件，由广大社区居民参与的，由专业指导团队指导的社会改造运动。这其中固然包含着一些根本性的、极为有效的原则和方法，但也并不意味着我们要将其全盘接收。中国大陆的社会经济文化条件与之相比，有很大差异，再加上大陆幅员广阔，不同地区之间的差异极大，很难有一个通用的、普适性的方法与模式。

营造团队在周家渡街道的社区营造实践，秉承的一以贯之理念就是从中国的实际出发，以居民的需求为导向，在社区党建的引领下，将居民参与、社会协商、小区营造、智慧应用、长效机制、多方合力等核心要素，有机地统一于城市基层整体治理模式创建与社区营造整个过程之中。通过诸如将规划方案提交区域化党建平台、家庭小党校等党的基层组织进行审议，动员社区党员积极参与协商与监督等方式，使得党建引领能够在社区营造过程中落到实处。在社区营造过程中，注意将街道层面的诉求、限制

---

[1] 文军、高艺多：《社区情感治理：何以可能，何以可为？》，《华东师范大学学报（哲学社会科学版）》2017年第6期，第28—36页。
[2] 何雪松：《情感治理：新媒体时代的重要治理维度》，《探索与争鸣》2016年第11期，第40—44页。

条件与居民的需求进行协调和整合，最终形成一份既能够得到社区居民满意，又能够得到街道认可的方案。而且，在社区营造的过程中，不仅注重物质空间之外的社会空间再造和人的需求的满足，更强调以营造为契机，推动整个基层治理体系的重塑和创新。

无论是党建引领社区营造原理还是社区规划顶层设计原理，都无不体现着中国大陆社区营造的独特性。中国大陆本土化的社区营造，执政党的因素、政府的因素是其中最为关键的变量，而且中国大陆的社区营造也不存在营造诸如社区有机体的概念。但是，这绝不意味着党和政府的存在可以替代社区营造中的居民参与和居民自治的本质特征，党和政府的作用更多地体现在引领方向和顶层规划方面。而且，党和政府的根本目标与社区营造的发展目标有高度的契合性，即都是为了最大限度地满足社区居民的美好生活需求。

综上所述，社区营造本土化原理包含三层涵义。

第一，社区营造作为来自日本和中国台湾地区的概念和模式，需要与中国大陆的社会经济文化条件进行有机结合和本土化改造，重点在于汲取其在实践过程中形成的有益理论与方法，并使之能够适应中国大陆的社区现实，进而发挥其应有的作用。

第二，中国大陆的社区营造要始终依赖执政党中国共产党在基层的党组织的引领，依赖政府对于社区的资源投入，通过其发挥统领社区建设与社区发展的作用，尤其是发挥社区范围内各方治理主体的积极参与和协商的作用，整合资源，形成合力。

第三，要根据不同地区与社区的基本情况，在遵循社区营造的一般原理和原则的基础上，允许各地各社区创造性地开展社区营造工作，形成不同的模式、方法和理论，并加以复制推广。特别是在当前中国大陆各地的城市发展水平参差不齐的情况下，每个地方的风土人情和经济社会发展情况千差万别，只有真正根植于当地实际的、体现本土化特色的社区营造模式，才有可能获得成功。

本章小结：创造基于中国社区营造生动实践的鲜活原理

随着我国城市发展进入新阶段，各大中城市已经由"外延式"城市建设模式转向"内涵式"城市治理模式，城市的有机更新成为城市发展的主导方式，而社区营造是城市更新的重要模式。城市社区作为城市的基本组成单元，通过社区居民的广泛参与，将居民的意见和需求进行整合，成为城市更新和社区营造的重要试验场。更为重要的是，在这个过程中，通过动员社区居民参与到社区公共事务的治理中来，可以建构社区居民的共同体意识和合作精神。社区营造这种城市基层社区可持续发展的新模式，与当前基层社区多元协作治理的理念相契合，已经逐渐被实务界和理论界认为是未来城市社区更新的主导模式。

营造团队在浦东新区周家渡街道云台第二居民区长达9个多月的社区营造实践，通过动员社区居民的广泛参与，运用科学的社区协商的程序和方法，按照居民充分表达并经过有机整合的意见而设计的社区营造具体实施方案，成功地实现了云台第二居民区的社区营造目标。在这个过程中，不但社区硬件环境得到了极大改善，而且在这个过程中激发和培育了居民的社区公共交往精神，创造了各种后续志愿维护长效机制，提升了社区的整体治理水平。更为重要的是，推动了街道层面的"主统筹、主负责、主配合"机制、街居联动机制、民众参与机制等运行机制的创新。在街道党工委的领导下，专家学者的深度介入搭建了各方主体参与治理的桥梁，以居民需求与基层治理为导向，以社区营造为载体，有效实现了社区层面居民参与以及街道层面资源整合和流程再造等体制机制创新目标，进而形塑了一种新型城市基层整体治理模式。

通过对周家渡街道云台第二居民区社区营造这一鲜活的、有血有肉的、根植于中国大陆基层社区日常生活的创新实践的深入总结和提炼，营造团队提出了可复制可推广的、具有非常重要的指引性作用的社区营造八大基本原理，即社区党建引领社区营造原理、社区空间重塑原理、社区规划顶层设计原理、联合专家介入原理、社区居民参与协商原理、社区智慧应用原理、社区志愿维护原理、社区营造本土化原理。

其中，社区党建引领社区营造原理统领和指引着社区营造和社区治理的方向；社区空间重塑原理是指导社区营造的基础理论，围绕着权力—空间这一中轴，推动着包括人、组织、资源、事、技术、价值等在社区空间范围内的重塑；社区规划顶层设计原理与联合专家介入原理是社区营造科学化和有序化的智力保障；社区居民参与协商原理、社区志愿维护原理是社区营造发挥长效作用的核心方法与路径；社区智慧应用原理是社区营造的技术手段与新型载体；社区营造本土化原理是总结基于中国大陆的生动实践、提炼鲜活经验的理论内涵、推动更大范围内的基层治理创新的重要前提。

社区营造的八大原理都基于生动的中国实践、鲜活的中国经验提炼而成，应当成为当今中国社区营造乃至于社区治理过程应当遵循的基本原理。在这些鲜活原理的指引下，各地的社区营造只要结合当地的具体现实，就能够有效地推动城市与乡村社区的更新和基层治理体系的再造，从而有力地推动基层治理现代化的进程。

第二章
社区营造的整体设计

周家渡街道位于浦东新区西南部，辖区面积约 5.52 平方公里，北邻世博园区，并临黄浦江、白莲泾，与南码头路街道相邻；东毗北蔡镇，靠近六里现代生活园区；南隔川杨河同三林镇相望；西接上钢新村街道和宝钢集团浦东钢铁公司。街道成立于 1958 年，至今已有 60 多年历史，是浦东最早的街道之一。街道物业总量约为 395.5 万平方米，有各类居住小区 76 个，老旧小区占比 73%。截至 2017 年 12 月底，街道实有人口 13.9 万，其中户籍人口 10.95 万，60 岁以上 4.23 万，户籍人口老龄化率达 38.6%。

街道下辖上南一村社区、上南二村社区、上南三村社区、上南四村社区、上南五村社区、上南六村社区、上南七村社区、上南八村社区、上南九村社区、上南十村一社区、上南十村二社区、上南十一村社区、上南十二村社区、雪野二村社区、齐河一社区、齐河二社区、齐河三社区、齐河四社区、齐河五社区、齐河七社区、齐河八社区、云台一社区、云台二社区、云莲一社区、昌里四社区、昌里五社区、昌里七社区、昌里花园社区、都市庭院社区、川新社区、上南花苑社区、恒大社区共 32 个居民小区。

一、"美好周家渡"创建实践

(一)"美好周家渡"战略提出的基本背景

1. 周家渡街道的基本情况

周家渡街道作为一个有着悠久历史的老街道、老城厢、居民聚集区,由于历史和发展的原因,人民群众的生活现状距离"美好生活"还有较大差距,社区各项事业发展与改革任务艰巨。

周家渡街道城区形态陈旧,基础设施薄弱,公建配套欠账较多。市政基础配套布局不尽合理,菜场、商店、便利店等基本生活服务业和便民设施不齐全,不能很好地满足人民群众生活需求。在消防安全方面,高层住宅、老旧小区以及地下空间的消防等设施陈旧,年久失修,居民楼道堆物、私接电线充电等情况普遍,带来较大安全隐患。居民区违章建筑多,历史成因复杂,社区居民群众对于改善小区综合环境的愿望非常强烈。街道多个居民区"家门口"服务站、家庭医生诊所等公共服务设施的建设都无法配置场地,不能很好地满足人民群众对于美好生活的需求。

2010年世博会前,周家渡街道作为世博核心区域进行了一轮综合整新,近几年也投入了大量的人力、物力、财力开展城市环境综合整治,城区面貌有了明显的改观,但是老旧小区整新任务仍旧十分艰巨,世博期间的小区整新项目已历经多年,大部分已形态破损,甚至存在严重安全隐患。同时,随着美丽家园、缤纷社区建设的推进,小区的整治任务更显繁重和紧迫。

2. "美好周家渡"战略的提出背景

2017年年底,上海市掀起了一场"不忘初心、牢记使命,勇当新时代排头兵、先行者"的全市范围内的大调研。"大调研"的目的,是通过深入调研走访企事业单位、"两新组织"、城乡社区和市民群众,摸清底数、了解实情、倾听诉求,及时总结推广基层创造的好经验好做法，找准问题找出办法，切实推动问题解决。周家渡街道借着"大调研"的东风，党政领导深入一线，兵分多路，对街道58 000户社区居民家庭、1 400余家区域内企业、41家社会组织以及街道辖区内的政府机关、事业单位、双管单位、部队及学校进行全方位走访调研，进一步倾听民声、了解民意，全面掌握居民群众和社区单位对美好生活的所思、所想、所盼。

2017年12月27日，在深入调研的基础上，周家渡街道广邀专家学者以街道工作务虚会的形式，深入探讨街道未来的发展战略。会上周家渡街道提出了2018年年度工作指导思想，即以全面加强党的建设、坚持党对一切工作的领导为统领，着力夯实平安稳定、民生保障、城市形态三个基石，着力在城市运行、文化宣传、社会治理、队伍建设、法治建设、集体资产管理六个方面取得大提升、大突破，全方位提高街道公共管理、公共服务、公共安全能力的水平，更好地满足周家渡人民群众对于美好生活的向往和需求，不断增强人民群众的获得感、安全感和幸福感。

经过与会专家的讨论与建议，并结合中共十九大报告关于社会主要矛盾的分析，周家渡街道决定从2018年开始全面实施"美好周家渡"战略，即分批次、分阶段对街道内的老旧小区进行全面的更新改造。

（二）"美好周家渡"战略的正式提出

2017年10月，中共十九大报告提出了新时代我国社会的主要矛盾是人民日益增长的美好生活需要和不平衡不充分的发展之间的矛盾的科学判断。想社区居民之所想，急社区居民之所急，是城市基层治理所有工作的出发点和落脚点。为此，周家渡街道党工委以习近平新时代中国特色社会主义思想为指引，全面贯彻落实中共十九大精神以及上海市委市政府与浦东新区区委区政府的重大决策部署，经过认真的调查研究和系统的工作部署，于 2017 年 12 月底正式提出并确立了以"党建引领美、党员形象好；幸福生活美、宜居宜业好；平安祥和美、民主治理好；自然环境美、美丽家园好；文化自信美、人文精神好""五美五好"为主体内容的"美好周家渡"发展战略，积极回应人民群众对未来美好生活的更好憧憬和更高期盼，着力打造新时代美好生活先行区。

2018 年 1 月 22 日，周家渡街道党工委正式通过《周家渡街道党工委、办事处关于全面建设"美好周家渡"的决定》。该《决定》是周家渡街道党工委为更好贯彻落实中共十九大精神，高举习近平新时代中国特色社会主义思想伟大旗帜，立足新时代、取得新发展，积极回应人民群众对未来生活的美好憧憬和更高期盼，而提出的包括详细推进策略在内的总体发展战略规划。

其中，该《决定》提出了全力推进全面建设"美好周家渡"的要求，包括领域、目标与举措（见表 2-1）。

表 2-1 "五美五好""美好周家渡"发展战略

领域	目标	举措
政治建设	彰显党建引领美，实现党员形象好	"美好党建 360"工程
社会建设	彰显幸福生活美，实现宜居宜业好	重新规划调整产业布局；努力打造充分就业示范社区；加强区域社联动等
平安建设	彰显平安祥和美，实现民主治理好	进一步建立突发公共事件应急处理体系；加强公共服务重点领域监管等
生态建设	彰显自然环境美，实现美丽家园好	着力打造水岸社区、园林社区、缤纷社区
文化建设	彰显文化自信美，实现人文精神好	持续深入开展群众性精神文明创建活动；加强社会主义思想道德建设等

2018年3月20日，周家渡街道印发了《关于创建"美好周家渡"标准化样板居民区的实施意见》。该《意见》提出要全面建设"美好周家渡"，回应人民群众对美好生活的向往，打造美好生活先行区，根据周家渡街道实际，启动"美好周家渡"标准化样板居民区创建工作。该项创建工作为期2年，当时计划2018年11月前在"五美五好"方面各建成两家典型示范区，最终建成10家，探索形成"五美"和"五好"的建设标准；在此基础上，在2019年11月前建成两家体现"美好周家渡"具体内涵，能够切实发挥作用，服务人民美好生活的试点标准化样板居民区。同时，要建立美好项目的创建机制，形成可复制、可推广的建设模式，壮大创建美好的人才队伍，为在街道范围内全面推进"美好周家渡"建设提供经验参考和智力支持。

通过样板引路、树立标杆、形成机制、以点带面等方式，全面实施"美好周家渡"标准化样板居民区建设试点工作，举全街道之力打造具有老城区特色的、可复制可推广的美好生活样板示范区，让"大调研"真正出实效，让"美好周家渡"的美好图景看得见、摸得着，让居民群众有更真切的归属感、获得感和满意度。

该《意见》还同时规定了"五美五好"的创建主要内容以及标准，街道下辖各居民区根据自身实际开始进行申报，形成项目申报书，提交街道。随后，各居民区均通过居民代表会议、党员会议、两委会等渠道广纳民意，结合居民区实际情况，向街道积极申报。

（三）综合性样板居民区的评选与确定

2018年4月20日，周家渡街道召开"美好周家渡"样板居民区申报评审会（见图2-1），邀请相关领域的多名专家对各申报居民区方案进行现场评审。

2018年5月9日，经过专家评审和街道党工委研究，正式将评选出的样板居民区创建试点单位名单向社会公布，包括两个综

图 2-1　时任中共浦东新区周家渡街道党工委书记、
人大工委主任张安平在申报评审会上讲话

合性样板居民区试点单位和十四个专项试点单位。

其中，周家渡街道云台第一居民区、云台第二居民区成为街道两个综合性样板居民区建设试点单位。在这两个综合性样板居民区内，全面推进"党建引领美、党员形象好；幸福生活美、宜居宜业好；平安祥和美、民主治理好；自然环境美、美丽家园好；文化自信美、人文精神好""五美五好"为主体内容的"美好周家渡"建设。通过及时总结两个综合性样板居民区创建过程中的典型经验，形成可复制、可推广的模式，并通过多种方式加强宣传、推介，充分发挥样板区的引领辐射作用，以便于在全街道范围内进行推广。

二、综合性样板居民区推进工作与"整体治理模式试验区创建"的登场

综合性样板居民区试点单位确定之后，"五美五好"的"美

好周家渡"战略如何在两个居民区落地,便成为摆在周家渡街道领导面前的主要工作。街道一方面将"美好周家渡"标准化样板居民区创建工作纳入重点工作当中,并在组织、人员、资源等方面重点支持;另一方面积极借助"外脑"专家的智慧,引入第三方专业团队,全面介入标准化样板居民区的创建工作。

(一)综合性样板居民区推进工作

2018年5月,周家渡街道制定了《"美好周家渡"综合性样板居民区创建工作推进方案》,以构建标准体系、建成综合性样板居民区、梳理五张清单、形成一套创建手册为目标,以体系建设、制度建设、功能建设、平台建设、人才建设为内容。街道将样板居民区的打造确定为2018年度的中心工作之一,并专门成立推进该项工作的办公室负责协调推进该项工作(见表2-2)。将某项工作明确为中心工作,并采取运动式治理的方式来推动落实,是基层政府重要的治理策略。[1]

在起始阶段,街道的主要思路是对试验区创建活动进行梳理,形成"五美五好"的标准体系和实施方案,再通过街道整个科层体系的动员来推动工作的进行。通过编制形成综合性样板居民区建设的标准化指标体系,街道期望用更专业更科学的方法使美好周家渡街道的建设标准和操作规则更规范、更精准。随后,街道各部门以及各样板居民区创建单位全面动员,编制标准体系、实施方案,梳理各自的问题清单、需求清单、资源清单(简称"三大清单")。

街道各职能部门以及各居委会干部加班加点提供、整合各种材料,最终编制了厚厚的一本资料汇编,包括"五美五好"战略

---

[1] 狄金华:《通过运动进行治理:乡镇基层政权的治理策略——对中国中部地区麦乡"植树造林"中心工作的个案研究》,《社会》2010年第3期,第83—106页。

表2-2 "美好周家渡"综合性样板居民区创建工作计划

工作内容	具体工作		行动步骤	达成目标	责任部门/责任人	完成时间
基础架构	组织机构	1	成立领导小组	领导小组成立	推进办	5月10日
		2	成立工作组	各工作组成立	推进办	5月17日
	制度建设	3	制定会议制度	领导小组每周一次	推进办	5月28日
		4	制度宣传制度	制定宣传方案	推进办	5月28日
		5	制定检查制度	领导小组检查制度	推进办、督查办	5月28日
		6	制定上报制度	居民区每周上报建设进度	推进办	5月28日
	平台建设	7	结合党建服务站、家门口服务站、聚空间	搭建平台	各相关职能科室提出，推进办汇总整合	5月29日
设计方案	情况排摸	8	梳理资源	梳理骨干人员、周边单位等资源	推进办及各职能科室	5月29日
		9	梳理现有制度、项目	梳理现有基础、特色项目	推进办及各职能科室	5月29日
	意见征询	10	居民区征询居民群众意见	收集群众意见	各试点居民区	5月29日
	方案初稿	11	专家团队、业务部门、居民区（工作人员）形成方案初稿	形成初稿	推进办及各职能科室	5月30日
	意见再征询	12	方案初稿在居民区进行意见征询	完成初稿意见征询	各试点居民区	6月5日
	方案通过	13	充分考虑居民意见，写成初稿上报领导小组，通过建设方案	样板居建设方案初稿通过	推进办上报综合样板居创建方案各	6月6日

目标的各自评价标准、实施方案,各居民区提供的"三大清单"。在正式确定实施方案之后,街道要求各职能部门梳理本年度各自能够进入样板居创建单位的项目资源,并在街道的工作推进会上根据截止日期倒排工作,编制以周为单位的工作目标路线表(见表2-2)。相关推进工作由推进办总体协调和监督,各部门每周要向推进办汇报工作进度,推进办根据已经提交的工作计划进行考核监督。

街道层面还为样板居民区创建提供必要的人力、物力和财力保障。一方面,选派科级后备干部公务员及新进公务员到试点居民区担任党支部副书记或书记助理,积极协助居民区创建工作;另一方面,加强街道财力支持,加强资源的整合和集成,引导企业和社会力量投入,形成多元化投入格局。在综合性样板居创建工作的初期阶段,街道依循传统的科层制的工作方式,通过目标管理责任制和项目化推动的方式,以期完成这一集整个街道之力的中心任务。

在居民区层面,以《关于创建"美好周家渡"标准化样板居民区的实施意见》(以下称《意见》)为总体指导,以随《意见》同时发布的实施方案为目标,各居民区结合自身实际,制定了本居民区更为具体的实施方案。各创建单位分别梳理了各自样板居民区创建的问题清单、需求清单、资源清单,为接下来的创建工作打下良好的基础。

(二)"整体治理模式试验区创建"的登场

经过近两个月的工作,街道推动的创建综合性样板居民区工作依然在科层体系内部打转,虽然也形成了丰富详实的文字材料,但是大家对具体如何落地操作却没有任何头绪。事实上,该项工作在前期实施阶段陷入了与"政策空传"[1]类似的"目标

---

[1] 李瑞昌:《中国公共政策实施中的"政策空传"现象研究》,《公共行政评论》2012年第3期,第59—85页。

空转"状态,即看似为实现目标做了很多工作,却没有实质性的进展。

街道各职能部门各自为政,碎片化现象严重,未能在样板居民区创建工作中进行统筹协调。仅从各自部门的角度,以项目的方式向试点居民区下达各种建设任务。再加上各部门之间缺少沟通,很多资源未能统筹协调,资源存在严重浪费的可能。街道党政领导也逐渐意识到了这种推进模式的问题,即工作缺少一个整体的目标、规划和有力的协调;各职能部门如果按照原计划下沉各种项目到居民区,就会远远超出居民区的承接能力。更重要的是,样板居民区创建的出发点是满足人民群众的美好生活需求,但是在整个推进过程中,社区居民却是缺位的,看不见他们的参与,听不到他们的意见、态度,辨不清他们的喜好。因此,整个样板居民区创建迟迟拿不出具体可操作的落地方案,工作推进陷入困境。

在2018年5月的一次街道各职能部门以及专家学者共同参加的工作推进会上,专家学者均提出了上述问题,得到了街道职能部门负责人以及街道主要领导的认同。街道主要领导当场决定暂时叫停街道对于该项工作的推进,待形成更加具有可行性和操作性的整体方案后再重新进行实施。

经过深入接触、精心挑选和整体比较,街道决定与由复旦大学国际关系与公共事务学院大都市治理研究中心唐亚林教授团队以及上海复旦规划建筑设计研究院副院长、教授级高工施海涛团队组成的联合专家试验团队合作,全面实施两个综合性样板居民区的创建工作。经过多次对试点居民区的实地考察,联合专家营造团队随之提出了"党建引领+居民参与+社区协商+小区营造+智慧应用+长效机制+多方合力"的整体治理模式创新试验区的建设方案。该方案拟通过选择社区情况复杂、类型多样、改造任务重、治理挑战性强、复制推广意义大的社区，以满足居民需求和美好生活向往为根本追求，以社区整体功能提升为目标，边打造边总结经验，随后立即在街道范围内进行复制推广。周家渡街道领导也完全同意联合专家营造团队的总体设计方案，并授权团队全权负责该项工作的策划与推进。

联合专家营造团队介入之初，就向周家渡街道党工委主要负责人提出：第一，暂停街道各部门自行和居民区接触，各部门进行内部自查，梳理自上而下进入居民区的项目、资源清单，由专家团队和街道统筹协调。待专家团队制定出样板居民区创建总体方案后，结合方案所需，合理给各职能部门分配相关任务。第二，在居民区层面广泛动员群众参与，以居民需求为导向，将有限的资源用在社区居民最需要的项目上，最大限度地提升居民的获得感。第三，专家团队将会深入两个社区进行实地考察，在详细摸清社区现状的基础上，设计整个样板居民区创建的初步方案。

联合专家营造团队认为，综合性样板居民区的打造，不仅是为了社区硬件环境的改善，更是要以样板居民区打造为契机，推动街道层面的职能整合和政府的流程再造，即将综合性样板居民区创建，升级为"整体治理模式试验区"创建。

（三）专家与官员的碰撞、契合点与共识的生成

周家渡街道创建综合性样板居民区的探索以专家团队全面介入为分界点，分成了两个阶段，前后两个阶段事实上是根据不同的理念在行动。

前一阶段是明显的官僚逻辑和科层逻辑，即在地方政府的目标管理责任制下，通过科层体系的动员以及将该项工作设定为中心工作的方式，自上而下推动工作的开展。而这种自上而下分解压力的运作模式，也成为地方政府为解决重要问题，完成重要任

务所采用的通用模式。[1]后一阶段则是在专家团队的主导下,以居民参与和社区协商为中心,自下而上地撬动科层体系的体制机制创新,并推动地域社会生活共同体的建构。地域社会生活共同体形成的动力机制,在于居民自主参与居住区公共议题的决策过程,并通过参与过程产生对地域空间的认同。[2]前后阶段不同主导逻辑的转化不是突变的,而是有其转换基础和契合点的。

首先,官员和专家的追求是相对契合的。从街道主政官员的角度看,街道的实际需求以及人民群众对于美好生活的向往是其开展工作的基本出发点,在此基础上推动基层治理模式的创新,形成可复制可推广的经验与模式,为所主政的工作增添亮点,赢得政绩,是其再正常不过的诉求。从专家学者的角度看,其既能够走出书斋投身实践,把理论与实践相结合,创新地方治理模式,改变地方治理秩序,体现一种理想情怀;又能够在这个过程中认知中国现实的复杂性和多样性,让自己的学术研究更加接地气,更具有生命力。

其次,街道主导下的具体治理创新实践也遇到了困境,如果不进行改变的话,就难以顺利实现最初的目标。由于缺少整体的设计和内部的协调整合,相关工作的开展必然陷入各自为政的局面,也会导致居民区治理"超载"情况的显现。所谓"上面千条线,下面一根针",万千任务都压到了最基层。

最后,官员和专家的最终目标是统一的、相通的,即都希望能够通过试点工作,真正满足居民对于美好生活的向往。而且,街道的该项工作从战略提出到前期的推进,专家学者都是全程参

---

[1] 杨雪冬:《压力型体制:一个概念的简明史》,《社会科学》2012年第11期,第4—12页。
[2] 杨敏:《作为国家治理单元的社区——对城市社区建设运动过程中居民社区参与和社区认知的个案研究》,《社会学研究》2007年第4期,第137—164页。

与,其对街道的情况、主政官员的想法等都有比较全面的了解,这也是专家团队最终能够顺利介入的重要基础。在这一最终目标的统合下,基于良好的前期基础,专家学者基于实践和居民需求的方案设计,得到了街道主政官员的认可,双方达成了共识,推动了一致行动的生成。

三、社区营造"六阶三十条"

"整体治理模式试验区"创建的主要抓手和重要突破口,就在于两个试点居民区的社区营造,即通过社区营造的方式广泛动员居民参与,在街道党工委的领导下,在第三方专家团队的指导下,动员各方主体参与其中,共同打造两个整体治理模式试验区(根据现实推进过程,主要在一个小区里先试点,之后再在另一个小区复制推广)。

在广泛参考台湾地区社区营造案例、大陆社区营造实践、罗伯特议事规则、复式协商民主决策[1]的程序等优点的基础上,联合试验团队形成了社区营造"六阶三十条"总体方案,即将整个社区的营造过程分成党建引领、专家咨询介入、居民参与、社区协商、小区营造、绩效评估六个阶段,每个阶段都按照一定的步骤和程序逐次推进,并在实践中得到严格遵循和有效检验,形成可复制可推广的社区营造模式。

罗伯特议事规则[2]

"罗伯特议事规则"的培训和推广,对于中国公共参与是

---

[1] 参见韩福国:《我们如何具体操作协商民主:复式协商民主决策程序手册》,复旦大学出版社 2017 年版。
[2] 参见亨利·罗伯特:《罗伯特议事规则》,袁天鹏等译,上海人民出版社 2008 年版。

一个极其重要的方法。许多决策者诟病民众参与能力不高，往往就是指议事时表达偏执，或者不懂得如何"说话"。当然，许多决策者也不懂得如何议事，他们往往把"听领导讲话"和"发布指示"当成了议事，甚至许多知识分子在参与议事时，缺乏程序规则与时间概念，"潇洒有余而聚焦不足"。这一规则的学习和方法的掌握，对于各个层面的人群而言，都是极其需要的。

"罗伯特议事规则"所界定的协商会议，泛指采用"通用议事规则"来运作的会议组织，这一宽泛的概念比较类似中国当下各种形式的座谈会和代表会。

"协商会议"具有以下特征：

1. 它是一个由人组成的集体；它有权通过自由充分的讨论，以整个会议组织的名义，自主地决定一致的行动。

2. 会议要在公共场所进行，即所有人都拥有相同的条件和机会，实时地参与相互的口头交流。

3. 会议集体的规模一般要在十个人以上，而且人数越多，越要求议事程序正式严谨。

4. 它的成员——指有权参与会议事务的人——在会议中可以自由表达自己的意愿。

5. 在任何决定中，每个成员都拥有相同权重的表决权；如果其意见获得通过，那么该成员为此决定承担直接的个人责任。

6. 即使成员表达的意见与会议组织的决定不同，也并不意味着该成员希望退出会议组织，会议组织也无权以此为理由要求该成员退出。

> 7. 如果有成员缺席——无论立法机构还是一般的组织，缺席都是很难避免的——出席的成员可以代表全体成员作决定，但必须满足会议组织制定的相关条件。

在社区治理过程中，以动员社区居民参与为代表的社区自治是目前推进的重点，亦是未来的发展方向。但是，大多数居民区的居民参与程度依然很低，一个很重要的原因就是缺少一套结合中国实际、具体可操作的理论、程序和方法。社区营造作为一种以社区居民的参与协商为主要方式的社区治理新模式，必须能够对城市社区居民的自治参与问题作出响亮的回答。

专家营造团队在周家渡街道的社区营造实践中，根据实践工作的推进，不断摸索总结，形成了一整套可操作、可复制、可推广的社区营造实践推进模式。在总结各方既有经验的基础上，结合周家渡街道的鲜活实践，提出了社区营造的"六阶三十条"之法，即通过将社区营造过程划分为六个阶段，明确每一个阶段的主要工作内容和操作方法，可以为广大的社区营造实践工作者提供最直接的经验借鉴。

（一）党建引领（顶层设计）阶段（党建引领"四条"）

党建引领阶段的关键在于进行社区营造的顶层设计，从战略、模式、导向、体制等方面构建后续工作开展的理念基础和发展架构，社区营造工作的具体开展亦是在顶层设计的指引下进行的。

> **党建引领"四条"**
>
> 1. 坚持党对一切工作的领导和以人民为中心的发展战

略。建立党政一把手齐抓共管、具体负责人一线负责、相关职能部门和社区单位配合、社区组织、居民和专家参与的共建共治共享的社会治理格局。

2. 构建"1（理念）＋4（四梁）＋8（八柱）"整体治理模式。通过融"美好党建360"、网格化管理、社会治安综合治理于一体，以标准化、智能化、专业化、社会化、法治化为重点，建构1（党建统领下加强整体治理、综合推进，实现人民对美好生活向往的整体治理理念）＋4（建立条块整合体系、党政整合体系、街居整合体系、区域化整合体系）＋8（建立自治共治德治法治"四治机制"、功能集成机制、资源集聚机制、流程再造机制、沟通指导机制、人才建设机制、智力支持机制、综合保障机制）的整体治理体系，打造"美好周家渡"高品质、能复制、能推广的样板典范居民区。

3. 坚持党建导向、需求导向、问题导向、参与导向、协商导向、结果导向六大发展导向。

4. 构建街道党工委领导、街道办事处负责、专家咨询、居民参与、社区单位协同、标准化智能化制度化保障的社区治理体制。

其一，战略层面。以党的领导和人民当家作主的理念为核心，是社区营造必须遵循的第一法则。中共十九大报告旗帜鲜明地指出，党是最高政治领导力量，必须坚持党对一切工作的领导，"党政军民学，东西南北中，党是领导一切的"。"全党同志一定要永远与人民同呼吸、共命运、心连心，永远把人民对美好生活的向往作为奋斗的目标"。当前我国的国内主要矛盾已经发生了深刻变化，人民日益增长的美好生活需要与不平衡不充分的发展之间的矛盾成为主要矛盾。社区营造属于周家渡街道领导的社区综合改造活动，更应该强调党在社区营造过程中的全面领导作用。在具体实践中，通过发挥党建精神的核心引领、街道党工委科学的战略决策与坚实有力的工作推进，社区营造过程中社区党组织、党员队伍、区域化党建单位等全方位的参与等综合合力，将党的领导贯穿于社区营造全过程。

其二，模式层面。社区营造并不局限于社区硬件基础设施的改善，而是以社区营造为载体，推动整个城市基层治理体制机制的创新，其所要解决的是当前城市基层治理体制的碎片化以及居民自治不足的问题，目的是为建构起简约高效的城市基层治理体系而进行大胆地探索。周家渡街道基于"整体治理模式试验区"的社区营造模式，概括起来就是党建统领下的城市基层整体治理新模式创新，包括整个科层体系的内外整合、纵横整合、党政整合和多元治理主体整合，以及支撑上述整合的运行机制创新。通过构建党建统领下的城市基层整体治理新模式，可以极大提升周家渡街道的基层治理能力，进而推进城市基层治理现代化的进程。

其三，导向层面。党建导向是社区营造工作的核心和根本；在需求导向和问题导向的指引下，找到社区治理中的短板领域和痛点问题，以补强短板领域、解决痛点问题为基础性目标；参与导向和协商导向是社区营造的主要方法，即通过广泛地动员社区居民参与、推进社区多元主体协商的方式，找到问题与需求导向下所发现的社区短板和痛点问题的解决之道；结果导向体现了对社区营造绩效的强调，即由各方面资源的投入以及多元主体的参与而推动的城市基层治理创新是否有效、能否被复制推广，最终要看在实际生活中究竟取得了什么样的效果。

其四,体制层面。基于周家渡街道的社区营造实践所探索的城市基层治理战略、模式和导向层面的创新,是在社区硬件环境改善之外所取得的最重要的成果与绩效。这些从具体实践中不断摸索总结出来的基层社区治理的战略、模式和导向,必须用制度化的方式将其固化,并上升为指导实践的机制体系、制度体系与理论体系,以在更大范围内复制推广,从而为在实践中已经得到证明的基层治理创新模式开辟更加广阔的应用空间。

总之,党建引领阶段的关键就在于建构起整个社区营造的顶层设计框架,通过战略、模式、导向、制度等方面的创新和重塑,在总体上确保社区营造的顺利开展,以及城市基层"整体治理模式试验区"的成功创建。

(二)专家咨询介入阶段(专家咨询"五条")

从专家咨询介入开始,就真正进入社区营造的实践操作阶段。当前,中国各地涌现了一系列的在专家学者的深度介入下,以改善社区环境、提升社区治理能力为导向的社区精细化治理实践探索案例,诸如清华大学李强的"新清河实验"、[1] 同济大学刘悦来的"社区花园"营造[2]等,都是高校专家学者推动社区

---

[1] "新清河实验"是由清华大学社会科学学院与北京市海淀区人民政府合作,继承发扬老一辈社会学家开创的"用社会学的理论和方法探究社会变迁规律以改善社会生活、增进人民福祉"的清河实验精神,在新的社会历史环境下进行的社会学实验。新清河实验分"组织再造"和"社区提升"两个方面。组织再造就是在日趋复杂的多元社区中创新社区组织形式,通过增设社区议事委员会来增强既有社区组织(主要是居委会)的运转活力和服务居民的能力;社区提升即通过各种形式的公共议题和社区活动,充分发挥社区议事委员会在参与社区公共决策、改善社区人居环境和治理水平中的作用。引自:李强、王拓涵:《新清河实验:基层社会治理创新探索》,《社会治理》2017年第7期,第56—63页。

[2] 社区花园是社区民众以共建共享的方式进行园艺活动的场地,其特点是在不改变现有绿地空间属性的前提下,提升社区公众的参与性,进而促进社区营造。社区花园把步道带到脚下,把种植带回都市,把劳作带进课堂,把(转下页)

治理实践探索的典型。从中我们可以发现,当前在各地推进的社区营造中,让具有专业知识的专家学者的介入是普遍做法,其中既有社会治理方面的专家(李强等),也有规划设计方面的专家(刘悦来等)。一些地方还专门尝试了让具有规划专长的专家学者参与社区营造的社区规划师制度,如上海的杨浦区、四川的成都市等。专家学者的专业知识以及他们的社会声望能够在政府和社区居民乃至于社区多元参与主体之间,搭建信息沟通和相互协商的桥梁,有效地保证社区营造的顺利开展。

专家咨询"五条"

5. 收集小区基本情况(行政区划、建立情况、面积、楼组、户数、人口、年龄、党支部、物业、业委会、老龄化状况等)。

6. 整理小区以往来自各方面条线以及辖区内各单位的资源、平台、项目、基金,以及各类社会组织活动情况。

7. 准备小区地图(专业测绘图)。

8. 标出小区公共区域(自然开放交往场所)、公共设施(生活服务场所、水电煤电子基站等)与公共单位(幼儿园、中小学、其他单位),从小区主进口开始,按照顺时针方向,编号排序。

9. 形成重要生活服务设施布局图(广场、会所、休憩地、睦邻中心/社区服务站、居委会/党支部所在地、物业管

(接上页)游戏带给孩子,把互动带回邻里,把生产带入生活。这一系列的回归,……旨在超越旁观与创造的对立、都市与乡土的分裂、专家与常人的区分、生产与消费的分离。引自:刘悦来、尹科娈、葛佳佳:《公众参与,协同共享,日臻完善——上海社区花园系列空间微更新实验》,《西部人居环境学刊》2018年第4期,第8—12页。

第二章
社区营造的整体设计

理场所、业委会所在地、重要自然景观、垃圾站与垃圾桶放置地、小卖部、停车场所、晾晒区、社区花园、救生场所等）。

专家咨询介入阶段，营造团队的主要工作是对社区的基本情况进行梳理和整体性把握，为后续社区营造实践的开展做好准备。具体来说，就是要弄清楚开展社区营造试点的居民区的基本情况，包括居民区的需求、问题、资源、项目清单、社区公共空间与公共服务设施布局状况等。通过对居民区党支部书记和居委会主任、业委会主任和物业公司经理等的深度访谈、居民区文本材料的整理和全面的实地走访，可以在总体上把握社区的基本情况、基本面貌，这也是进一步开展社区营造工作的前提基础。唯有在充分了解社区基本情况的前提下，才有可能在后续过程中提出有针对性且具体可操作的社区营造方案。

在周家渡街道的社区营造前期阶段，由于缺乏专门的专家学者的介入，按照惯例的依循自上而下的行政动员手段的推动，缺少对于实际情况的把握和部门之间的协调，导致街道一直无法拿出具体可操作的方案。随着专家学者的介入，这种情况得到了根本性改变：一方面，通过实地的调研走访和深度访谈，专家们了解了居民们的实际需求，掌握了社区较为全面的一手资料，为切实可行、能够落地的社区营造操作方案打下了良好基础；另一方面，推动了以社区营造为契机的街道层面各部门的整合与协调，使得碎片化的、各自为政的街道各职能部门在共同的治理事务中开始相互协调与配合，并形成制度化的机制。

（三）居民参与阶段（居民参与"八条"）

社区营造并非政府的"独角戏"，关键在于动员社区居民在内的社区多元主体的参与。居民参与阶段的主要目标是动员居民充分表达他们对于社区营造的意见和需求，形成让广大居民参与和表达的平台与机制，保障社区营造方案始终建立在回应广大居民真实而综合的需求之上。具体而言，实现居民参与的目的，是通过社区居民的充分动员、居民协商组织基础的构建（议事员的选择、居民议事会的组建）、居民意见表达以及整合的规则程序等，把握社区居民的真实需求和社区营造的主要方向。

居民参与"八条"

10. 确定主办方和参与人员（随机选定/自我推选/协商指定参加人员，随机选定以楼组为单位）。[1]

11. 制定发言规则（确定主持人，确定发言时间，做好时间控制，初始发言三分钟，不重复表述，不讲套话，不插话，不跑题，主持人可以打断跑题者）。

12. 协商讨论事项（动议提出、议题确定）。

13. 发表讨论意见。

14. 追加动议（属于全新建议，得到主持人允许后再站立阐述新的理由）。

15. 投票（可记名亦可无记名）。

16. 公布投票结果。

17. 将讨论结果由参会人员带回家再思考（征求家人意见与邻居意见）。

首先，需要对社区居民进行充分动员。社区营造中动员社区

---

[1]《社区居民议事会议事员推选方案》，参见书末附录七。

居民参与的重要性，本书前面已经屡次强调过，即以社区居民为主体的社区参与和协商是社区营造的核心方法，也是社区营造的生命线。

其次，要重视社区营造中居民协商的组织基础构建。社区营造的顺利开展，必须要有一个常态化的组织，将平时缺乏有机连接的众多"原子化"居民组织起来发挥作用。其方法在于，一是运用"随机选定＋自我推选＋协商指定"的方法选择居民议事员，以最大限度地体现居民议事员的代表性；二是以社区居民议事会为推动社区营造的组织实体，居民意见的收集、营造方案的协商选择、施工建设中方案的不断改进等，都可以依托居民议事会来进行。

最后，制定居民意见表达以及整合的规则程序。议事规则是居民议事会的灵魂，没有科学有效的规则，居民的意见表达容易产生无序、无效和混乱的状况。专家营造团队在综合诸如罗伯特议事规则、复式协商民主决策程序等协商议事程序的基础上，结合社区既有的"三会一代表"制度等，制定了具有很强操作性和实效性的居民议事会议事的规则。诸如"不重复表述、不讲套话、不插话、不跑题、主持人可以打断跑题者"等规则，在居民议事过程中得到了很好的贯彻执行，使得议事会在只有40名议事员的规模下，依然能够在相对较短的时间内高效地收集居民议事员的意见和建议，当场进行初步的意见整合并使大家达成基础性的共识。

由于政府资金有限，对于居民希望进行改造的项目，就需要有所取舍，取舍的标准依然是居民的意见和需求。在实际议事的过程中，让居民对各预期改造节点的优先度进行排序和投票，排出满足大多数居民需要的社区改造景点的顺序，并根据政府的资金投入决定最终的建设规模，这也是在此议事规则的指导下完成的。

(四)社区协商阶段(社区协商"四条")

社区营造的复杂性就在于,并不是简单地将居民的意见收集起来就可以进行营造,而是需要考虑社区各相关主体的意见建议以及街道层面各种限制性条件的约束等变量。在社区协商阶段,通过征求包括社区基层党组织、区域化党建单位、街道党工委、社区居委会等相关主体的意见和建议,营造团队在综合各方面意见的基础上,形成一份各方都能够接受的,基于共识所达成的最终社区营造方案。

社区协商"四条"

18. 将讨论结果分别提交家庭小党校、社区居委会、社区党支部、街道办事处、街道党工委、区域化党建委员会等讨论,各自提出反馈意见。

19. 再次开会集中讨论反馈意见(方法同"居民参与"的方法)。

20. 形成二次共识结果。

21. 将二次共识结果提交专业营造团队再次完善,并由街道党工委进行最终方案决策。

在居民参与的基础上,营造团队将通过居民议事大会收集来的需求和建议进行汇总分析,结合社区的实际状况,以及前期考察、收集的社区基本情况(包括社区的问题、资源、项目清单等),进行社区营造方案的初步设计。

营造团队将初步设计的社区营造方案提交街道党工委、社区党支部、家庭小党校、区域化党建单位等进行审阅,收集他们提出的反馈意见,真正在社区营造过程中把党建引领做实做通做透。

在收集到相关主体的反馈意见之后,营造团队将其与第一次居民议事大会后的初步社区营造方案进行整合,形成多元主体协商之后的社区营造方案。然后,召开第二次居民议事大会,根据"居民参与阶段(居民参与'八条')"的参与程序和方法,对业已形成的初步方案进行讨论。最后,将在第二次居民议事会中收到的补充性意见建议,再次整合进第二阶段的社区营造方案,由营造团队专业社区规划师进行最后的方案设计,并由街道党工委进行最终方案决策。

(五)小区营造阶段(小区营造"五条")

通过党建引领、专家咨询介入、居民参与、社区协商前四个阶段细致而周全的准备,营造团队综合社区居民以及其他主体的意见,形成一份结合居民区实际、满足居民需求、接地气的社区营造具体方案。小区营造阶段,主要的工作是将营造方案中的各种社区更新建设项目落地。在此过程中,社区居民以及其他各方主体的参与机制建设是社区营造的重要内容。

小区营造"五条"

22. 专业营造团队提出小区整体营造方案(整体方案、推进进度、预算费用、预期效果)。

23. 成立由各方参与的小区营造监督委员会。

24. 专业团队正式开始小区营造。

25. 以党小组为核心,根据营造节点位置,就近划片成立监督小组,让居民随时参与随时监督。在社区营造任务完成后,各监督小组就地转化为志愿维护小组,形成志愿维护长效机制。

26. 宣传小组全程记录小区营造进展情况。

小区营造阶段，首要工作是成立由营造团队负责人、街道相关负责人、党支部居委会负责人、居民代表、建设方、代理方等营造各方组成的小区营造监督委员会。监督委员会的主要职能，是监督建设工程的质量和进度、协调建设过程中可能发生的各种问题、收集居民提出的继续改进意见并进行决策，以及安抚居民在建设过程中的各种情绪等，营造良好的建设施工氛围，保证建设的稳定有序推进。

由于居民需求和意见的差异性，最终的营造方案也只能保证符合大多数社区居民的意见和需求。在施工建设过程中，可能会出现经过相应协商程序并已得到大多数人认可的方案还是会遭到极少数居民提出反对意见、阻碍施工进行的情况。在这个时候，联合监督委员会的作用就体现出来了，通过他们耐心细致地做极少数居民的思想工作，既增进了社区居民邻里之间的关系，又保障了施工项目的顺利推进。

此外，根据小区营造节点位置，以党支部为核心，就近划片成立监督小组，最大限度地拓宽居民参与的渠道。社区营造是一个持续改进的过程，营造团队也清楚方案落地的过程中，需要及时地根据社区居民提出的合理化意见进行微调。以党小组为核心，根据营造节点位置，就近划片成立监督小组，负责对施工质量的监督，及时听取社区居民针对施工建设所反映的问题与所提出的合理化意见与建议。这些意见和建议经过监督委员会的综合判断，通过居民议事会的协商，被有机地吸收并及时反映在具体的建设项目之中。监督小组的质量监督，对营造方案的持续调整与优化建议，以及社区营造任务完成后就地转化为志愿维护小组，是不断完善社区营造、提升营造效果、确保社区营造良性运作的新型工作方法，恰恰在以往，这些方法被长期忽视了。

最后，强化宣传。在社区营造过程中要进行广泛的宣传。在社区营造的前期阶段，通过宣传项目的意义、介绍社区营造的相关流程、听取对社区营造的具体建议，是做好发动社区居民广泛参与和积极支持的关键环节。在施工建设阶段，由于施工过程周期较长，对于居民生活的影响较大，通过耐心地听取意见，宣讲改造之后的效果图等宣抚工作，争取居民最大程度的理解和支持。在此过程中，一方面，在每个施工点周边醒目位置，放置施工点的现状图和建设完成之后的效果图，并配上相关的文字说明进行对比，以便于居民了解每一个项目的来源、设计理念、具体做法和最终效果；另一方面，各监督小组在每个项目施工点派驻志愿者轮流监督，同时充当社区居民的讲解员，为前来询问的居民讲解项目相关情况。

更重要的是，通过广泛的宣传使得居民更清楚地了解到政府为改善其居住生活环境而进行的各种投入和真心努力，增强居民的获得感和幸福感，增强对于党和政府的认同感。

（六）绩效评估阶段（绩效评估"四条"）

无论是作为一项基层社区治理创新实践，还是作为一个普通的社区治理行动，总结经验、评估绩效都是非常必要的。因此，绩效评估阶段是社区营造的最后一步，即通过对整个社区营造经验的总结提炼，并由专业的第三方评估其效果，形成可复制可推广的社区营造创建手册，这就构成了社区营造的最后一个环节。只有通过对社区营造经验的深入总结和科学的第三方绩效评估，才能够发现实践中的成功做法和不足之处，才能发现资源投入是否达到预期目标，才能找到更优化的有效推进模式，进而进行有针对性的改进和提升，社区的整体治理能力才能够真正得到提高。

> **绩效评估"四条"**
>
> 27. 小区营造第三方评估。
> 28. 形成小区营造创建手册。
> 29. 形成小区营造地方与国家标准。
> 30. 形成周家渡街道"党建引领、专家咨询、居民参与、社区协商、小区营造、绩效评估""六阶三十条"整体治理新模式。

首先,营造阶段完成后,由专业的第三方评估机构对社区营造的实际绩效进行评估。社区营造绩效评估的实际工作在专家介入之后就已经开始了,通过对介入之前和之后的对比,我们才能够作出科学、准确的判断。

其次,经验总结和绩效评估是进一步复制推广社区营造模式的重要基础。基于社区营造整个过程的详细记录,在此基础上总结提炼一般性的原理、机制和模式,进而推动建立社区营造的地方和国家标准体系,是做好社区营造模式复制推广的良好保障。

最后,从社区营造的生动实践出发,构建党建引领下的城市基层整体治理新模式。从街道层面的部门整合,到社区层面居民的动员、组织、参与、监督与评估,社区营造不仅实现了社区物质环境的改善,更是推动了整个基层治理体制机制方面的有效创新,为构建党建引领下城市基层整体治理新模式奠定了坚实的体制机制基础,从而为提高基层政府的治理能力与群众性组织的自治能力提供了制度保障。

四、社区营造、社区治理与社区发展的内生动力

当前,城市基层治理面临着一系列的问题,包括社区基础设

施陈旧、空间布局不合理、居委会行政化、基层政府的治理碎片化等，再加上我国经济社会快速发展衍生出的各种问题，城市基层治理复杂而棘手。随着城市治理进入内涵式治理新阶段，城市发展逐渐从大规模建设转向城市有机更新，城市社区的"微更新"便成为城市有机更新的重要组成部分，社区营造则是城市社区"微更新"的主要实践模式。社区营造不仅仅是对城市社区空间的更新改造，更重要的是其所倡导的自下而上的居民参与以及在营造过程中对城市基层治理体制机制创新的新要求，使得社区营造成为撬动城市治理体制创新以及激发社区内生动力的重要方式。

（一）社区营造与社区治理

在城市社区"微更新"的背景下，城市建设时期孕生的以权力和资本为主导的城市空间扩张模式，正逐渐转向以居民需求为核心的生活逻辑主导下的城市空间更新和再生产模式。正如2015年中央城市工作会议提出的那样，坚持以人民为中心的发展思想，坚持人民城市为人民，是做好城市工作的出发点和落脚点。城市居民正在逐渐成为城市更新的参与主体，社区营造成为实践者们在社区层面进行城市更新的主要发展模式。

当今中国的社区营造更多地指向一种强调自下而上的社区居民参与，以及在此基础上的基层治理能力的提升这种新型治理模式的建构。社区营造一方面解决了社区内部长期积累的一部分硬件条件方面的问题，诸如停车问题、休闲交往空间问题、环境脏乱差问题等，另一方面解决了社区居民参与社区事务的程序、方法和热情的问题，还推动了基层政府治理重心下移背景下社区治理体制机制创新和政府流程再造问题，有助于重塑整个城市基层的治理体系。

（二）社区营造与社区发展内生动力

城市基层政府的治理创新，极大地提升了基层民主的水平、政府绩效与政治合法性，成为推动社会善治与政治进步的重要动力源和突破口。[1] 从社会层面看，政府治理创新的动力来自基层社会的治理压力与需求，即随着社会转型和发展速度的加快，不断涌现愈加复杂和多元的治理问题，需要政府创新治理方式进行回应。从政府的角度看，贯彻上级的指示精神、主政官员的特质以及对于政绩的追求是政府治理创新的主要动力。政绩和官员的升迁又紧密联系，晋升锦标赛理论[2]即是对这一问题的理论建构。但是，政绩驱动的政府创新很可能导致理念缺失、"政绩工程"和难以持续等现象的出现。[3]

周家渡街道在专家学者深度参与下所推动的城市基层整体治理模式创新，探索出了创造人民群众衷心欢迎又受到上级领导部门高度认可的政绩的发展道路，这或许可以看作是解决此类问题的路径，即政府官员追求政绩的过程，本身就是解决社会问题以及回应人民群众需求的过程，政府创新与官员政绩、民众需求三者的高度统一，事实上建构了一个更加科学的政绩观。从周家渡街道的创新实践中，我们可以提炼出城市基层整体治理模式创新的内生动力来自"四个有机结合"。

1. 将从上到下的全面动员与自下而上的主动参与有机结合

无论是国家层面自上而下的战略部署，还是城市基层政府自主发展的政策选择，只有真正实现自上而下的全面动员与自下而上的主动参与的有机结合，才能够真正地将战略部署、政策选择转化为现实目标。周家渡街道的实践也充分证明了这一点。

---

[1] 马得勇、王正绪：《民主、公正还是绩效？——中国地方政府合法性及其来源分析》，《经济社会体制比较》2012 年第 3 期，第 122—138 页。

[2] 周黎安：《中国地方官员的晋升锦标赛模式研究》，《经济研究》2007 年第 7 期，第 36—50 页。

[3] 陈家喜、汪永成：《政绩驱动：地方政府创新的动力分析》，《政治学研究》2013 年第 4 期，第 50—56 页。

起先，基层政府提出了很美好的战略部署，但只能是在科层系统内部"空转"，缺少自下而上的包括广大居民在内的多元主体的主动参与。随后，以专家学者的介入为桥梁，以自上而下的战略部署和全面动员为目标，推动自下而上的群众参与和社区协商进程，让政府的政策目标被居民广泛接受。接着，在实施过程中，充分吸收居民的需求和意见，并转化为实实在在的建设方案，最终转化为广大居民看得见、摸得着的营造成果。这种"双赢"的局面，对于政府和人民群众都有着正向的激励作用，即政府官员更愿意推动旨在改善政府治理水平和民生水平的各种创新活动和机制，人民群众也有更高的参与热情和配合度来推进美好家园的创建。基层治理创新的内生动力在这个过程中也就自然而然地被生发出来。

2. 推动战略理念的科学化、民众参与的机制化与社区形态再造的可视化有机结合

一个好的发展理念，从其最初提出，到付诸实施，再到最后产生实际绩效，离不开方方面面的支持，离不开科学的决策程序、有效的参与机制以及不断实现的发展目标。

周家渡街道"美好周家渡街道"发展战略的提出，一方面是街道立基街道的"大调研"结果，并结合中共十九大报告提出的社会主要矛盾新判断，所作出的战略决策；另一方面在发展战略成型的过程中，广泛地听取专家学者的意见，从不同的维度与指标体系对"五美五好"发展战略进行系统的分析与诊断，再在此基础上进行充实完善，将战略理念植根于有根有据的科学决策程序之中。

民众的有效参与是科学的发展战略能够落地和付诸实施的重要支撑。在方案形成阶段，通过让居民议事员实地考察整个社区以保证其意见和建议更加贴合实际；通过有效的社区协商程序和

方法，整合不同的意见以达成共识。在施工建设阶段，社区居民参与到施工监督中，并根据居民的意见对原方案设计中未能考虑到的新情况进行适当调整。在长效维护阶段，以社区居民为主体组建志愿维护小组，保证营造成果能够长久地发挥作用。通过在整个社区营造实践过程中民众参与的机制化，实现了战略方案的顺利落地、民众需求的有效满足与社区居民的主体性激发和责任感建构的统一。

事实上，基于专家学者的深度参与，街道的整个战略从提出到实施落地都更加科学和有效，并取得了民众能够看得见、摸得着的实实在在的社区形态改造可视化成果。战略理念的科学化、民众参与的机制化与社区形态再造的可视化的有机结合，可以说是从实践层面激发了包括政府、民众在内的多方主体参与基层治理、推动治理创新的内生动力。

3. 把重视社区硬件环境建设与创新街居运行机制有机结合

周家渡街道的社区营造实践中，不但实现了包括社区大门、中心花园、宅间小游园、家门口服务站、居民休憩点等在内的社区硬件环境的改善，而且推动了包括"主统筹、主负责、主配合"机制、街居联动机制、民众参与机制等在内的街居运行机制创新。重视社区硬件环境建设与创新街居运行机制两者的有机结合，其目的是解决业已激发出来的基层治理内生动力的有机持续问题。

一方面，社区的硬件环境建设非常重要，因为关乎以其为载体的基层治理创新到底绩效如何。社区硬件环境的改善这种实实在在的成果是民众普遍关注的重点问题，可以直接提升居民的生活满意度和幸福感。另一方面，更为重要的问题是在社区硬件环境建设背后的街道以及社区运行机制的创新问题。

社区硬件环境建设代表的只是单次创新的结果，只是一种物理形态的改变，甚至是只要用钱就可以解决的问题，而街居运行机制的创新则意味着多元主体的自觉自主参与意识、规则与机制的形成，以及一整套治理创新模式的生成，这无疑是最复杂最困难的事情，因为既要动旧的利益格局和旧的运行机制，又要耐心细致地做大量的动员说服协商工作。

此外，一旦整体治理创新模式能取得实实在在的绩效，就可将其经验在街道其他社区进行复制推广，并进一步推动街道层面其他工作的创新力度。也就是说，唯有将社区硬件环境建设与街居运行机制创新结合起来，才能为城市基层治理创新提供稳定且可持续的动力。

4. 将埋头做事、及时调整策略与适度宣传有机结合

周家渡街道的社区营造实践在一定程度上也是在践行科学的政绩观，即以满足人民群众的需要为核心，不断提升基层政府的治理能力，从而为主政官员赢得政绩。

很多地方的主政官员为了追求政绩，往往没做什么事情就大肆宣传，甚至搞政绩工程、面子工程。这种重量而不重质、求名而不求实，政绩工程、虚假政绩泛滥的情况，成为目前一些地方工作中的突出问题。[1]不可否认的是，很多地方也的确进行了很多有效的创新，取得了实打实的成绩。这个时候，我们也应当允许成绩被实事求是地宣传，不能光埋头拉车而不让抬头看路。归根结底，地方对于政绩的宣传，需要以实事为基础，把握其中的"度"。

在城市基层，随着一些城市街道的招商引资功能的取消，"三公"职能（即公共管理、公共服务与公共安全）成为街道的工作重心，政府政绩的获得转向了民生领域。城市基层政府以人

---

[1] 倪星：《政府合法性基础的现代转型与政绩追求》，《中山大学学报（社会科学版）》2006年第4期，第81—87页。

民群众对美好生活的向往为追求,埋头做事但并不僵化,在实践过程中根据民众的需求和意见结合实际情况及时调整策略,最大限度地满足群众的实际需要。

基层政府在做出实实在在的成绩的同时,也可以对取得的成果进行适度的宣传。一方面,使得基层政府的踏实而创新的工作通过宣传而转化为一种普遍经验和有益模式,供各地学习借鉴,激发包括主政官员在内的基层工作人员继续埋头工作和推动治理创新的动力;另一方面,也使得民众更加清楚地知道政府为服务民众做了哪些有益的工作,付出了哪些努力,由此对政府的工作形成更大的认同,并产生更高的期待,形成更大的监督压力,督促政府不断提高其治理能力,从而为政府始终服务于群众奠定良好的社会公共评议氛围。

本章小结:用顶层设计开创社区营造、社区治理与社区发展"三社一体"的新格局

随着城市发展进入精细化、内涵化治理的新阶段,完善城市基层治理体系,提高城市基层治理能力,是回应城市基层社会变迁需要以及推进城市治理体系和治理能力现代化的必然选择。周家渡街道通过引入专家学者深度参与基层治理,以社区营造为载体,以社区公共基础设施条件的更新改善以及在此基础上的街居治理体系的重构和治理能力的提升为目标,提出了基层整体治理模式试验区构建的顶层设计方案。

随后,在街道的全力推动下,在专家团队的介入和协调下,以社区硬件基础设施更新和居民参与协商维护机制为主要目标的社区营造的顺利开展,使社区面貌得到了极大改善,社区居民参与社区公共事务的意识和能力也得到了极大增强。在这个过程中,不仅实现了社区硬件环境的改善,而且社区居民的参与意识

和能力、社区工作者做群众工作的能力、街道重心下移服务基层的能力都得到极大增强，构建了有效的以社区居民和基层治理为导向的城市基层整体治理模式；而且通过专家学者的深度介入，基层政府改变了科层体系"唱独角戏"式的动员和行动，在政府主导、专家团队的推动下，包括社区居民在内的社区治理多元主体积极参与社区治理新模式的构建和治理能力的提升，激发了社区自治和社区发展的内生动力，使得社区型构了长期可持续发展的制度与能力基础。周家渡街道通过科学的顶层整体设计，事实上开创了社区营造、社区治理和社区发展"三社一体"新格局。

首先，用顶层整体设计推动社区营造的顺利开展。周家渡街道通过科学的战略决策，在专家学者的深度介入和主导下，以居民参与和社区协商为主要方式，基于社区居民的需求和意见和多元主体的共同协商，最终形成社区营造的具体方案与施工建设方案。在这个过程中，街道层面推动职能部门之间的整合，以现场办公会为代表的治理重心下移等举措，有力地保障了社区营造的成功开展。

其次，用顶层整体设计推动社区治理能力的提高。周家渡街道所探索的城市基层整体治理模式，推动了基层权力结构、基层治理模式的改变，最终满足的是人民群众对美好生活的向往。一方面，以专家学者的嵌入为契机，改变了基层治理模式以行政权力为主体的权力结构，使得多元权力主体开始进入并发挥作用，政府的管理重心开始转向加强管理合作网络的能力建设。与此同时，在具体的治理实践中，随着管理、服务、资源、技术、人才等向社区第一线的倾斜和下移，基层权力结构的重心也发生了下移现象，且以解决基层社区的实际问题为依归，呈现出权力结构的"问题导向、需求导向与结果导向"等新型特质。另一方面，通过科学的战略决策和多元主体的有效参与，以基层为重心、以问题为导向、以机制为载体，践行科学的政绩观，这些初步形塑了良性的基层治理生态。

最后，用顶层整体设计激发社区发展的内生动力。基于社区营造的城市基层整体治理新模式，既调动了广大群众参与社区公共事务的自觉意识和参与能力，又锻炼和提升了街道和社区服务基层群众的能力，更满足了政府官员对于科学政绩的追求，还能够让广大的社会科学专家深入基层和中国现实，将理论与实践相结合，将理想情怀与方案试验相结合，创造用书斋里的理论改变当代中国社会现实的新型图景，满足人民群众对美好生活的向往，最大限度地体现当代中国知识分子的社会价值。

总之，通过以社区营造为基础的基层整体设计，凝聚了包括社区居民、基层自治组织、党委和政府、市场组织、第三方社会组织等主体以基层社区为中心的发展合力，为社区的可持续发展提供了强有力的动力源泉。

第三章
社区营造的十二步法

本章以复旦大学联合专家营造团队在周家渡街道云台第二居民区开展的社区营造实践为案例，通过对鲜活案例的全景式呈现，为读者展现一个真实而详细的社区营造过程。联合专家营造团队希望通过对社区营造过程的原汁原味的全面呈现，建构最接近真实实践过程的场景，为城市社区营造的实践者提供最接地气的经验借鉴，也期待理论和实务工作者都能够从中汲取营养。

周家渡街道云台第二居民区社区营造实践是从第三方专家团队正式介入后开始的，之前由科层体系自上而下式行政化推动的社区改造工作事实上属于不太成功的探索。根据业已开展并取得实效的社区营造推进过程，团队将整个社区营造过程分为十二个步骤：居民区基本情况分析与前期准备、专家组前期踩点调研与社区动员、居民议事会社区营造实地勘察与意见征集、社区营造主要问题梳理、社区营造核心战略确定、社区营造初步方案形成、居民议事会社区营造方案评议与投票、社区营造方案街居职能部门意见征集、社区营造总体方案优化与投资估算、社区营造实践推进与居民全程监督、社区营造绩效评估与经验总结、社区营造标准制定与经验复制推广。

从2018年5月21日专家团队第一次实地考察云台第二居民区开始，到2019年1月中旬社区营造主体工程基本完工为止，耗时将近9个月。在这个过程中，专家营造团队与社区居民、街道党工委、居委会、业委会乃至于施工建设单位、管理方、代理方等进行了多轮次的协商，付出了极大的心力，做了很多工作，最终拿出了一个各方都比较满意的营造方案，并顺利开工建设，且最终达成了预期的目标。

一、居民区基本情况分析与前期准备

云台第二居民区由三个自然小区组成，其中一个小区由5栋高楼组成，另外两个小区是多层小区。从具体位置看，昌里东路190弄小区、成山路601弄小区连接在一起，昌里东路320弄小区则因为隔着东明路，且有一条狭长绿化带，与另外两个自然小区分开。

云台第二居民区有2 200多户，常住人口6 700余人，老年人口较多，60岁以上1 782人，占总人口比例为26.4%。社区居民的来源主要是两部分：一部分是早年国营纺织厂等工厂的老工人；另一部分则是早期上海城市扩张时期的农村拆迁安置户，两部分群体相对集中地居住在一起。居民区范围内共有8家事业单位、多家企业、两家物业公司以及两个业主委员会（见表3-1）。

表3-1　云台第二居民区资源清单

数量	性质	单位名称
8	事业单位	邮政银行浦东昌里东路支行、绿化市容管理事务中心、交警支队二大队办案组、浦东新区市场监督管理局周家渡市场管理所、浦东城管执法支队周家渡中队、上海海事大学东明路校区、上海市上南中学东校、云台幼儿园

(续表)

数量	性质	单位名称
10	企业	上海浦林城建工程有限公司、上海营前工贸有限公司、平安银行股份有限公司上海新昌里社区支行、上海市市中教育专修学院、上海诚欢法律咨询有限公司、里贤（上海）科技有限公司浦东新区第五分公司、上海创屹资产管理集团有限公司、上海光明乳业销售有限公司、上海可帮电脑科技有限公司、光明乳业股份有限公司（乳品八厂）
15	社区团队（文化、体育、娱乐、志愿者团队等）	读报小组、合唱队、排舞队、腰鼓队、民乐队、乒乓队、书画组、沪剧队、交谊舞、越剧沙龙、跳操队、外语组、国画组、美丽家园、夜防队
2	物业公司	陆家嘴双乐物业、申城物业
2	业委会	云台二小区业委会、新昌里公寓业委会

居民区党总支书记陈纯，女，园林专业毕业，周家渡街道本地人，最初经由周家渡街道党务工作者招募考试方式进入街道工作。2013年1月正式进入周家渡街道工作，成为一名党务工作者，半年考察期之后转为副书记，现任居民区党总支书记。居委会设有主任一人，社工四人。社区目前有两处居民活动室，但是一处在小区的角落，相对比较偏远，另外一处居民活动室的承载能力也很有限。社区另有一栋高层，由于各种原因坐落在小区围墙外部，该高层的居民出入社区不是很方便。

由此可对该居民区作出以下判断：其一，该小区是建设年代相对较为久远，基础设施条件较差，老龄化程度较高的居住型老旧小区。其二，作为建成时间已经较长的老旧小区，社区公共空间资源的配置问题凸显，如停车空间不足、道路通行不畅等。其三，从整个小区的人口构成来看，该小区的居民相互之间的熟悉程度和交往频次应该明显高于商品房小区，但提供给老年人的休憩交往空间显得严重不足。

总的来看,该小区整体条件相对较差,在财力资源有限的情况下,只能根据小区的特点,有针对性地选择几大重点区域进行突破,如小区中心花园的改造、休憩点的布局改造、停车空间重新布局以增加停车位等,用最少的资金使得居民的生活体验满意度得到最大程度的提高。

也就是说,一方面,在基础条件相对较差,社区情况相对较为复杂的社区进行试点,所取得成果的前后与横向对比效果会更加显著;另一方面,一旦在条件如此落后和复杂的社区里,运用社区营造的方法都能够取得成功,这说明在更大范围内复制推广这套理论、方法与模式就更具有说服力了。否则,如果试点的居民区基础条件本身较好,即使取得了成功,也难以真正令人信服。

二、社区营造专家组前期踩点调研与社区动员

(一)第一次实地踩点调研

2018年5月21日,在与周家渡街道达成云台第二居民区"整体治理模式试验区"的社区营造合作协议之后,营造团队专家与周家渡街道党工委书记一道,在云台第二居民区工作人员的带领下,用脚步丈量社区,花了两个多小时,走遍了社区的各个角落。营造专家和街道书记经由本次实地考察(见图3-1),对于即将要开展的社区营造实践的难度有了充分的认识。

在居民区党总支书记的陪同下,每到一个地方,专家团队都会结合社区的实际情况充分设想与讨论可能的建设方案,做到心中有数。第一次实地走访之后,营造团队提出了诸如集中的衣服晾晒点、居民休憩空间(点)、中心花园功能区重新划分、车位重新调整等初步想法。这些想法是营造团队实地走访社区后的基

图 3-1　社区营造专家团队总负责人、成员与街道党工委负责人、社区党总支负责人等实地调研社区情况

本判断，具体的建设方案还是要通过社区居民的意见表达和整合，依据达成的共识来进行设计。

另外，在实地走访过程中，营造团队发现该社区有两个问题比较突出：

其一，社区中四处散布着居民自发用自家的旧桌椅搭成的临时休憩点和交往空间，有很多老年人围坐在一起说话、聊天，看上去很散乱，也阻碍交通。

看到营造团队的专家后，很多老年人都向营造团队的专家提议，希望能够在社区里面多修建一些能够遮风挡雨的休憩点，让他们能够经常在一起交流。当被问到社区里面也有两个居民活动室，为什么不到那里去开展活动这一问题时，居民们诉说的一个主要原因是距离太远，很多老年人年事已高，腿脚不便，走不了那么远，他们更愿意在自家楼下或者附近找一个空地，围坐在一起说话、交流。

再就是活动室在相对封闭的室内,如果不打牌的话,时间一长,人就会感觉比较压抑,无所事事。而在空旷的公共空间,如大树下、道路边,大家可以随意晒晒太阳、看看风景或行人,比较随意、舒心。

其二,社区中有一些根据"五违四必"要求"拆违"之后的闲置空间没有充分利用起来。上海的"五违四必"生态环境综合整治行动在基层社区得到了坚决的贯彻执行,使得大量的社区居民的违章建筑被拆除,社区也由此拥有了相当面积的"拆违"后的闲置空间。在公共空间本就不多的老旧小区,如何通过社区营造充分利用这些"拆违"后空出来的公共空间,也是一个重要问题。

在第一次实地调查走访后的总结讨论会上(见图3-2),社区营造团队总负责人唐亚林教授感慨:"看过之后,居民区总体给我的感觉是大且复杂,我们现在肯定是要进行阶段性打造。基本思路是以'公共交往空间+局部公共服务设施改进+局部景观的

图 3-2 前期实地调研后讨论

优化改善'为三大重点抓手。当然，这只是初步判断，最终还是要基于社区居民的意见和建议来最终决定社区营造的重点。"社区营造团队通过对于社区的实地走访，对于社区的基本情况已经有了大致的了解和判断，对于社区改造的主要方向以及如何进行社区营造也有了初步的想法。

（二）样板居建设推进会与专家会商

在经过第一次实地考察之后，基于已经了解到的社区基本情况，对于如何具体开展云台第二居民区的社区营造，专家团队专门召开了几次内部研讨会，并形成了总体思路，即通过社区参与和社区协商的方式，自下而上地收集社区居民的意见和建议，并基于社区居民的意见设计社区营造的具体方案。

随后，营造专家团队积极与周家渡街道领导进行沟通，将团队的总体思路向街道领导汇报。街道领导也通过专家咨询会、工作推进会的形式，与专家团队以及各职能办负责人进行了较为深入的讨论，并对前期街道主导下通过行政动员的方式推动的样板居民区建设方式进行了反思。最终，街道明确以营造团队的社区营造总体思路为社区营造的指导思想，推动"美好周家渡"综合性样板居民区的建设。而且，经过营造团队与街道层面的多次讨论（见图3-3），专家们对于街道层面的目标要求和限制性条件都有了相对较为全面的了解，也进一步明确了后续工作的路径和步骤。

首先，街道各职能办在推进会上各自汇报了他们准备下沉到居民区的项目。但是，各个部门之间缺少沟通协调机制，没有能够在街道层面对项目进行统筹。讨论会上，营造团队的专家和街道有关负责人就指出，云台第二居民区一共五个工作人员，如此多的职能办项目在极短时间内进入社区，居民区不可能有能力承接下来。

图 3-3　街道、社区、营造专家团队等多方主体共同研讨"美好周家渡"样板居建设议题

更重要的是，这种各自为政的项目进入社区之后，互相之间没有配合，很有可能出现资源整体浪费以及社区营造建设混乱的现象，也就违背了最初提出的社区营造实行"整体治理"的初衷。经过商讨后，街道领导决定由营造团队进行统筹，把所有街道职能办下沉到社区的项目暂停，将项目和资源清单交由营造团队进行梳理，待形成总体方案后再进行统筹分配。

其次，营造团队和街道商讨后，认为社区营造从一开始就应该拿出三套方案：第一套是街道职能办的改造方案，从中可以知道各职能部门到底能够为社区营造下沉多少资源和项目，还可以通过这个方案，发现在街道层面哪些项目是可以整合的，从而倒推街道层面的职能整合方案。

第二套是营造专家团队的方案，营造团队经过实地考察社区，对社区的整体情况有了较为全面深入的把握之后，再根据专业知识,提出社区营造的方案,该方案是最具专业性的方案。

第三个是社区居民提出的方案,社区营造的主体和关键在社区居民,也唯有通过广泛动员居民参与,由居民的意见转化而成的改造方案才是最符合居民需求的,也是最能够提升居民的生活满意度和幸福感的方案。

然后在此基础上,将街道层面的方案、营造团队的方案、居民意见形成的方案,在营造专家的统筹下进行整合,以社区居民的意见为核心,充分考虑各种限制性条件(街道的资金投入规模与时间节点要求等),结合营造专家的专业性判断,形成可落地、可操作的最终营造方案。

最后,营造团队提出了社区营造"六阶三十条"的社区营造方法和整体路线图。路线图提出了由"综合性样板居民区"创建到"整体治理模式试验区"创建的转型和提升这一总体战略,即云台第二居民区的社区营造,并不仅仅是一个老旧居民区的更新改造项目,更是一个基层治理体系的模式创新尝试。根据"整体治理模式试验区"创建的总体思路,需要对样板居民区创建过程中街道各职能办各自为政的碎片化工作方式进行改变,以营造团队为统筹主体,在创新城市基层治理体系的理念指引下,以社区营造为载体,推动街道层面的职能整合以及自上而下的统筹协调机制创新。

总的来说,第一次实地踩点调研之后,街道党工委班子、各职能办、居住区党总支和居委会、营造团队等共同协商,在总结前期创建经验教训的基础上,根据出现的各种问题,及时更新包括创建理念在内的总体创建思路。最后由街道决定,形成由专家团队负责街道和社区层面有关社区营造各类项目的整体协调和统筹,全权负责试点居民区的社区营造实践这一运作模式。

(三) 第二次实地踩点调研

社区营造团队在被明确为社区营造的主体团队后，街道领导对团队所提出的以社区居民的需求为导向，通过广泛的社区参与和协商，推动社区营造的进行以及街道层面的体制机制创新的总体思路非常赞同。随后，营造团队于2018年6月13日对云台第二居民区进行了第二次实地踩点调研，目的是在新的理念指引下，更加深入和细致地对社区的整体情况进行考察，并为后续的居民参与阶段做准备。与第一次实地踩点调研时主要由营造团队以及周家渡街道党工委书记参加不同的是，为了使推进会上提出的社区营造新思路能够落到实处，本次调研的组成人员包括云台第二居民区党总支和居委会工作人员、街道各职能办负责人、专家营造团队成员以及街道部分居民区的党总支书记。

在再次实地走访过程中，每到一处，首先由云台第二居民区党总支书记说明长期以来居民呼声最大的诉求，然后街道各职能办根据他们以往的项目下沉情况，明确在该类型的地方可以下沉哪些项目，最后在营造团队的统筹下进行初步讨论。

在第二次实地踩点调研过程中，包括街道职能部门在内的各相关方结合实际情况，针对社区营造形成了一些基本共识。

其一，设施改造类需求。社区中心花园的功能分区改造以及专门的晾晒区设计（居民晾晒需求比较大）；中心花园边长廊的改造，包括座椅的高度、要有靠背等要求；分布在社区内大树下的临时休憩点要着重改造，重视居民自发形成的交往聚落，并在这些聚落点重建休憩点；社区内众多废弃自行车棚的清理；居民楼下信箱的重新设计；社区大门要进行改造；要建成几个次中心小花园，并建有一系列的让居民自发认养的家门口共享花园；保安室的改造；居民活动室外的公共空间重新改造等。在考察过程中，对于每一处可能的改造节点，营造团队都与居委会以及职能部门相关人员讨论各种改造的可能性。

其二，要充分动员居民参与协商。在调研过程中，营造团队遇到了一位社区居民，她看到我们后就非常高兴地过来交流，并表示"如果你们能够把小区建设好，我就给你们点赞"。后来营造团队的总负责人唐亚林教授邀请这位居民参与即将开始的社区营造居民议事会时，她却拒绝了，理由是怕居委会给她"小鞋穿"。这一生动的案例说明了居民参与过程中不同的心理状况。当然，团队也遇到了非常愿意参与居民议事会的社区居民，他们主动提出要全程参与。

从第二次走访的情况看，社区居民对于社区营造的事情已经基本了解，信息的传播范围比较广、速度比较快，基本覆盖了大部分社区居民。同时，也可以看到，社区居民的参与意愿大不相同，营造团队后续的主要工作是要进一步加强对于社区居民的参与动员，让更多社区居民愿意参与社区营造。

其三，下一步的主要工作在于居民议事会的成立以及议事员的实地勘察。在最早的社区动员过程中，营造团队很早就通过"致云台第二居民区居民的一封信"，[1]向社区居民表达了在云台第二居民区进行社区营造的主要想法，介绍了一些基本情况。鼓励居民积极主动报名参加。

营造团队在综合各种选择居民议事员代表方法的基础上，形成了适合云台第二居民区特点的议事员推选规则和议事会议事规则，而居委会随后的主要任务是按照规则，负责组建云台第二居民区的居民议事会。营造团队则负责设计云台第二居民区第一次居民议事大会的会议方案和相关准备工作。

最后，在第二次实地踩点调研结束后，营造团队总负责人唐

---

[1] 这封信的详细内容可参见书末附录六。

亚林教授提出："要形成居委会的打造想法、营造团队的设计想法以及居民议事会讨论之后形成的居民需求三张清单，在对这些清单进行综合之后，通过几上几下的来回确认，最终对建设项目、改造地点进行排序，在财力有限的情况下分阶段进行建设。"

（四）社区营造居民动员

除了社区基本情况的收集之外，营造团队还和社区党总支和居委会一道用各种方式对居民进行广泛的前期动员。由营造团队设计的"致云台第二居民区居民的一封信"，通过居委会发放到每家每户。

2018年6月25日，营造团队通过社区党总支和居委会召集所有愿意报名参加居民议事会的议事员候选人以及楼组长，专门召开云台第二居民区社区营造居民动员大会（见图3-4）。在会

图3-4　2018年6月25日下午两点，浦东新区周家渡街道云台第二居民区召开社区营造楼组长动员会

上，营造团队总负责人唐亚林教授作了专门的动员讲话，[1]向云台第二居民区的居民们讲述了街道的初衷、云台第二居民区社区营造的前因后果、营造团队下一步的打算以及对广大居民的期望。通过动员大会的方式，云台第二居民区的社区营造活动消息得以在居民区更大的范围内被传播。

在动员大会上，专家对即将进行的社区营造实践进行了详细的讲解，对社区治理的骨干进行充分动员。然后再由这些骨干以点带面，对居民区的普通居民开展进一步的动员。

在动员大会上，营造团队总负责人唐亚林教授特别强调指出，"我投这么大的精力来做这种试点，目的是什么？就是希望在我们广大的社区居民长期生活的这样一个家园里面，能够有一个个自然的、开放的、交往的公共空间可以随便说说话、谈谈心，有一个个让老百姓办事方便的便民利民场所可以碰碰头、聚聚会。我当然期待着广大的居民朋友们，不仅仅只参加我们这样的活动，而且把它当成我们自己的美好使命来看待，更期待我们各位朋友今后长期的参与，尤其是打造好以后，还能将其转化为我们自觉遵守、爱护、维护、自愿服务这样一个东西。"

也就是说，召开动员大会的目的主要有两个：一是对社区居民进行细致的宣传和动员，通过以点带面的方式，让更多的社区居民了解即将开展的社区营造实践，尽可能地扩大社区居民参与的范围；二是通过动员会的召开以及骨干成员的普遍宣传，在社区内塑造浓厚的关注、讨论乃至于直接参与社区营造实践的氛围。

三、居民议事会社区营造实地勘察与意见征集

（一）第一次居民议事会议事方案的形成与前期准备

6月25日的居民动员大会确定了第一次居民议事大会的时间

---

[1] 唐亚林教授动员大会讲话稿见书末附录八。

和地点。在正式召开议事会之前,主要有几项工作要做:第一,居民议事会的会议方案设计工作。第一次居民议事大会能否顺利召开,是关系到后续工作能否顺利开展的重要前提。第二,志愿者的招募和培训工作。由于第一次居民议事大会的主要工作在于将每一位居民议事员的意见较为完整地记录下来,单凭居委会的工作人员是完全不够的,这项工作只能通过在大学里招募志愿者的方式进行。第三,召开议事会,需要做适当的场地、物资与人力准备。

议事会会议方案的关键在于议事规则的确定,因为只有贴合实际的、有效的议事规则才能够保证尽可能全面、真实地收集居民的意见,并能够对这些意见进行整合,从而达成共识,为后续的方案设计打下坚实的基础。

更重要的是,这样的议事程序和规则可以在社区营造结束之后,成为社区其他公共事务可以效仿的通用协商程序和规则,并为社区居民参与社区事务提供具体可操作的程序和方法。因此,营造团队广泛参考各种议事规则和协商规则,制定了较为详细的云台第二居民区居民议事大会议事规则和议事方案,为居民议事大会的顺利进行打下了良好的基础。

第一次居民议事会会议具体方案

时间: 2018 年 7 月 9 日下午

参加人员: 唐亚林教授、社区营造团队成员、居委会工作人员、学生志愿者

地点: 云台第二居民区、云台二居委会会议室

流程:

(1) 14:30 在云台第二居民区居委会所在地集合

向各位学生志愿者发放基本物资(笔记本、笔、文件袋、地图、表格)。

(2) 14:35—14:45 基本情况介绍

介绍本项目的基本目的,当天下午走访的主要目的及任务安排。

(3) 14:45—16:00 学生志愿者实地走访云台第二居民区

在项目组几位博士生及居委会工作人员带领下,按照第二天将要带领居民实地走访居民区的路线,实地勘察居民区基本情况。

(4) 16:00—17:00 唐亚林教授培训讲解

唐亚林教授向学生志愿者进行本次调研活动的培训。

所需物资清单:

(1) 对于学生志愿者,从复旦大学出发统一接送,其他学校出发报销来往车费。

(2) 向每位学生志愿者发放身份牌、基本材料(笔记本、笔、地图、表格等)。

(3) 横幅(交由居委会悬挂)。

(4) 前测问卷(请居委会发放和回收)。

(5) 会议材料(把第二天的会议材料整理好放在会议室)。

时间:2018年7月10日上午

参加人员:唐亚林教授、联合试验团队骨干成员、学生志愿者、居民议事员、居委会工作人员、街道工作人员

地点:云台第二居民区居民活动室(二楼)、云台第二居民区

流程：

(1) 9:30—9:40　开幕式

所有与会人员统一于会议室集合，并向居民议事会议事员发放材料，之后由唐亚林教授介绍本次议事会的主要任务和基本流程。

进行分组。每位志愿者跟随并服务于两位居民议事员，每10位居民议事员组成一个大组，共四个大组，每个大组统一路线和行动。

(2) 9:40—11:40　居民实地勘察

在学生志愿者的带领下，居民议事员考察居民区内的各处公共空间、公共设施、花园、自行车棚等，对居民区的现状有一个直观了解。学生志愿者在这个过程中负责解答居民的一些基本问题，并及时记录下居民的意见、建议、想法等。

(3) 11:40—12:30　午餐

实地考察结束后回到会议室，所有与会人员开始午餐，并稍事休息。

(4) 12:40—15:40　居民意见表达

第一轮意见表达：(1—20号)(45—60分钟)

第一，按照工作牌上的编号顺序，依次发言，提出个人看法及简要理由，每人发言时间控制在3分钟以内。

第二，发言过程中不重复表述观点、不讲套话、不插话、不跑题。

第三，主持人可以打断跑题者的发言，注意控场。居民议事员在此期间最好不要打断发言人发言，待第一阶段发言结束后集中表达。

辩论一：(20分钟)

与会人员发言前应举手示意主持人，得到允许后，站立阐明理由。

各自表述观点，不攻击他人，提及他人时建议使用"前面第几个发言人"的表达方法。

在第一轮发言中如有内容遗漏，可在此阶段进行补充。

第二轮意见表达：(21号—40号)(60分钟左右)

规则同第一轮发言。

此轮意见表达如与第一轮的重复，则尽量一句话表达观点，不作详细解释。

总结辩论：(15分钟)

依次发言完毕后，进入最后总结辩论阶段，如有想补充发言的也可以再次补充，但只表达观点意见不作具体解释。

居民投票：

居民投票选择最应该改造的5处公共区域或者设施。

所需物资清单：

(1) 居民区公共设施清单表（投票和实地勘察用）。

(2) 发居民的相关材料（笔记本、笔、文件袋、小礼物等）。

(3) 速记员的记录本。

(4) 志愿者统一的复旦LOGO T恤（前一天培训时发放）。

此外，为了保证议事会的顺利召开，营造团队在议事会前对志愿者进行了培训。对志愿者的培训包括理论和实务两个方面：

理论方面通过唐亚林教授的授课，让志愿者清楚他们的工作在整个社区营造中是什么地位、起着什么作用；实务方面的培训即在议事大会召开前一天，在营造团队专家和社区工作人员的带领下，志愿者按照第二天带领居民实地勘察社区的路线，提前将社区实地考察一遍，做到心中有数。

通过这种方式，志愿者经过培训和对社区的实地考察，事实上对于云台第二居民区的社区营造也有了相当深度的理解，他们作为补充性的参与主体，既可以在议事会后汇总他们作为志愿者看到听到后综合思考的意见和建议，也可以为最终营造方案的形成提供各自有益的想法。

（二）居民议事会议事员社区营造实地勘察

议事会当天，在志愿者的陪同下，40位居民议事员分成四组，对社区进行全面的走访和勘察。每到一个地方，志愿者都会询问居民议事员觉得有没有问题，问题在哪里，应该怎么改造，并及时记录居民议事员的意见和看法。

对于大多数居民来说，他们可能从未如此细致地打量整个社区，社区中的很多地方他们可能原来很少经过，也不太熟悉。但是，在这次实地勘察中，居民议事员展现了极大的热情，每到一处，他们都会从自己在小区生活多年的经验出发，提出存在的问题和可能的解决办法。

实地勘察最重要的作用在于，让居民议事员能够超越个体的固有认知，从社区整体的视角来看待这次社区营造。唯有用脚步丈量社区的每一寸土地，才能够形成对于社区更加精细和具体的认知，就不会出现仅仅凭借模糊的印象作出判断和选择。由于街道的资金有限，也不可能投入巨量的资金对社区进行全面的更新改造，只能是分阶段有重点地进行改造。这个时候，通过这种实地勘察，让居民议事员能够从社区整体的视角作出更切合他们需

第三章
社区营造的十二步法

求的选择。

（三）议事员意见表达与收集汇总

议事员的实地勘察时间基本上都在两个半小时左右。会议方案预定的开始时间是上午九点半,但是从街道层面再到居民区层面层层通报下去之后,很多居民早上八点半甚至八点左右就来了。于是,营造团队根据现场情况及时调整了开始时间,上午九点钟左右,四组居民议事员全部出发,一直到中午11点半左右,各组议事员陆续回到会议室。

午饭后,营造团队马上召开居民议事大会(见图3-5、图3-6),根据规则让居民议事员表达意见。在这个阶段,由营造团队总负责人唐亚林教授主持会议。在再次强调了发言规则之后,议事员们按照居民议事代表实地勘察前发放给他们的名牌号码顺序,依次进行发言。居民议事员在发言过程中没有讲述过多的无

图 3-5 居民议事员第一次实地走访后,在居民议事会会议召开前,居委会书记向议事员们讲解议事会规则

图 3-6 2018 年 7 月 9 日下午，浦东新区周家渡街道云台第二居民区召开社区营造第一次居民议事会会议

关信息及对发言进行解释，基本上都是直截了当地表达自己的观点和意见。前面的议事员已经说过的意见，后面的议事员发言的时候就不再重复，说明这套发言规则很深入人心，也很成功。会议室的投影仪投放着社区的简易地图，居民议事员可以走到地图前，指着地图进行详细说明。

所有居民议事员发言完毕后，由志愿者再次进行补充。志愿者由于全程陪同记录，议事员发言的时候可能遗漏的内容经过志愿者的补充后，基本上就实现了全覆盖。

会后，营造团队根据实际情况，除了让志愿者整理议事员实地勘察的意见以及会上的发言意见之外，还创造性地让每一位志愿者根据自身的理解和陪同居民实地勘察过程中的看法，一并将自己对于云台二社区营造的想法和建议记录下来，供后续制定方案时参考。

四、社区营造主要问题梳理

（一）居民意见汇总梳理

第一次居民议事大会后，志愿者们根据全程陪同居民议事代表过程中收集到的居民议事员对于社区营造的意见和建议，整理了40份居民意见。营造团队经过认真整理，从问题类型和焦点聚焦两个层面进行了汇总（见表3-2）。

表3-2 根据不同类型的问题整理的居民意见汇总表

问题类型	提及频率（N=40）	存在问题	解决方案（居民议事员勘察时提出）
社区空间布局问题	4（10%）	（1）小区晾衣架布局混乱；（2）老年活动室数量有限、休憩点不足；（3）小区外墙和居民楼之间的空间没有得到有效利用	（1）统一规划、布局晾衣架；（2）190弄16幢后面的职工宿舍处、3号楼门卫室对面的空房间、190弄高层3号楼1楼闲置房屋，统统改成老年活动室；（3）建议在外墙和居民楼之间建造一条塑胶跑道；（4）希望能够统一改造居民休憩点
停车问题	13（32.5%）	（1）"物"的问题：小区地上停车位有限而高层2号楼和10号楼等的地下车库未得到充分利用；道路很窄却两边都划停车位的既有做法，使得道路拥挤不堪；海事大学停车位位置规划不合理，车辆进出车位给居民带来安全隐患；（2）"人"的问题：车辆乱停乱放现象严重；不少居民楼前面的停车位被摩	（1）通过缩进绿化带和空地、拆除违章建筑、拆除部分自行车车棚的方式，拓宽道路，最终要将小区内道路改建成宽敞、平整且颜色统一的沥青路；（2）在改建道路之后，重新规划停车位，采取打通地下车库和增设车库管理人员等方式，提高既有地下车库的利用率，在中心花园等处新建两三层的地

(续表)

问题类型	提及频率（N=40）	存在问题	解决方案（居民议事员勘察时提出）
		托车或者废弃汽车轮胎占据、使得那些真正需要停放汽车的居民无车位可停；部分违章建筑占用停车位的空间；外来车辆占用小区本就有限的停车位	下车库； (3) 跟海事大学协商、重新规划大学的停车位； (4) 通过教育、宣传等方式，杜绝车辆乱停乱放。建立制度：一方面妥善解决新增车位的分配问题，杜绝因车位分配可能导致的邻里矛盾；另一方面禁绝用废弃非机动车和轮胎等违规乱占停车位的做法； (5) 拆除违章建筑、保证停车位的正常使用；对外来车辆按小时收取停车费、防止外来车辆占用小区停车位
绿化问题	12（30%）	(1) 小区绿化不美观、绿化树太高、枝叶太茂盛，既影响居民采光又阻挡视线，在雷雨天和电线交缠在一起还可能造成安全隐患； (2) 存在不必要的绿化带，绿化带过宽且无人管理，杂草丛生，居民乱采乱伐乱种植； (3) 绿化不当造成小区夏天蚊子多； (4) 小区绿化缺乏特色	(1) 改造绿化带另作他用，比如改建成停车场等； (2) 重新选用绿化带植被； (3) 对挨着居民楼的树木进行修剪，修剪后树木的高度、形状等标准，小区内应统一，道路两旁的树木不可修剪； (4) 为绿化带增设管理人员，提高绿化带的美观度和维护、管理的水平
生活垃圾处理问题	7（17.5%）	(1) 小区多处生活垃圾无人处理、卫生条件恶劣； (2) 小区内垃圾桶数量有限，不能满足需要且外部	(1) 增加小区环境卫生清洁投入，新建垃圾回收、处理点，新增垃圾桶，雇用清洁工等专门负责生活

(续表)

问题类型	提及频率（N=40）	存在问题	解决方案（居民议事员勘察时提出）
		脏； (3) 高空抛垃圾，导致自行车车棚顶部垃圾多； (4) 有的垃圾桶或垃圾处理点离居民楼甚至是厨房太近，且居民不乐意垃圾处理点和设施被建在自家附近； (5) 小区尚未实行上海市的"垃圾分类"制度[1]	垃圾的收集、处理并清洁垃圾桶等； (2) 教育居民杜绝高空抛垃圾现象，及时清理自行车顶棚的垃圾或者拆除自行车棚； (3) 重视并采取措施妥善解决垃圾处理点和设施的安放位置设置； (4) 尽快实施垃圾分类回收、处理制度
小区夜间照明问题	7（17.5%）	(1) 小区路灯过少且灯光昏暗； (2) 中心花园夜间照明效果不理想	(1) 增设路灯； (2) 新增路灯要满足环保和节能的双重要求，中心花园的照明可借鉴高速公路的做法，安装夜间自动发光的灯管
安全隐患	6（15%）	(1) 高空抛物造成安全隐患； (2) 小区年久失修、崎岖不平的路面状况容易给老人特别是高龄老人带来安全问题； (3) 乱停车导致消防通道被堵； (4) 私拉电线、电缆带来安全隐患； (5) 晾晒区和停车位重叠或毗邻带来安全问题	(1) 针对高空抛物，一是说服教育，二是安装安防气囊，三是安装探头等设备； (2) 修整路面； (3) 统一规整小区内的电线、电缆，可联系运营商给电缆安装外壳等以提高安全性，减少安全隐患； (4) 重新规划晾晒区和停车位位置、大小等； (5) 采取说服教育并建立相关制度、运行机制等方式，杜绝车辆违规乱停，疏通消防通道

---

[1] 上海自2019年7月1日起正式实施垃圾分类制度。

从汇总的居民议事员问题的类型角度看，有超过60%的问题与当前社区空间布局的不合理有关，绿化问题与停车问题往往又是相伴而生的（见表3-3）。经过改革开放四十年来的快速发展，很多大中城市老旧小区的空间布局规划已经远远不能适应社会的变迁以及居民生活的变迁，当前城市社区中普遍存在的停车空间不足即是这一状况的体现。

由于停车问题与居民的日常生活息息相关，在绿化与停车之间居民往往会选择牺牲部分绿化空间而将其转化为停车空间。而且，目前社区的绿化现状也存在很多可以优化的地方。从居民意见的汇总看，停车问题以及小区的绿化问题、卫生问题等是未来社区营造需要着重突破的问题。

表3-3　根据社区焦点目标整理的居民意见汇总表

位置地点	存在问题	解决方式
中心花园	（1）功能单一； （2）规划不合理，草坪占用了花园大量面积； （3）设备、设施不够人性化； （4）健身器材摆放位置不合理，不应该放在花园正中间； （5）无消防栓，存在安全隐患； （6）夜间昏暗，照明效果不好； （7）花园植被参差不齐，缺乏管理和维护； （8）花园正门不够美观，且地面高度较低，容易积水	（1）重新规划，将花园打造成一个多功能的公共娱乐活动中心，具体功能包括：广场舞、晚会等的活动场所，健身中心，社区遛狗场所，居民交谈中心，居民休憩中心，老年人活动场所，血压测量中心等； （2）缩进草坪面积，腾出来的空间用于花园多功能区的打造； （3）新增或优化、升级花园设备设施，具体包括：座椅应高低有别、错落有致，满足不同年龄、不同身高人的要求，且应有靠背，提高舒适度；购置消防栓、提高安全性； （4）把健身器材放置到花园四周，而不是正中间，以释放空间和便于锻炼； （5）安装夜间自动发光的灯管，不要安装需要电源的照明设备，以达到节能、环保的要求；

(续表)

位置地点	存在问题	解决方式
		(6) 整理、修剪花园植被，并建立相关规章制度和志愿者服务制度，负责维护植被及整个花园的清洁卫生； (7) 美化花园正门，垫高正门附近的路面，解决路面积水问题
海事大学	(1) 海事大学的餐厨垃圾因存在散发馊味、不及时清理等问题，给小区带来负外部性； (2) 海事大学对居民行人和车辆封闭，不允许通行，大学设施也不与社区居民共享； (3) 海事大学的停车位位于大学外面，挨着居民区，这给小区带来安全隐患	(1) 街道层面出面和海事大学协商，建议重新规划餐厨垃圾处理点或加强管理； (2) 和海事大学协商，解决空间封闭和设施、设备不共享的问题； (3) 和海事大学协商，重新规划停车位的位置和布局
高层附近饭店	(1) 饭店违章乱开后门，对小区造成安全隐患； (2) 饭店违章将餐厨垃圾置于门口，影响小区清洁卫生	与相关饭店协商，解决安全隐患和清洁卫生问题
拆除成山路601弄门卫室违建地块空地	(1) 空地闲置、浪费小区有限资源； (2) 居民乱拉线以晾晒衣物； (3) 围墙不够美观	(1) 划为菜地，由居民自主认领维护； (2) 拆除门卫室，改建为儿童活动中心/改建为停车位，并修建一条汽车通道/改建为花园； (3) 设置一个专门的、规范的晾晒衣物的地方； (4) 拆除围墙，安设电子围栏，并对围墙内外进行装饰

从居民关心的热点位置看，社区的中心花园是每一个社区居民都非常重视和关心的改造点，居民们都希望能够将社区的中心

花园进行彻底的改造。除了社区内部公共空间的更新与改造之外，社区居民还非常关心与社区外部其他利益相关主体之间的关系，诸如高层外的饭店、紧挨着的海事大学等。因此，社区营造过程中涉及的往往并不仅仅是纯粹的社区内部事务，很可能还涉及与社区相关的很多外部主体，需要在多个利益相关主体之间进行协调和协商。社区拆违之后的空地一直未能得到有效利用，成为了社区中的荒地，空间也相对较大，居民议事员也普遍认为可以对这块空地进行改造。

（二）志愿者意见汇总

此处的意见与建议汇总，重点呈现的是志愿者以参与者的身份、在实地走访社区的过程中所形成的看法、思考及有关社区营造的意见和建议。

与议事员不同，志愿者（见图3-7）作为社区营造的非直接利害关系人，同前者相比，更能够以一种理性的、客观的态度看

图3-7　第一次居民议事会学生志愿者合影

待社区存在的既有问题,并针对相关问题提出相应的解决办法和建议(见表3-4)。就此而言,志愿者们有关社区营造的看法、意见和建议值得周家渡街道在展开大规模社区营造活动之前加以考虑、吸收。当然,志愿者们由于学识和生活经历所限,提出的有些问题和解决办法可能并不合适;而且有关社区同一问题、同一区位的看法和意见也可能会存在不一致甚至较大的分歧,这就需要周家渡街道和云台二社区营造团队进行权衡取舍。

志愿者们除了议事会当天之外,还在之前培训的时候实地勘察过社区一次,两次详细的社区勘察经历,在某种程度上也能够使他们对社区的现实情况有一个比较深入的了解。因此,志愿者们对于云台第二居民区社区营造的意见和看法,不一定多么有针对性和可行性,但是通过他们的观察与思考,我们可以从另外一个角度加深对社区营造的理解。

表3-4 志愿者意见汇总表

志愿者	意见汇总
1号	(1) 总结之后,我发现这位阿姨(议事员No.32)在退休之后还有兼职,每天早晚上下班出入小区很不方便。这位议事员关心的主要是小区内的交通和照明问题。这个小区中有20%—30%的租住户,其中很多是上班族,因此除了生活的舒适性,交通便利性也应成为小区改造要考虑的重要问题; (2) 这位议事员最关心的问题主要有两项:休憩点(凉亭)的建立和树木草皮的规划,这与该议事员的年龄和运动习惯相关。这个小区中老年人偏多,舒适和方便的休息区是此次样板居建设不容忽视的问题; (3) 我的具体建议有三:一是对居民的改造需求进行分类和排序,优先解决居民意见集中的问题;二是在改造前先进行公共资产(房屋、土地、公共设施)的清查和分类,在原有的设施设备上进行改造,避免不必要的推倒重建;三是帮助小区建立有效的居民自治组织架构和规则章程,实现小区治理有效的持续运转

(续表)

志愿者	意见汇总
2号	(1) 本人在解决方案上基本与议事员的意见保持一致,但是关于将空地改成绿化的诉求,在昨天的意见表达环节上,有居民表示想要将空地改建成停车场,但是对于家住在成山路601弄第三幢的居民(尤其是一层住户)而言,本来那里就靠近小区外围,来往车辆人流较多,本身就会带来对空气、噪音的负面影响,如果将空地改造成停车场的话,尾气排放和车辆噪音对邻近居民的休息更不利; (2) 在走访过程中,我觉得小区内部还是有地域可以整改成停车的地方,该小区有很多车辆都是临时停放的外来车辆,所以可以通过针对外来车辆的停放进行控制和管理来减轻小区内的停车压力,空地的改造结果究竟是停车场还是绿地,还是要多听取多方的意见再决定最后的方案
3号	小区里面最迫切的问题就是停车位不足,但是如何将有限的空间利用起来,如何征得大多数居民的同意,以及如何说服少数人是一个问题。同时,在车位增加的情况下如何进行分配,以及可能由于争抢车位引起哪些邻里矛盾,对比需要有更多的制度安排
4号	(1) 建议将问题按类划分,不同问题分类解决; (2) 建议将社区作为一个整体进行规划,充分考虑不同人群的需要,合理分配社区现有资源; (3) 要充分发挥议事员的作用,既要发挥议事员的建言献策作用,又要发挥议事员的积极带头作用。对于居民的意见要及时处理,避免问题积压,影响居民对社区居委会及街道的评价; (4) 议事员都优先想改善自己家附近存在的问题,也对这些问题比较了解,可对议事员反映的问题进行总结,然后统一规划解决
5号	(1) 停车位紧缺及道路窄是大问题,议事员同意用部分绿化换停车位、拓宽道路,小区道路(道路宽度、道旁排水沟设计、拐弯处设计)及停车位应有一定的标准; (2) 大树的统一修剪是大问题,应当平衡乘凉需求和采光需求,小区树木修剪应有一定的标准; (3) 绿化带不能成为杂草地,小区绿化带建设应有一定的标准; (4) 后续的规则制定及规则实施很重要。我们发现议事员对于小区里的违章、乱堆放、乱停车等问题非常清楚,也表示他们曾经做过劝说工作,但是没有实际效果,就是有些人"不讲

(续表)

志愿者	意见汇总
	理""蛮横"。因此，在后期维护上，不应过于重视劝说的作用，应当辅之以强制措施。同时，应明确相关问题的权责归属（居民发现问题之后向谁投诉、由谁负责）
6号	(1) 一个社区的品位和内涵不仅在于硬件的升级和更新，更在于社区本身具有的内在灵魂和精神。云台二社区的历史已经有二十多年了，随着时代和历史的发展，具有深厚的历史感。我们借此机会，可以引进历史学方面的专家和学者，对云台二小区的历史价值和时代价值进行深入挖掘，也可以把周家渡街道的历史和云台二小区的历史结合起来，做成一个历史文化和改革开放的试点社区，赋予云台二小区更多的历史内涵和时代价值（例如，云台二小区曾在1999年被评为"世博文明小区"）； (2) 在整个小区房子楼栋的墙壁上，可以将墙面进行粉刷，还可以引入PPP模式或者招商引资等形式，进行商业广告的投放或者公益广告或者宣传的投放； (3) 商业的力量最具有活力，在社区营造的过程中，最好引进商业的力量，开设一些便民利民的商店或者水果店、蔬菜店； (4) 小区的休憩地点一定要按照离居民的远近原则进行设置，也要参考居民现有的休憩地点，符合搞活动或者运动心理学的规律； (5) 至于有关停车位增多、墙面商业广告投放、社区营造带来的收益增值等问题，一定要按照居民（业主）、居委会、业委会、物业公司四者利益均沾的原则来解决
7号	(1) 在前几次的考察中，居民的休憩空间以及社区绿化问题是我们关注的重点，但是在和议事员勘察的过程中，交通通行问题却是议事员非常关心的问题，每到一处议事员首先关注的就是这块地方要拓展道路、发展停车位，方便两车交汇，整治两栋楼之间的断头路等； (2) 具体建议：一是中心花园要重点打造，分功能片区，将健身设施集中，专门区分好居委会边上靠墙的垃圾分类回收站等；二是对社区中分散存在的居民自发形成的休憩交往空间要进行重点设计；三是正门口路面垫高，减少雨后积水，美化正门；四是对绿化进行规整；五是废旧自行车、杂物等的清理；六是社区动员进行大扫除活动；七是整合幼儿园边上的儿童乐园和休憩空间

(续表)

志愿者	意见汇总
8号	(1) 跟随我走访社区的是两位街道居委会退休工作人员,这两位阿姨在走访的过程中提出的有关社区问题的看法及对问题解决的意见和建议比较宏观(基本不涉及一家一户小范围的问题)。她们针对像中心花园这种社区大型公共场所的想法比较多,而且提出的意见和建议比较有新意,能注意到普通议事员注意不到的地方,比如其中一位阿姨提出,中心花园存在没有安装消防栓、花园周围电线电缆杂乱的问题,她们还根据工作经验,简要评估了其他议事员意见和建议的操作可能性; (2) 在走访过程中,我们有被居民拉住反映突出问题、"诉苦"的情况,我感觉这些普通居民大都对与自己存在明显直接利害关系的问题发言颇多,有时甚至有夸张表述社区问题对自己造成影响的情况,而对社区内的公共场所和公共事务不够关心,这表明该社区在打造美好生活样板、改变社区物理形态的同时,更应重视居民公共精神的培育
9号	(1) 增设遛狗通道的必要性不大,不建议增设,主要原因是就算增设了也不能完全根治遛狗人不清理粪便的习惯,而是应当加强对养狗居民的教育,增加奖励机制,鼓励居民养成清理自家狗粪便的习惯。再者,应增设提供小型塑料袋的设施,为遛狗人士提供清洁工具; (2) 中学旁边的小路没有照明设施,应加设路灯方便居民晚上行走; (3) 从优先程度上比较,我认为最重要的就是缓解小区的停车难问题,把绿化规划和道路规划合并起来同时设计,能最快最有效地解决居民的燃眉之急。对于公共区域堆放私人杂物引起的居民纠纷问题,建议相关居民依靠组织一起做工作
10号	(1) 居民最迫切的需求是解决停车位问题,设置充足的固定停车位是当务之急; (2) 部分道路路面老化狭窄、不平整,需要拓宽与平整道路并且修成统一颜色; (3) 公共活动空间需要扩大,在中心花园可以修建一个多功能的公共娱乐活动中心,四周修一条塑胶步行道供居民进行跑步、散步等健身活动;

(续表)

志愿者	意见汇总
	(4) 绿化带比较少且不统一、不整齐，需要增加绿化带面积，种植的植被要易存活； (5) 居民废弃物随处扔放现象严重，需要增加垃圾桶数量，同时按类处理各种废弃物； (6) 有些大树影响居民楼采光，需要进行修剪
11号	(1) 小区居民从安全角度考虑，担心拥挤的小区道路影响救护车、消防车驶入。希望拓宽路面，增加停车位，减少违停，划线停车； (2) 居民希望小区合理规划路线，最好形成车辆行驶的环线，减少会车；道路要全部打通，杜绝断头路； (3) 同组的16号议事员非常活跃，在实地勘察过程中能够随时随地结合具体情况，提出很多建议，积极交谈，积极参与，在12人调研团队中起到了"意见领袖"作用。小区有这些积极分子，可以考虑吸收到重点访谈、深度访谈对象中，让他们提供深层建议或协助开展工作
12号	(1) 从居民们反映较多的问题看，大多数意见集中于环境卫生、车位车道、休息场所等社区公共产品上。由于该小区建成于二十多年前，当时的规划已经严重滞后于社会发展现实，无法提供满足现今居民要求的公共产品，比如二十多年前居民的出行工具大都是自行车，因而小区内有大量的自行车棚，车道狭窄，今天很多人家都有了小汽车，矛盾自然就越积越多； (2) 从本质上讲，造成这些问题的物质矛盾是落后的基础设施与规划同人民群众不断发展变化的需求之间的矛盾。但是除了物质矛盾以外，还有制度与规范层面的，这一物质性矛盾在上海乃至全国都是普遍存在的，但是为什么云台二居的这一矛盾相比之下格外突出？为什么十几年来社区在这方面没有与时俱进，及时改进？我认为根本问题在于社区缺乏一个可持续的基层自治机制； (3) 通过人力物力投入、重新规划建设来解决该社区的物质性矛盾，建立自然开放交往公共空间与便民服务集成平台，这些并不是最困难的，最困难的在于能否建立起一种长效、动态、可持续的民主自治机制，在自然开放交往公共空间与便民服务集成平台的建设与完善中，凝聚民意共识，并后续进行维护和更新升级。作为这一治理机制的核心，居民议事会的相关制度规范必须被建立并能够长效运转，在初期必须在保证程序正义的同时更侧重于实质正义的实现，从而使这一制度的可信性和权威性在群众中得到建立

五、社区营造核心战略的确定

城市社区是城市居民的重要生活交往居住空间。特别是对于老年人来说，由于年事已高、行动不便，社区更是其老年生活的主要场所。在老龄化社会的背景下，如何在社区中营造满足居民生活需求的公共空间，便成为一个十分重要的课题。

社区营造的初衷，是通过外部力量的介入，通过专业知识和方法、程序的传授和输入，动员社区居民自己参与和决定社区的建设方向，把社区建设成为居民喜欢的共同体空间。在云台第二居民区社区营造过程中，经过多次实地调研、专家讨论以及听取议事员与居民的意见，营造团队总负责人唐亚林教授提出了社区营造的三大战略理念：自然开放交往公共空间、便民利民服务集成平台、参与协商维护长效机制。这三大战略理念是与云台第二居民区的社区营造实践相契合的，而且，整个社区营造的一系列行动都是在遵循这三大战略理念的基础上展开的。事实上，这三大战略理念具有很强的普遍性意义，可以为其他城市社区的社区营造与社区发展提供很好的借鉴。

（一）自然开放交往公共空间

当前，很多社区都有数量不等的居民活动室作为社区居民的休闲活动空间。这些居民活动室当然是非常必要的，很多社区居民的休闲交往活动如跳舞、唱歌、打牌等都需要在居民活动室开展。但是，在很多社区，我们经常能够看到的景象，却是相当一部分居民在社区的大树下、花园里、长廊下，或者在居民楼下等空旷的室外，聚集在一起，说话、聊天、观景。

相比之下，一些本身办公用房就很紧张的社区如果拿出专门的房子来做居民活动室，难度很大，成本很高。但是，如果在社区居民自发聚集的地方，在大树下或者其他合适的地方，建设一些有顶棚遮雨的开放式的可以休憩聊天的公共空间，让他们能够在室外可以自由地聚集在一起谈天说地，相比建设封闭的居民活动室，不仅成本较低，而且难度会小很多，可能更受社区居民欢迎，更适合在城市社区推广。

教授建议

在浦东周家渡街道云台第二居民区进大门约五十米处，有一栋大楼，该楼居民自发搬了家中不用的长木沙发椅放在楼房与进门大路的交叉口，供邻居交流时使用，但这样既影响交通又有碍观瞻。我请设计师将紧挨楼房的一处转角上方设计成挑出来的屋檐，正好可以遮风挡雨，中间设计成可坐的嵌进墙壁的一排凳子。设计出的效果很好，既解决了老百姓的交往空间问题，又解决了观瞻和交通问题。只是到具体实施时，要与这家转角处的人家做工作了，也不知最终能否行得通。

所谓做工作，有两层意思：一是这户人家可能嫌大家集聚在周围，大声说话，很吵，不愿意这么修；二是要让这些经常在这边遛弯说话谈心的居民订立公共休憩点交往公约，要切实遵行。前者更难。

在走访过程中，有的居民说，他们不愿意去社区的居民活动室，一是因为活动室数量较少，距离也相对较远，腿脚不便的人过去不是很方便；二是由于他们觉得活动室过于封闭，比较压抑，让人感觉很不自由。所以，他们宁愿在自己家楼下附近找一块地方，把自己家的旧桌子、旧沙发等搬出来，围坐在一起，自由自在地在空地上说说话、谈谈心，看看周围的风景和来往的行人，随时来，随时走，不受拘束。

社区中的老年人事实上也有不同的类型。既有那种非常活跃的"年轻"老人（小老人），他们的兴趣爱好更广泛些，也喜欢经常在社区里面组织各种兴趣活动队，参加各种活动，社区活动室对于他们来说可能更重要；又有那种因年纪偏大、行动不便、要照顾家庭等原因，而只愿待在自家楼下的空旷地，或者到离家不远的能够遮风挡雨的休憩点随意活动的老年人；甚至还有那种出于个人原因，不愿意参加什么兴趣活动，而只愿在家附近随意走走的老年人。

（二）便民利民服务集成平台

随着我国经济社会的快速发展，城市政府向城市居民提供了大量的公共产品和公共服务。城市政府提供的这些公共产品和服务是城市吸引人口集聚的重要原因，城市居民可以在城市中享受很多的公共产品和服务，这也构成了当代中国东南沿海城市吸引大量外来人口的一个重要原因。外来人口的增多、城市规模扩张的加快、城市公共服务的滞后、城市治理任务的加重等多种问题的叠加，迫切要求创新城市基层治理，加快城市服务型政府建设的步伐。

2014年上海市委一号课题所形成的关于上海社会治理创新的"1+6"文件顶层设计，就是应时代需求而生的产物。"1"是指《中共上海市委、上海市人民政府关于进一步创新社会治理加强基层建设的意见》，"6"是指涉及街道体制改革、居民区治理体系完善、村级治理体系完善、网格化管理、社会力量参与、社区工作者六大主题的6个配套文件。

在这次改革过程中，上海市将街道的招商引资等经济功能剥离，重点专注于公共管理、公共服务和公共安全的"三公"职能领域。这也就意味着上海城市基层政府的职能有了一个根本性的转向，即由以原来的招商引资等经济发展职能为主转向了以服务人民群众的服务职能为主。

社区是城市的基本单元，如何更好地为城市居民提供服务，成为新时代城市基层治理的主要任务。2017年，浦东新区提出建设"家门口"服务体系的目标，其核心是以村居综合性服务站建设为抓手，实现"生活小事不出村居、教育服务就在身边"，破解"服务群众最后一公里"难题。中共浦东新区区委书记翁祖亮针对"家门口"服务站建设，提出了"功能要综合、选址要便民、服务项目要有针对性、服务方式要简单明了"的要求，提醒在这方面要避免行政化机关化，避免重展示轻功能，避免有管理无痕迹，避免布局僵化不灵活等倾向。

周家渡街道云台第二居民区的社区营造并不仅仅局限于社区层面，另外一个很重要的目的在于通过社区营造的方式，推动城市基层治理体系的创新与重构。

首先，通过对社区党总支和居委会所在地的服务场所改造，将居民区的居委会、业委会、物业公司聚集在同一处场地办公和服务，通过物理空间上的整合来实现服务效率上的整合，形成便民利民服务集成平台，构筑"三位一体"服务创新模式。而且，通过将"三驾马车"集聚在原居委会空间，实现了对于社区内绝大部分与居民日常生活息息相关的便民利民事务的一站式解决，这相对于以往分散的服务方式无疑是一种重大创新。

其次，街道对服务于社区居民的项目进行了系统梳理，将相当一部分可以下沉到居民区层面的便民利民服务项目进行了下沉，将这些便民利民服务项目下放到居委会，交由其承担。社区居民可以在社区内部就近实现相当一部分政府便民利民服务项目的办理，使得社区居民能够更加便捷地享受城市基本公共服务。

最后，以社区营造为载体，街道建构了"主统筹、主负责、主配合"的政府流程再造机制，推动了以基层社区为中心的治理重心下移行动和街道层面的体制机制创新。

通过上述三方面的工作，在居民区建成便民利民服务的集成平台，最大限度地为居民提供便捷性高质量服务。

（三）参与协商维护长效机制

社区是社区居民共同生活的家，维护好社区的整体环境是社区每一个成员的共同责任，不仅包括硬件基础设施的爱护，也包括居民对于社区的归属感和责任感的提升。在传统的社区设施建设模式下，社区内各种需要建设与更新的公共设施，往往是由政府或者小区管理方单方面推动完成的，社区居民无法有效参与其中，而且所建设的各类公共设施也不一定符合居民的真正需求，其结果是居民并不珍惜和爱护政府单方面"好心"提供的成果，更不会主动维护这些公共设施，任其风吹雨淋、人为破坏，往往在很短时间内这些新建设施就破败了，失去了应有功能。社区营造就是要打破这种传统的社区建设与改造模式，让居民参与到社区改造中来，以居民的需求为导向，让居民感觉到自己是真正能够参与到这个共同家园的建设中的，社区是按照他们的想法建设和改造的，这样就能更好地塑造和提升他们对于社区的归属感和责任感。

社区营造更为重要的作用在于，通过社区营造使得社区居民熟悉并多次实践一整套有效的社区参与和社区协商的程序与方法，进而使之内化为一种自觉行为，养成一种自主协商的精神。"授人以鱼，不如授人以渔"，学会了基本的程序与方法之后，社区干部和社区居民就可以在这种由第三方专家推动的社区营造活动结束之后，积极主动地按照学到的方法和程序等知识，参与社区后续各种公共事务处置，真正实现社区的善治。

在云台第二居民区的社区营造实践中，营造团队通过"社区居民议事会—社区营造监督小组—志愿维护小组"的方式,让社区居民真正参与社区营造的每一个阶段,并在社区营造结束之后就地转化,成为自愿维护新建设施的志愿维护小组的成员。

也就是说,在最初方案设计阶段,通过社区居民议事会的组织形式,由居民议事员提出他们的需求和意见,并将他们的需求进行整合,形成具体的改造方案。在这个过程中,居民议事代表多次参与意见表达与社区协商,有利于其形成对社区营造方案的认同感和责任感。

在实地建设阶段,营造团队根据建设项目的地理位置分布情况,在社区内部划分了几个片区,每一个片区都组建了由街道工作人员、社区居委会工作人员、营造团队人员、施工建设人员、居民代表等组成的联合监督小组,负责对该片区内建设项目的工程质量进行监督,并负责处理在建设过程中可能出现的各种矛盾和问题,包括对居民的宣讲和矛盾的调解等。

施工建设项目完成之后,每一个片区联合监督小组中的居民代表顺势就地转化,组建不同的志愿维护小组,负责对新建设施的维护保养工作,诸如对各种不文明行为和破坏行为的制止、日常的卫生清扫,甚至部分设施设备的保养等,并形成长效运作机制。

除了志愿维护小组之外,营造团队还与居民议事代表一起制定了一整套的小区公约,[1] 如中心花园文明游园公约、文明养犬公约、家门口休憩点志愿维护公约、垃圾分类管理公约等。在经过居民议事会同意之后,将公约发给社区的每一位居民,并在社区中心花园等居民聚集地以及交通要道等位置进行宣传。通过志愿维护小组的维护以及居民公约的规约,整个社区形成良好的维护氛围。而且,通过社区营造激活各种社区社会资本,让整个

---

[1] 具体公约内容见书末附录十一。

社区的发展自此进入到一个良性的发展轨道，并让社区的后续发展也可以通过充分利用社区内部的各种资源来实现社区的小项目、长周期的更新改造，使得社区年年有变化，而不是一潭死水，坐等政府投入改造而没有任何自我发展活力。

六、社区营造初步方案形成

周家渡街道云台第二居民区的社区营造实践在营造团队前期充分、深入调研的基础上，以居民议事会代表的意见为指引，以志愿者的意见为参考，在提出的自然开放交往公共空间、便民利民服务集成平台、参与协商维护长效机制三大核心理念基础之上，由专业规划设计师制定了社区营造的初步方案，以待进一步收集各方意见后再进行完善。

（一）基本问题梳理

营造团队从社区营造的角度对社区的现状问题进行了梳理，将通过居民议事大会收集到的居民问题和意见，分为功能需求问题、环境美化问题、安全保障问题、文化交往问题四大类（见表3-5）。

表3-5 社区面临问题现状表

问题类型	具体内容
功能需求	停车问题：停车空间缺乏规划，通行空间狭窄，停车混乱，非机动车棚老旧； 道路拓宽问题：小区部分道路过窄，机动车通行困难； 交通问题：小区大门口设施零乱，不利于人流集散与通行，小区道路建设不规范； 道路尽端问题：此为小区空间原本设计不合理的遗留问题，目前小区存在多处地方机动车通行困难； 信箱统一问题：小区内信箱位置不统一，信箱外放影响环境美观，且占用宅间空间； 晾晒问题：现有的晾晒场地布置不合理，容易造成安全隐患，影响景观视觉效果

(续表)

问题类型	具体内容
环境美化	大门美化：门卫室老旧，且布置杂乱，小区名称标牌不明显； 小区绿化：植物色彩单一，无季相变化，乔灌草搭配不齐，缺乏层次，局部位置土壤裸露严重； 垃圾分类问题：小区垃圾缺乏分类，缺少集中处理建筑垃圾点，建筑垃圾堆放混乱； 外墙粉刷问题：小区建筑颜色不统一，且外墙表面材料老旧，脱落严重； 中心花园：场地分散，铺装及设施老旧，使用效果较差； 拆违残留问题：拆违后残留的杂物随意摆放，环境混乱，遗漏的违章建筑急需被处理
安全保障	安全问题：小区出入口技防安防设施不完善，小区内电线排放混乱，中心花园缺乏消防栓，生命救护通道阻塞，休憩设施老旧，高空抛物现象时有发生
文化交往	文化问题：文化设施不足，安置位置不合理，文化宣传力度不够； 休憩点：目前小区建筑宅间缺乏休憩点，休憩设施老旧，花园区域休憩场地不足； 健身步道：小区内步道铺装老旧，连续性较差； 楼道文化：楼道内管线布置凌乱，墙面贴有较多小广告，楼道内杂物堆积较多

（二）整体设计理念确定

根据几大类问题和社区居民的需求，营造团队确立了一环一心两轴多节点"微循环"式社区营造设计总体方略（体现点线面结合、中心边缘呼应、前后左右联体的特征），由此型构一环（由文化健身步道与"珍珠链"式休憩点构成）、一心（中心花园）、两轴（由小区两条主要车行道路构成）、多节点（小区重要位置形成的景观节点）"微循环"式社区（见图3-8）。

在营造方案设计初期，营造团队的目标不是建设一个个孤立的点，而是通过营造项目的设计，将各个建设项目根据"微循环"的理念，组成一个有机的社区公共空间系统。社区居民能够

设计方略

结构整合

一环一心两轴多节点"微循环"式标准化样板社区（点线面结合、中心边缘呼应、前后左右联体）

图3-8 一环一心两轴多节点"微循环"式社区营造设计总体方略

通过社区营造新建项目来构建社区公共空间系统，在社区的每一个地方都可以较为方便地享受和体验到社区营造的成果。

（三）整治方案形成

营造团队根据社区问题和需求分析，在三大设计理念的指导下，提出了社区营造的整治方案（见表3-6）。

表3-6 社区营造整治方案

整治项目	主要内容
机动车位	规划后车位共505个，新增85个，盈余53个
道路拓宽	整治长度共367米，平均宽度0.5米，面积184平方米
围墙	修缮长度共583米
休憩场地	整治场地共15处（位于宅间供居民休憩使用），包括中心花园和2个宅间小园
小区大门整治	共改造5处（主要改造昌里东路出入口，其他出入口以粉刷和增加小区LOGO为主）
场地整治	共9处，面积合计5 422平方米

(续表)

整治项目	主要内容
晾晒设计	共 25 处
扰民树修剪	共 204 棵
建筑改造	共 3 处（原职工宿舍、多功能聚空间小屋、居委会），将居委会、业委会、物业公司三处办公场所集中到一起
信报箱	共整治 25 处
垃圾分类	垃圾分类专题长廊 1 处、垃圾分类宣传点 7 处、垃圾箱 34 个
技防安防	周界报警系统 1 250 米、视频安防监控摄像头 69 个、52 栋楼安装出入口对讲系统

在方案设计过程中，营造团队总负责人唐亚林教授一再强调：一是要将团队提出的三大社区营造核心理念贯彻到社区营造的整个过程中，成为每个行动主体的指导理念；二是在方案的设计过程中，每一处改造方案要根据之前听取的居民综合意见为核心，设计出投入不同、功能不同的几套方案，以便于在后续征求居民意见时，让居民有选择的空间，而不是将营造团队的设计理念和方案强加于居民。

七、居民议事会社区营造方案评议与投票

在社区营造初步方案设计完成之后，营造团队于 2018 年 7 月 17 日再次召开居民议事大会（见图 3-9），召集居民议事员对营造方案进行投票选择和提出进一步完善的意见与建议。

在第二次议事会上，营造团队的设计师首先向各位居民议事员就社区营造初步设计方案的总体思路和具体营造点的方案进行了说明。然后，由居民议事员对每一个改造点的改造方案发表看法和进行投票表决，在设计师设计的多套方案中选择一套。最终，通过居民议事代表的表决，营造团队和社区居民确定了每个

图 3-9 2018 年 7 月 17 日下午，浦东新区周家渡街道云台第二居民区举行社区营造第二次居民议事会会议，对营造方案进行投票选择并提出进一步完善的意见与建议

改造点的营造方案。

但是，在方案评议的过程中，也出现了一些值得我们注意的问题，包括居民议事员的意见分歧、业委会主任的不同诉求以及个别居民议事员的突发情况等。

（一）居民议事员的意见分歧

对于每一个改造点，营造团队的设计师都设计了多套方案，因此在第二次议事大会过程中，出现了居民议事员对于部分区域的方案选择存在分歧的情况。针对有异议的改造点，营造团队设计师再次详细解释了每一套方案的设计理念，以及不同方案之间的区别。随后，让支持不同方案的居民议事员挑选代表陈述选择的理由。最后，由全体居民议事员进行投票选择。

在众多的改造点中,居民议事员最大的异议在于"五违四必"[1]后一块较大的社区拆违空地该如何使用。大多数居民代表认为应该将其拿来做停车场,增加社区的停车位,缓解社区停车紧张问题。但是,居住在改造点周围的居民议事代表则认为应该将这块空地进行绿化改造,使之成为社区小花园。分歧出现后,设计师首先向各位居民进行解释,即无论是停车场方案还是花园方案,都是有绿化的,只是绿化的面积不同。随后大部分居民在投票时将票投给了停车场方案,另有几个居民代表保留意见,但是尊重大家的选择(最终在具体建设时,设计师与居民又进行了商议,考虑周边居民受到的影响,最后还是将之建为共享花园)。社区营造的这种社区协商方式,使得社区的建设和发展符合大多数居民的需求,少数居民的不同意见也在服从社区整体利益的情况下得到尊重。

(二)业委会主任的不同诉求

在方案选择过程中,居民区业委会主任又提出了新的要求,希望在中心花园的设计过程中能够考虑将部分区域设计成临时停车位。他的设想是临时停车位通过严格规定使用时间(如早上7点之前必须开走,晚上10点之后才能停进来等)来缓解社区的停车难问题。业委会主任此建议的背后还隐藏着一个考虑,即通过增加停车位的方式可以增加停车费收入。

但是,该提议遭到了居民的一致反对,居民普遍认为即使设置了严格的时间规定,但是车主是不可能完全按照此规定执行的,这会使得社区仅有的中心花园空间受到破坏。最终该提议未

---

[1] 所谓"五违四必",是指对违法用地、违法建筑、违法经营、违法排污、违法居住等"五违"现象,按照安全隐患必须消除、违法无证建筑必须拆除、脏乱现象必须整治、违法经营必须取缔的"四必"要求,强力推进区域生态环境综合整治。

能获得通过，方案设计时自然必须优先考虑居民的实际需求。

后续营造团队和业委会主任再次进行了商讨。营造团队的设想，是设计师可以在宅间花园的设计中，通过科学规划与安排，适当增加小区的停车位，但希望业委会能够从新增停车位的收入中拿出一部分资金作为种子基金，以作为推动社区自治活动和社区后续微更新的基础。业委会主任也表示之前的提议是为了社区的更好发展，营造团队提出的这个设想可以使得社区有长期稳定的自治动力，他代表业委会表示非常赞同，待后续项目建成后再一起商量。通过这种居民间以及不同社区行动主体之间的友好协商，各方的诉求都得到了满足，社区可持续发展的资源也有了一定的制度保证。

(三) 居民议事员的突发情况

在议事过程中，出现了个别居民议事员情绪激动的突发情况，居民议事会一度被迫中断。在前面几个阶段的问题分析环节，我们曾提到该社区的外面有一栋高层居民楼是与社区相对隔离的，居民进出社区都非常不方便，也缺少休闲活动的空间与场地。该栋楼一位年纪较大的居民议事代表在营造团队设计师介绍完初步设计方案后，发现没有对于该栋高层的改造设计规划，立马就情绪激动起来，站起来大声表示不满，并试图冲上主席台，后被边上的居民议事员拉住。

营造团队设计师耐心地向该居民议事员解释：一方面，现在的方案只是初步方案而不是最终方案，召开第二次社区居民议事会会议的目的就是在前一次征求居民议事员的意见基础上，对初步设计方案再次征求意见，以利于对方案做进一步补充完善。各位议事员有什么意见，或者对这个初步设计方案有什么不满意，尽管提出来，设计师将对这些意见与建议进行整合，然后形成相对完善的营造方案。另一方面，组建居民议事会的主要目的，就在于让大家一起坐下来商议，而社区里面的很多事情都是可以通过协商找到解决办法的。无论有什么问题，通过大家一块想办法，最后总能够找到大家都比较赞同的解决办法。

在此过程中，也出现了其他居民议事员站出来，对该提意见的议事员表达严重不满的状况，甚至威胁要打人，这让第二次社区居民议事会一下子陷入了很尴尬的境地，原因在于这个议事员认为该提意见的议事员没有看到营造团队为此所付出的巨大努力和奉献精神，缺乏起码的尊重和商量精神。

面对此种情况，社区营造联合团队总负责人兼会议主持人唐亚林教授适时地站了出来，首先请对峙的双方冷静下来，希望他们按照先前制定的会议规则，一个一个地表达自己的意见，不能相互攻击，更不能发生暴力事件。其次，强调了这只是初步方案，正因为存在各种不足，才需要再次召集大家开会听取意见。最后，他与有意见的居民议事员交心，谈了自己带团队到此开展营造试验活动，虽然过程中也有很多艰难和委屈，可始终坚持下来的心路历程，希望所有居民议事员代表彼此之间相互能够多理解，好好协商，共同把这件得到街道领导、社区负责人、专家学者和广大居民积极支持的好事做好。在居民议事代表的劝说和营造团队的一再解释下，该居民的情绪逐渐平复，也认同了营造团队的解释。

随后，该居民提出了三个方面的问题，希望接下来的方案能够有对应的解决办法：一是该栋高层的居民停车问题；二是高层的高空抛物监控问题，三是该高楼居民如何融入云台二居民区的问题（包括将该高层楼下原保安监控室改造成居民活动室的建议）。营造团队设计师和社区营造联合团队总负责人当场向该居民议事员表示，会将该高楼居民的诉求融入下一步的方案完善之中，一场突发的风波算是顺利地平息下来。

总之，通过社区营造初步方案的意见征求和评议，可以看清整个社区多元的利益格局，以及不同主体所秉持的不同利益诉求。社区营造的关键就在于能够提供一套有效进行社区协商的组织形式、规则、程序、方法，使得社区的很多问题能够在友好协商的氛围下进行，以求达成最大限度地满足绝大多数居民利益的解决方案。

八、社区营造方案街居职能部门意见征集

居民议事会评议之后，营造团队根据收集到的新的信息和诉求，对初步方案进行了进一步的优化，基本上保证了居民所提出的新意见和需求在方案中都能够得到充分的体现。

2018年7月25日，营造团队带着修改后的初步营造方案，向街道领导进行汇报（见图3-10），该会议由街道党工委书记、

图3-10　2018年7月25日，街道党政负责人、职能部门负责人、社区负责人、社区营造专家团队成员共同研讨按居民议事会意见修改过的社区营造初步方案

街道办事处主任、各职能部门负责人、居委会党总支书记等共同参加。汇报会上,营造团队的设计师向街道党工委办事处以及街居职能部门汇报了最新的营造方案,包括总体理念、基本过程、设计思路、居民最终选择的营造点方案以及最后的施工预算。街道各职能部门以及相关居委会从各自的角度,对现有的方案提出了各自的意见与建议。

在设计理念方面,有关街道职能部门负责人提出,社区营造中的各种设计首先要考虑的是安全这一因素,特别是在社区老年人口相对较多的情况下,很多设施基本上是提供给老年人使用,这个问题更应该引起重视。街道项目办负责人提出,社区营造项目应该要考虑到与目前正在进行的各种项目的衔接问题,云台第二居民区大门正在按照区里的统一要求安装智能安防道闸,营造方案对于大门的设计应该将这个正在进行的项目考虑进去,以防建设过程中出现不匹配的问题。

街道办事处主任从总体层面提出了意见:营造方案并不是一个孤立的项目,要放在街道的整体层面进行考虑,即要对目前营造方案中的项目进行梳理,结合区里进入社区的综合项目以及美丽家园建设等建设项目,看看哪些项目是可以顺带做的,[1] 哪些项目是这次社区营造完全不涉及只能由街道筹集资金进行改造的。梳理之后,将那些可以由其他项目顺带着做的工程往后推,优先建设那些只能由街道筹集资金进行建设的项目。也就是将整个营造方案的建设分成几个阶段,一步步实现营造方案中的整体设计目标。

街道党工委书记则从开展推进以综合样板居为核心的社区

---

[1] 在后来的施工建设过程中,我们发现这种想法只是一种理想化的合理想象,因为施工方不可能花费超出其本来工程预算的资金来帮助做好事,充其量只是铺路时在极个别地方稍微扩大一点铺路面积(即铲除少量绿化地带)。

营造以及城市基层整体治理模式创新角度，强调了要将党建引领贯穿在整个社区营造的全过程之中，要以居民的需求为导向，做好广泛的动员发动工作，不仅要使社区在物理形态上有大的变化，而且要在推动居民参与自治、共治、德治、法治等方面建立新机制、新体制、新模式，尤其要在塑造社区居民的"精气神"方面有重大变化。此外，要按照"1+4+8"整体治理模式创新的要求，各街道职能部门既要建立相互之间的沟通协作机制，又要建立与居民区联动的合作指导机制，将实现周家渡街道"1+4+8"整体治理模式创新与回应人民群众对美好生活的向往、创建新时代美好生活先行区以及构建国际化大都市的现代化街区有机结合起来。

随后，营造团队、街道职能部门以及后续区、街道层面负责综合整新项目的设计方再次来到云台二社区，对营造方案中的每一个改造节点进行实地考察。三方每到一个营造点，都把各自的设计方案和施工要求进行对照，确定相互之间是否有影响，彼此如何配合。然后，根据对接的情况确定云台第二居民区社区营造第一阶段可以进行施工的项目有哪些，同时确定接下来的方案优化思路，根据这些可以优先做的项目进行有针对性的深化和细化。

九、社区营造总体方案优化与投资估算

除了街道职能部门之外，营造团队还把初步设计方案送到了周家渡街道的区域化党建委员会、家庭小党校等党的基层组织进行审阅。通过这种方式，一方面是为党的领导落到实处提供可行的路径；另一方面也是通过这种方式对云台第二居民区的社区营造进行宣传，让更多的社区居民、驻区单位知晓。当然，也希望通过此种方式能够动员更多的社区资源来推动共建共享。在这个

过程中，也的确有很多的社区资源被动用起来。社区中有一位居民知晓社区营造计划之后，就马上向居委会和社区营造团队反映，建设过程中愿意无偿为工程提供一些工程运输车辆。在修剪社区扰民树的过程中，有居民专门请来了驻区单位一位懂园林的工程师，给予及时的指导。

社区营造绝不仅仅是政府的"独角戏"，而是与社区的每一个居民都息息相关。通过动员和激活社区中原本沉睡的各种社会资本，不仅可以在社区营造中用更少的资源产生更大的效果，而且能够为社区的长远发展和持续更新提供动力支撑和资源保障。一旦培养和激发了居民的社区共同体精神，社区自然就可以通过社区每一位居民的共同努力而建设得越来越好。

在实地考察和沟通确定了第一阶段可以建设的项目之后，营造团队的专业设计师就根据可建设的项目进行了项目建设的投资概算。随后，营造团队向街道汇报了最新的营造方案（第一阶段方案）以及项目投资概算。街道对营造团队前期做的大量细致工作表示非常认可，也表示随即会在街道的党工委会议上讨论这个项目，争取早日开工。

随后，周家渡街道的党工委会议通过了营造方案以及投资概算，正式决定在云台第二居民区开展社区营造方案的实际建设工作，并要求按照项目运作的规定，一方面向区级相关部门申请资金，另一方面抓紧前期准备工作，如居民区的宣传动员与监督小组组建等工作。

十、社区营造实践推进与居民全程监督

在街道正式通过了社区营造方案决策，并按照流程进入工程施工正规程序之后，云台第二居民区的社区营造工作正式进入实践推进阶段。

在建设施工团队进入社区之前，社区营造团队首先和他们进行了沟通。按照社区营造团队的整体设计，在建设施工过程中，需要按照社区营造的关键节点就近划片成立建设施工联合监督小组，以网格睦邻党支部为基础，以党员志愿者为主体，由各方人员组成监督小组，对施工质量进行监督，特别是对施工过程中可能存在的与居民的纠纷等进行调解，构建和谐的施工环境。

更重要的是，无论前期的工作做得多么精细和全面，设计方案在付诸实施的过程中依然会出现令社区居民不理解不满意的情况，居民们会提出新的意见和建议，而这些意见和建议值得被认真对待、倾听和吸收，这构成了社区营造方案动态调整的依据，也是云台二居民区社区营造最为独特的一个地方。

从此角度看，社区营造和社区建设的复杂性就在这里，并不是形成方案后简单地进行建设就可以了，因为在真正的施工完成之前依然会出现很多无法预料的情况。所以，在施工过程中，就需要根据社区居民新的合理化意见和建议对施工方案进行及时的动态的调整。社区营造中居民的参与意义也正在于此，即社区营造的目的是满足社区居民的需求，在建设完成之前，居民的合理化建议和意见都应该被考虑和被采纳。

（一）施工前的多方沟通

营造方案的最终落地还是需要依靠施工建设单位的积极配合。在进入施工建设阶段之后，社区营造的另一个主体——施工建设单位开始进入。由于社区营造施工建设单位来自不同公司，其对社区营造的方案理解不一，彼此间就需要进行深入的沟通和协调。在开工建设之前，营造团队、代建方、施工方、管理方、监督方等多方进行了一次深度沟通，各方达成了以下几点共识。

第一，工程施工要符合相关法律法规的要求与程序，以及遵从社区营造方案设计的总体规划与变更方法。

各施工建设单位只能根据设计方提供的图纸施工，不能随意根据居民的意见改变施工方案；各施工建设单位对于营造团队设计的由居民参与构成的联合监督小组，表示欢迎，但其功能发挥主要集中在监督工程质量、协调居民矛盾等方面；如果社区居民在施工建设过程中，确有合理化意见和建议，首先需要向居委会提出，由居委会通过召开居民议事会的方式进行讨论，其次在得到大多数居民同意的情况下，将居民讨论的结果提交街道审议，然后再经过街道同意后（街道作为甲方同意改变施工方案），才能够让营造设计方根据新意见与建议，适当变更设计方案。之后，再由施工方根据最新的施工图纸，进行相应的预算调整与具体施工，由此建立规范的施工与变更程序，以确保营造方案的整体落实。

第二，社区党总支、居委会和居民议事会等组织要及时做好居民工作。

在进入实际营造阶段之后，一些社区公共空间的施工点、营造点的施工是会影响社区居民的私人空间和私人生活的，社区党总支、居委会和居民议事会等组织要提前做好居民工作。

一方面，在社区内及时宣传，将整个营造工作的过程以及当前正要推进的施工项目进行说明。在营造专家的建议下，社区在每个施工点都树立起告示牌，将施工点的现状、施工后的效果图以及设计的主要理念进行展示。此外，联合监督小组还让志愿者在每个施工点驻守，随时向普通居民解释说明和协调施工中出现的各种问题。另一方面，以网格睦邻党支部为班底而组建的监督小组，对施工中可能受影响的居民进行上门说明和调解。

第三，由于施工时间较长，施工队要做好进场对接工作。

各个改造节点的施工进度不一，有的需要持续几个月，工人住的板房或者集装箱房放在社区的什么地方，施工队的水电设备如何对接,都要事先安排好。施工队的标准化、规范化施工工作要做好办妥,诸如施工牌、告示、进出社区身份牌等都要事先准备好。

(二)施工过程中的矛盾处理与意见收集

无论前期的准备工作做得如何充分,具体实施过程中总会遇到这样或那样的情况,而对这些问题的处理,也是社区营造中非常重要的一个方面。在云台第二居民区的社区营造建设阶段,扰民树的修剪成为社区居民意见分歧最大的问题,对整个施工的进程也产生了很大影响。

11月24日:施工进场第7天

云台第二居民区业委会主任在营造工作微信群中通报:"今天上午因修剪扰民树一事,有党员打电话给我,说现场来了不少居民群众,有建议'砍头'的,有反对修剪的,有发牢骚的,众口难调。闻讯后赶到现场,一是要求施工方坚持昨天会议的决定,按规则修剪;二是现场说理做解释工作。总算说服了那些反对者,修剪继续中。"

11月26日:施工进场第9天

上午10点,社区营造团队与街道领导一起,与建筑方、居民议事会代表、党总支和居委会负责人、物业公司、业委会负责人等讨论社区营造过程中出现的各种问题。各方都把施工方进场以后所遇到的各种问题集中表达出来,然后大家共同协商,对每一个问题该如何解决都提出相应的解决办法。

下午2点,居民区召开内部会议,云台第二居民区党总支书记、居委会主任、居委会社会治理委员会成员、黎明工作室[1]负责人、物业公司、小区专职保安参加。居民区党总支陈书记向大家汇报了样板居工程进展情况及施工过程前期未想到但在实际工作中遇到的问题、施工困难、居民矛盾等。同时，根据街道党工委的要求，对在样板居建设过程中如何做好党建引领居民自治，共同搞好社区治理工作一事提出了进一步的设想：一是通报居民区党总支所做工作，通知各支部抓紧落实党总支前期工作计划，抓紧完善各块区自治团队建设，确保每个改造节点有党员引领、有居民群众参与；二是结合前阶段工作中出现的一些情况，在每项可能引起争议的工程施工前，多开几次听证会，征求居民群众的意见和建议；三是强调在工程施工的过程中，必须建立每周召开多方联席会议制度来保障工程的顺利进行。

11月28日：施工进场第11天

云台第二居民区围绕扰民树修剪问题召开专题听证会。由于前期在修剪扰民树时因无统一标准，居民为各自的利益而提出不同的意见和建议，因此有赞美声、批评声、反对声。

居民区党总支和居委会及时组织召开听证会，分两场进行，会上居民区党总支书记向大家通报了前期在修剪扰民树过程中居民们提出的意见和建议，并着重听取党员、楼组长、志愿者、群众代表的意见和建议。与会人员经过民主讨论、民主协商，达成了如下共识：

1. 在扰民树修剪前，按照分块的方式，成立修剪扰民树自治工作领导小组，组长由块区党支部书记担任，组员分别

---

[1] 黎明工作室：周家渡街道云台第二居民区党总支、居委会下设的由退休党总支书记领衔的党员志愿者组织，主要承担组织党员、居民开展各种社区志愿活动，以及开展"传帮带"等培训活动。

由党员、楼组长、志愿者、群众"意见领袖"担任,并分块分片协助工程队负责修剪扰民树工作。

2. 当场组建了成山路601弄、昌里东路190弄两个自治小组,明确责任分工:谁负责现场安全、谁负责现场劝说等。

3. 会上经过协商,规定了修剪标准,并明确要求在修剪扰民树的过程中,必须要在物业公司专业绿化工的指导、监督下进行,同时还邀请社区所在地的一家党建联席单位的园艺专家亲临现场指导。

除了这些施工过程中出现的意见分歧等矛盾之外,部分居民在施工过程中,根据施工的实际情况,还会提出很多意见和建议。其中部分意见和建议是合理、能够提高营造质量的,施工团队也会积极采纳并改进。还有部分意见则无法采纳或不合情理,这个时候就需要街道相关职能部门、居委会、党支部、议事会等商议协调(见图3-11),并派人主动登门协商解决,去做相关居

图3-11 街道及其职能部门、社区各组织、社区营造专家团队等多元主体参与的标准化样板居建设协调推进会

民的思想工作。这也正如我们前文中提到的,社区营造的过程也是考验社区工作者联系群众、动员群众、开展群众工作能力的过程。通过这种群众工作的实际锤炼,不仅可以使社区居民参与社区公共事务的意识和能力得到重塑,而且让党总支和居委会等机构的工作人员做群众工作和解决社区公共问题的能力得到极大增强。社区居民和居委会工作者的能力得到锻炼,对于社区的长效治理和可持续发展都有着十分重要的意义。

11月30日:施工进场第13天

当天下午,居民区业委会主任在工作群中向大家通报情况:

因上午有居民群众分别用不同的形式找我反映他们对中心花园改造的不同想法和建议,为此,我与居委会主任下午一起到现场找施工方刘老板实地核实,并查阅了施工图,发觉居民反映的事比较合情、合理,这是我们在施工方案设计时没考虑到的:(1)健身器材在这次设计方案中靠近居民住宅楼,居民得知后认为以后居民在健身过程中发出的声音可能会扰民,建议调整。(2)有个出入口因高低不平,可能会影响老年人的出行安全。经现场核实,反映情况属实,建议设计方与施工方和居委会坐下来开次协商会,解决施工后可能出现的问题,以免引起群众的不满。还是一句话,要把工作做完善。

营造团队专家看法:

我个人感觉所谓运动器材有很大声响的事儿有点夸大(即很多器材使用时是没有声响的),关键是要有器材使用管理规则,比如什么时间后不能使用该器材。在不影响整体效果的情况下,我们认为可以考虑位置的适当移位(印象中没有多大实质性区别,器材位置与周边居民区都有点距离)。

当然,无论怎样,都要做好各方面工作,尤其是做好锻炼时间的管理规则制定,这属于居民自治问题。比如说,如果晚上八点前使用该器材锻炼,应该都是可以的,但要是在十点后就应该不行。我们搞居民自治,相互协商、相互理解、友好行动是很重要的,而不能从一开始就想方设法回避问题、回避矛盾。我们邀请居民们一起商量,确定一个大家都能接受的锻炼时间,制定规则,这就是社区自治的体现。

12月1日:施工进场第14天

忙了一个上午,首先,我们还是要感谢设计师在双休日从很远的地方赶到样板居现场办公,在居民区总支书记、主任与设计师、工程队老板共同去实地查看之后,经协商,对施工中出现的问题进行了及时调整,这验证了一句话:以人为本,一切为了人民群众。

坚信只要大家一起努力,云台二居民区的样板居创建工作会顺利推进,云台二居民区的社区环境会越来越美好。

(三) 联合监督小组的建立

在推进云台第二居民区的社区营造过程中,营造团队根据网格睦邻党建、家庭小党校、"三会一代理制度"等既有组织形式与制度,结合云台第二居民区主要建设工程点的实际,以网格睦邻党支部为基础,就近划片成立了四个监督小组,成员包括党小组成员、居民议事会成员、党员代表、家庭小党校召集人、居民代表、楼组长、文化团队负责人、业委会成员等,主要负责工程建设过程中的居民意见收集与协调、发生各种争端时的调停与协商、质量监控、工程建设秩序的维护、工程建设效果的社会宣传等事务。在施工过程中,哪一个片区遇到了问题,首先由该片区的监督小组进行处理,处理不了的,再由居委会和街道以及营造团队集中协商解决。

工程建设过程中形成的监督小组,在项目完成后就地转化为志愿维护小组,成为一种社区自治机制,也成为社区自治的重要力量来源之一。

(四) 营造方案的再调整与街道层面的协调

事实上,社区营造的过程是一个持续改进的过程,团队不可能从一开始就能够拿出十全十美的方案,而需要在整个推进过程中不断吸取包括居民在内的各方主体所提出的各种各样的持续改进意见,最终才能够形成更贴近实际、更能落地的方案。这就意味着需要在具体施工建设阶段,不断吸纳各方主体特别是社区居民的合理化建议,并建立起社区营造方案的动态调整机制。

在施工建设阶段,营造方案的动态调整往往会涉及新增建设项目,这就需要在街道层面进行重新协调整合和重新招标。在本次实践过程中,由于是试点,虽然前期工作已经做得足够细致,但是在施工建设过程中社区居民还是提出了很多合理的意见与建议。街道党工委也本着将以社区居民需求为导向的社区营造实践理念贯彻到底的想法,决定同意根据社区居民的新增合理化意见而增设相应的项目,并对这些新增项目进行重新招标。而且,为了规范营造方案的动态调整机制,周家渡街道还专门出台了街道层面的相关制度管理规定。

关于样板居建设推进的工作提示

各相关部门、相关单位：

为更好更快地推进样板居建设，现就完善相关工作流程提示如下：

1. 样板居建设中的各类具体建设项目需求由推进办汇总。各条线建设项目需求的主体为各条线部门，相关需求由条线部门提交。源于居民提出要求的建设项目需求主体为居委会，相关需求由居民区两委班子商定后提交。推进办也可直接提出建设项目需求。项目需求涉及条线工作的，由推进办转交相关条线，条线应在5个工作日内将明确的具体意见反馈推进办。

2. 项目方案的细化由各需求主体牵头负责。推进办定期将汇总后的各类需求报样板居创建工作领导小组审核，审核通过后由需求主体牵头，项目办协助进行项目方案细化（深化功能布局、明确设计方案和项目资金量等），并由需求主体将细化后的项目方案依次提交书记会、党工委会审议。

3. 由党工委会通过的样板居建设项目由项目办负责落实。在项目建设过程中涉及需求调整的，均应得到需求主体的确认，并经样板居创建工作领导小组同意，方能进行调整施工。从项目建设合同签订至建设完成后的审计验收等各阶段的资金支付，由项目办负责提出并落实。

4. 各类需求的提交、调整和意见反馈均应以盖章的纸质书面材料为准。

特此提示。

周家渡街道样板居推进办

（五）社区营造中的群众路线

群众路线是党的生命线和根本工作路线。从群众中来，到群众中去的领导和工作方法，是中华人民共和国成立后国家治理方式的重要组成部分。能否熟练运用群众路线的工作方法，与人民群众真正打成一片，是基层工作能否顺利开展的重要保证（见图3-12）。周家渡街道的社区营造活动，在施工过程中也遇到了一些需要耐心做工作的问题。如一些社区群众在自家房子周边的公共空间长期乱搭建（主要是一楼居民，在"五违四必"之后还残留下很多附属物）、随意堆放杂物、对扰民树修剪不满意等。

图3-12　街道、社区、社区营造团队等相关工作人员与有特殊需求的居民当面进行沟通交流，现场解决问题

当前，上海基层社区干部遭遇到了因"代际更替"而引发的"青黄不接"问题，一大批社会经验丰富、工作能力突出的老居委会书记、主任集中退休，党支部和居委会干部以及社会工作者队伍愈来愈年轻化。虽说很多居民区书记主任都很年轻，专业化知识化程度高，工作能力也较强，但与很多在社区工作了几十

年,充分了解社情民意的"老法师"相比,他们在大胆开展工作的"泼辣"程度上,在社区人情事理的处置艺术上,明显还是差了一些"火候"。也就是说,对于普遍年轻化的居民区书记主任来说,要掌握好做群众工作的方式、方法,把握做群众工作的艺术与"火候",提升洞察人情世故的能力,体察社区"婆婆妈妈式"日常生活事务的社会心理情绪,尚有很长的路要走,甚至往往好心未必能够办得成好事,未必能带来好结果。

营造团队专家在施工队进场第九天之后,汇同施工方以及社区内部的党员、议事员代表等相关主体,针对施工近十天以后出现的问题进行协商,共同商讨解决办法。随后,相关人员共同前往各个施工点进行实地查看,现场商讨、解决问题。在这个过程中,专家团队的唐亚林教授针对居委会工作人员提出的工作比较难做的几户人家的实际情况,亲自登门拜访,用拉家常的方式,告知这次社区营造的主要目的,听取这几户人家的具体诉求,并一起探讨具体的解决办法。经过与唐亚林教授面对面的商讨,这几户人家纷纷表示愿意配合,一是尽快清理完毕堆放在社区公共空间的私人物品与有碍观瞻的私人搭建;二是主动配合社区营造专家团队和施工单位增设微小的社区更新项目,美化周边环境。这充分说明,并不是社区工作、基层工作有多么难做,关键在于我们是否投入了真感情,是否找到了有效的工作方法,是否有主动帮助居民解决后顾之忧的强烈意愿。

十一、社区营造绩效评估与经验总结

(一) 社区营造绩效评估

政府投入资金的最终效果到底如何?社区营造究竟有没有效果?这些问题都是在追问社区营造的绩效问题,即政府投入了大量的资源,社区、第三方团队做了很多工作,到底产生了多大效果，社区营造是不是真正改善了社区的面貌，是不是有效地动员了广大社区居民参与建设美好生活的积极性，是不是由此形成了一整套社区参与协商自治机制体系，包括基于社区营造实践的基层整体治理模式探索是否具有复制推广价值，这些疑问需要通过绩效评估的方式来解答和判断。

作为一项基层治理实践试点，本次社区营造的绩效问题是街道和营造团队关注的重点。也只有在证明了周家渡街道以社区营造为载体的基层治理创新探索是有效的，能够达到预期效果，才能向街道其他社区乃至于在更大范围内进行复制和推广。

周家渡街道云台第二居民区社区营造活动在专家介入之后，营造专家在开展社区营造实践的同时，也开始了社区营造的评估工作。其一，云台第二居民区社区营造的真正效果，需要专业的第三方评估机构根据科学的方法和程序对本次社区营造进行全面评估。其二，营造团队在营造过程中也通过问卷等方式进行自评，包括在第一次居民议事大会上向居民代表发放问卷，营造工作完成后向居民代表再次发放后测问卷，通过前后两次的问卷调查结果的对比，评估真正取得的效果。也就是说，通过专业的方式和手段，对社区营造所起到的效果进行评估。其三，社区营造最重要的评估是社区居民的口碑、满意度和认可度。广大居民闲暇之余就到中心花园、小游园去玩耍，很多居民从封闭的活动室里跑到开放舒适的休憩点进行公共交往（不再像以往那样缩在活动室里打麻将打牌，而是愿意主动跑出来交往聊天游玩）。很多居民义务充当志愿维护者，一些基层社会组织的活力被激活，这充分证明了此次社区营造活动的成功。只有社区营造的效果得到了社区居民的充分认可，提升了社区居民的生活质量以及满意度，这样的社区营造活动才能真正称得上是合格的。

（二）社区营造的经验总结

社区营造施工建设阶段结束之后，一项重要的工作就是对整个营造工作的经验总结。周家渡街道社会治理创新的重要探索，是以社区营造的方式推动城市老旧社区的更新改造的首次尝试。更重要的是，周家渡街道云台第二居民区的社区营造不仅仅是老旧小区的更新改造，而且是将街道与居民区层面的治理体制机制创新、社会治理模式创新等同步推进，从而构建起整体层面的城市基层治理新模式。

首先，最基础的经验总结工作是将整个社区营造实践过程进行详细系统的梳理，通过对整个营造过程与做法的全景式呈现，为后续的经验总结提供第一手的活生生的素材。其次，在详细的营造过程细节梳理的基础上，总结中国式社区营造所要遵循的八大基本原理、六大机制等，抽象提炼出一般性的社区营造核心经验。最后，在详细刻画与抽象原理机制的基础上，结合社区营造所带来的社区硬件环境的改善与软件机制的建设，以及基于政府流程再造的街道层面城市基层治理体制机制创新，构建以社区营造为载体的城市基层整体治理新模式的一般原理、运作机制体系与制度体系。

周家渡街道云台第二居民区的社区营造实践探索，是以提升党的组织力为统领，以党建引领社会治理创新为突破口，以公共管理、公共服务、公共安全为重点，以美好生活先行区为载体，抓重点、补短板、强弱项，全面探索融组织再造、社区营造、公共（文化）服务圈打造、资源整合、居民参与、机制创新、标准示范等于一体的居民区整体性治理模式，切实提升社会治理的整体绩效，回应人民群众对美好生活的需求和向往的重大实践创新与理论创新活动。

研究和营造团队从经验总结的角度将整个营造过程概括为"党建引领＋居民参与＋社区协商＋小区营造＋智慧应用＋长效

机制"的"城市基层整体治理模式"。

十二、社区营造标准制定与经验复制推广

从周家渡街道的整体情况看，建于 20 世纪末 21 世纪初的众多小区经过二十多年的风吹雨打后，老旧破败程度已经比较严重。相当一部分的老旧小区面临着与云台第二居民区相似的问题，需要对这些社区进行适应性的更新改造，方能满足社区居民对美好生活的向往。通过将基于周家渡街道云台第二居民区的社区营造经验实行标准化的方式，可以让以社区营造为载体的城市基层整体治理新模式在更大范围内得到推广。

（一）社区营造标准的制定

"标准"概念起源于工业管理，标准化体系的建立促使各个生产环节、各个独立分散的产业部门相互衔接起来，维持了技术上的统一，使其成为一个较为稳定的有机的整体。[1] 治理机制的标准化是将标准的本质属性得以发扬的过程，即标准具有价值性关怀、内生性的内在要求，以及客观性、权威性、共通性和抽象性等特征。标准化是一个治理过程，也是一种治理机制，在一定意义上也可以看作一种治理范式。[2] 社区营造在实践中已经逐渐成为城市社区更新的主要方法与模式，通过动员居民的深入参与和社区协商，使得社区的更新和改造从原来的政府资本主导模式向由居民的生活需求主导下多元主体协商共治的模式转型。

周家渡街道和营造团队经过历时近一年的努力，在周家渡街道云台第二居民区的社区营造实践最终取得了成功。这种标准化

---

[1] 李蔚、吴旭明、叶泷泽：《KPO 标准化管理》，科学出版社 2007 年版，第 233 页。
[2] 郁建兴、秦上人：《论基本公共服务的标准化》，《中国行政管理》2015 年第 4 期，第 47—51 页。

过程表现在以下方面：首先，街道层面确定了详细标准的"五美五好"发展战略与综合性样板居建设标准，为社区营造指明了总体发展方向。其次，营造团队结合实际，创造性地提出了"'美好周家渡'整体治理模式试验区创建'六阶三十条'"，这属于具有自主知识产权、具有很强可操作性的本土化社区营造方法，为社区营造提供了可遵循的步骤与路径。最后，营造团队基于营造过程的全景式详细刻画，总结了中国式社区营造的八大原理和六大机制，并在此基础上构建了城市基层整体治理新模式的机制体制与制度体系，从而为推动周家渡街道的实践探索在街道内乃至于更大范围内进行复制推广提供了有益的经验探索、标准借鉴与理论指引。

（二）社区营造经验的复制推广

周家渡街道云台第二居民区的社区营造只是一个试点，在这个过程中遇到了很多问题，通过各方主体的协商和共同努力也都得到了顺利的解决。社区营造活动成功地推动了社区居民的参与，调动了其协商积极性，建构了有效的自治机制，改善了社区居住生活条件，社区面貌焕然一新，社区居民的满意度直线上升，最终有力地回应了老旧小区居民对于美好生活的向往这一重大需求。这一基于实践创新和理论创新的成功探索，于2019年10月获得了"中国（上海）社会治理创新实践十佳案例"的殊荣。

社区营造活动的开展，不仅使得社区层面的治理体制机制得到了创新，而且街道层面的治理体制机制的创新力度也得到了大大增强。最典型的就是对街道下沉到社区的各类项目，街道各职能部门建立了"主统筹、主负责、主配合"的沟通协作机制，强化了资源与项目的整合力度。而且，党政整合、条块整合、街居整合和区域化整合等方式直接推动了街道整体治理模式的初步生成，为其在更大范围的复制推广提供了第一手的经验和模式借鉴。

本章小结：用扎实周密、环环相扣的社区营造实操技术将理论设计转化为生动实践

本章通过对研究营造团队在周家渡街道云台第二居民区开展的长达9个多月的社区营造全过程的梳理与分析，详细还原了社区营造每一个阶段的每一个步骤。通过全景式呈现，团队将最初的顶层设计方案转化为扎实周密、环环相扣的社区营造实操技术，进而通过社区营造实操技术，将理论设计转化为生动实践，最终达到了理论与实践相结合、政府的服务工作与民众的生活需求相结合、专家团队理论方法指导与民众自治机制建构相结合、社区环境改善与居民精神风貌提升相结合等多重目标。

从上述四个相结合中，我们可以看出，要提炼出贴近实际的具有可操作性的社区营造实操技术，一是需要有一个"理论指导—顶层设计—实践操作—经验总结—理论提炼"的循环往复的提升过程；二是要通过实地调研、开会表达、协商讨论、投票表决、达成共识等实实在在的程序与方法，充分汲取居民的需求与意见，由此制定符合实际的顶层设计方案；三是在实际营造过程中，要及时听取民众意见和建议，通过建立动态调整机制，不断优化顶层设计方案的落地机制；四是对事先无法预料的问题保持一定的弹性空间，允许在经过多方商议后，对包括预算在内的社区营造方案进行微调；五是根据事先设计的营造环节的先后顺序逐一推进，每到下一个步骤开始时，都对前一个步骤进行及时的总结，为后续复制推广积累经验以及提供更加完善的营造手册；六是将原理和技术结合起来，推动两者间的相互转换，即先将原理转化为机制与程序，再将机制与程序转化为技术与方法，而后将技术与方法提升为机制与制度，再将机制与制度转化为更为系统化的指导性原理。

这种"从理论指导中来,到实践探索中去,再到理论提升中来,又到实践推广中去"的循环反复过程,就是构建具有强大生命力和发展力的当代中国本土化社区营造模式与理论的不二法门。

第四章
社区营造的六大运作机制

社区营造的十二步法是对周家渡街道社区营造实践全过程的全景式呈现，本章则是通过对此次实践模式的经验总结和理论提炼，抽象出社区营造的六大运作机制。从社区营造的整个实践过程看，需求导向机制、重心下移机制、统筹协调机制、参与协商机制、联动维护机制、以文化人机制是推动社区营造试验顺利进行并取得成功的六大关键机制。

一、需求导向机制

一般而言，政府提供满足居民需求的公共物品是政府的基本职责所在。但是，长期以来，我国公共服务需求表达机制缺失严重，属于"供给主导"型模式，政府购买服务决策时基本不会考虑公众意见。[1]提供多少，如何提供，都是由政府说了算，民众没什么参与权、表达权，更谈不上选择权。只有当民众的需求能够充分表达，民众可以直接影响和参与公共物品提供的决策的时候，政府提供公共服务的逻辑起点才能说

---

[1] 尹奕玉：《基本公共服务：理论、现状与对策分析》，《政治学研究》2016年第5期，第83—96页。

回归正常。[1] 以基于民众而非政府设定的需求为导向，社区才能够最大限度地激发居民的参与热情，从而提高社区的治理绩效。[2] 在基层治理实践中，需求导向机制使得基层公共物品的提供走向一种"需求主导"模式，即由公共服务的受众来决定提供什么样的服务和如何提供服务，从而最大限度地提高基层公共物品的供给绩效。

社区治理作为城市治理的基础和末端，处在国家与社会的连接处这一结构性的位置，更应当注重服务提供的需求导向。社区营造作为逐渐兴起的城市基层治理新模式，首先解决的就是社区治理中居民需求表达不畅的问题。

中共十九大报告指出，我国社会主要矛盾已经转化为人民日益增长的美好生活需要和不平衡不充分的发展之间的矛盾。在社区层面，人民群众的美好生活需要就是社区居民对社区美好生活的需要。因此，满足社区居民的美好生活需要成为当前社区治理的核心问题。社区营造即是在这样的背景下，作为重塑社区居民需求的表达机制，满足新时代社区居民对美好生活向往的重要探索而登上历史舞台的。

周家渡街道云台第二居民区的社区营造实践表明，需求导向机制是推动社区营造成功的关键机制，即社区营造专家团队通过动员社区居民充分表达需求，在感知这些需求后进行有机整合，并以整合后的社区需求为依据，设计社区营造方案，然后开始施工建设。

在具体实践中，需求表达、需求感知、需求整合、需求满足等共同构成了需求导向机制的主要内容，也是需求导向机制能够

---

[1] 陈国权、张岚：《从政府供给到公共需求——公共服务的导向问题研究》，《人民论坛》2010年第2期，第32—33页。
[2] 杨莉：《以需求把居民带回来——促进居民参与社区治理的路径探析》，《社会科学战线》2018年第9期，第195—201页。

发挥作用必不可少的过程。

（一）需求表达

民众要想获得满意的公共服务，应该主动采取多种途径和方式进行自下而上的多样化需求表达，如果社区居民不积极表达自己的需求偏好，单靠政府自上而下的需求调查，很难准确掌握社区居民的真实需求。[1] 当前社区治理的一大难题就在于，社区居民对于社区公共事务的冷漠和疏离，不愿意参与社区的公共事务和公共活动，既没有意愿也没有渠道去表达自己的需求，即使表达了需求也往往得不到正面回应。社区治理成功与否的关键，就在于能否动员更多的社区居民参与到社区公共事务中来，并且能够让他们充分表达自己的真实需求。因此，社区营造进入社区的首要工作就是进行全面的宣传和动员，让社区居民参与到社区营造实践中来，充分表达自己的需求、意见和建议（见图 4-1）。

图 4-1 社区居民听证会上，居民对社区营造事务发表意见

---

[1] 蔡礼强：《政府向社会组织购买公共服务的需求表达——基于三方主体的分析框架》，《政治学研究》2018 年第 1 期，第 70—81 页。

社区居民需求表达的前提是要进行充分的宣传和动员，只有让更多的社区居民深入了解即将进行的社区营造实践，才能够保证后续的需求表达是真实和有代表性的。以周家渡街道云台第二居民区社区营造为例：首先，社区营造团队向社区居民宣传并发放"致云台二居民的一封信"，让社区居民清楚了解本次社区营造实践的主要目标和方式方法。在信中，营造团队向居民发出了参与社区营造的邀请，并留下了团队成员的联系方式，鼓励社区居民积极参与并向营造团队提出他们对于社区营造的意见与建议。其次，社区党总支和居委会采用居民议事员会议、党员大会、党员议事厅、家庭小党校、楼组长会议等各种会议形式，进行广泛的宣传和动员，让党员和群众深入了解即将开展的社区营造实践。最后，通过云台第二居民区内的"有事好商量"微信群、社区微信公众号等形式，进行集中宣传和动员。

通过这种全方位的社区动员，在社区营造的初始阶段，让更多的社区居民意识到即将开始的社区营造实践是以改善他们的社区生活环境为目标的，他们的意见与建议将会成为后续具体方案设计的依据。只有这样，才能够真正地让社区居民有意愿（社区营造与他们的生活息息相关，他们的意见可以成为改造方案的直接依据）、有渠道（居委会、第三方营造团队）来表达他们的需求。社区居民自下而上的需求表达，打破了政府自上而下独自决定公共服务供给的模式，构建了一种自下而上与自上而下的双向互动模式。基于社区居民充分表达的需求，政府的公共服务提供更加具有针对性，也更加有效。

（二）需求感知

需求导向和需求调查下的政策制定和公共服务提供，是依据公民的需求偏好来分配资源的，这意味着政府开始向公民让渡和共享部分决策权。[1] 也就是说，政府向社区居民提供什么样的公共服务，是基于社区居民的意见和需求而作出的决策。社区居民在这个过程中，开始由被动的接受者向主动的参与者转变。居民愿意表达自己对于公共事务的意见与建议，甚至愿意参与到很多社区公共事务中来，是社区治理有序、有效的重要前提。一般情况下，社区居民的需求表达形式多样化、内容个体化和私人化，大多数居民对于关涉自身利益的很多问题有着非常强烈的参与诉求和表达意愿。但是，这种个体化的表达很难达成社区整体利益的增进。

因此，社区营造就是要创造能够让居民组织起来，围绕社区公共事务有效表达意见和需求的组织、机制和方法。在周家渡街道的社区营造实践中，社区居民的需求主要通过两种方式被感知：一种是个体化居民需求的感知，即借助于营造团队的渠道、社区内的正式组织和非正式组织的渠道等，感知社区居民反映的关于社区营造的意见和建议。另一种则是组织化的需求感知，即动员社区居民积极参与社区营造实践，通过"居民推选＋随机抽选＋协商指定"的方式，选取40名议事员组建居民议事会，构建居民表达需求的组织基础。通过设计明确可行的协商议事规则，包括发言规则、议事规则、议事程序等，居民议事会能够更加有效地感知社区居民站在比较公正的立场上，并以社区整体利益为导向的社区营造意见和建议。

个体化的需求感知固然重要，组织化的需求感知更是社区营造能够取得成功的关键。一般而言，个体化的需求感知得到的往往是居民个体化的需求，即使有部分关涉社区公共区域和公共利益的需求，也都是不成体系和碎片化的，很难据此来进行社区营

---

[1] [美]戴维·H. 罗森布鲁姆等：《公共行政学：管理、政治和法律的途径》（第五版），张成福等校译，中国人民大学出版社2002年版，第28页。

造方案的设计。但是，这种个体化的需求感知又是特别重要的，是组织化的需求感知的重要补充。

唯有通过相对更加组织化的需求感知，才能够依据这些需求来进行社区营造方案的设计。首先，组织化的需求感知能够保证居民需求的公共性。通过组织化、正式化的居民议事会，在科学的议事规则的规范下，居民议事员针对社区营造表达的需求更加可能是以社区整体利益为导向的，这样才能够真正保证感知到的意见和建议的公共性。其次，组织化的需求感知能够更加有效。社区营造的重要组织载体——居民议事会运作机制的重要创新，表现为在志愿者的带领下居民议事员实地考察整个社区，充分表达了他们对社区营造的意见与建议，并由随行志愿者完整记录他们的所思所想。对于很多社区居民来说，他们日常生活的范围大多集中在自己家周边以及社区的公共场所，对于社区的其他地方涉足则相对较少。通过这种实地考察方式，居民议事员能够基于自己的生活需求和对社区的整体了解，提出更加有针对性的意见和建议。最后，组织化的需求感知能够更有效率地达成共识。个体化的需求感知缺少社区居民之间的协商，很难形成能够指导社区营造方案设计的社区共识。只有通过科学的议事规则的设计，社区居民在社区居民议事会上充分表达意见并进行协商，才能达成满足大多数社区居民需求的社区共识的目标。

因此，社区营造团队在广泛地动员社区居民进行需求表达之后，通过个体化和组织化两种不同的需求感知渠道，有效地感知社区居民对社区营造的意见和建议。特别是通过组织化的需求感知，保证了感知到的社区居民需求的公共性、有效性，并最终形成指导后续社区营造实践的共识。

（三）需求整合

市场化、城市化和"单位制"衰微是城市社区异质性增长与社区公共性衰减的三个重要机制。社区异质性在宏观上呈现为社区社会结构的差异，在微观上呈现为社区社会需求的差别。[1]一方面，无论是通过个体化还是组织化的渠道进行需求表达，社区居民的需求不可能是完全一致的，需要通过协商而达成共识。另一方面，街道所能够投入的资源也是有限的，不可能满足社区居民的所有需求，只能对需求进行分类，由居民自己来决定需求的轻重缓急。

因此，社区营造的需求导向机制在需求表达和需求感知之外，更重要的是将社区居民的分散化、差异化需求进行整合，形成共识。如果社区居民的需求未能被整合并达成共识，就无法真正地转化为具体有效的方案和行动。从这个意义上讲，需求导向机制的关键在于将社区居民的需求进行整合，形成组织化的需求表达。

此外，在对社区居民的需求进行整合的过程中，还要注意分辨居民需求的合理性，即社区居民有时候会提出一些超出基层政府能力范畴的要求，或者是一些仅满足社区少部分人需求和利益的意见。在这个时候，就要充分利用社区居民议事会，从社区整体以及绝大部分居民的共同利益出发，进行社区协商，寻求达成符合大多数人利益的共识。

在进行需求整合的时候，主体是社区居民议事员，社区营造团队负责议事规则的制定和执行。社区营造团队通过召开居民议事大会的形式，按照科学的程序和方法，在居民议事代表充分表达意见和需求的基础上，引导他们进行协商，从而达成共识。首先，对社区内每一个居民提出的可能改造点都进行充分的讨论，尊重每一个居民议事代表的发言权及其提出的意见。其次，在居

---

[1] 李怀、武艳楠：《城市"社区社会需求"整合：一个重建社区公共性的分析》，《兰州大学学报（社会科学版）》2017年第4期，第44—53页。

民议事代表充分表达意见的基础上，对居民议事员提出的改造点进行排序投票，由居民决定哪些改造项目应当优先进行建设。最后，综合所有的居民议事代表的意见和投票情况，形成一个综合所有居民议事员意见的社区更新改造项目的重要性排序。这个社区营造建设项目的重要性排序即为社区居民的共识，营造团队的规划设计师便以此为基础，并根据专家团队和各有关部门的实地考察意见以及街道所能提供的资源投入情况，进行社区营造整体方案的设计。

（四）需求满足

需求满足是需求导向机制的重要组成部分。所谓需求满足，指的是社区居民的需求满足不是一个自上而下的被动接受的过程，而是需要社区居民的积极参与，将他们的意见进行整合后达成共识，主动创造和决定自己所享受的公共服务的过程。社区居民在社区营造的整个过程中，都是积极参与的，是充分发挥了他们的主体性和主动性的。需求满足过程中人民群众的充分参与，强化了他们自我服务、自我满足的意识和能力。在具备这样的意识和能力的前提下，即使没有政府的资源支持，社区也可以通过包括自筹资金在内的各种方式，推动实现社区美好生活需要目标的各种社区更新改造项目的进行。

此外，需求满足的重要性，还体现在通过最后落在实处的社区公共基础设施更新改造，以及能够直观感受到的社区生活环境的改善，可以极大激发居民参与社区公共事务的积极性和主动性，从而使得需求导向机制下社区治理的正向反馈显著，进一步激发社区自治和社区可持续发展的内生动力的生长。

总的来看，需求导向机制是社区营造能够取得成功的基础支撑机制，唯有在整个过程中全面贯彻需求导向机制，才能够让社区营造真正地接地气，具有可行性并发挥作用。

二、重心下移机制

中共十八届三中全会通过的《中共中央关于全面深化改革若干重大问题的决定》提出:"全面深化改革的总目标是完善和发展中国特色社会主义制度,推进国家治理体系和治理能力现代化。"常言道,"基础不牢、地动山摇",基层社会治理是国家治理的重要组成部分,国家治理体系和能力现代化也离不开基层治理现代化。[1]习近平同志多次强调:社会治理的核心是人,重心在城乡社区基层,关键在体制机制创新。中共十九大报告也明确指出,加强社区治理体系建设,推动社会治理重心向基层下移。近年来,党和政府努力推进执政重心的下移,目的在于加强党同人民群众的血肉联系,防范脱离群众的危险。[2]

社会治理的重心下移有其内在逻辑。改革开放以后,随着单位制的瓦解,社会的自发生长空间不断拓展。与此同时,国家组织与控制基层社会的能力逐渐下降。如何更好地组织基层社会,重塑基层社会秩序,成为了一个非常现实的重大问题。此外,不仅国家对基层社会的组织能力不足,基层社会自身也未能发展出自治和自我组织的能力。

因此,国家推动治理重心下移,其目的主要有:(1)将更多的力量放在基层,以有效化解越来越多和越来越复杂的社会治理问题,满足居民更加多元化、个体化的需求;(2)以推动治理重心下移来破解基层政府科层体系的碎片化问题,增强基层政府的整合能力和整体服务能力;(3)通过国家治理能力的下沉优化来

---

[1] 容志:《推动城市治理重心下移:历史逻辑、辩证关系与实施路径》,《上海行政学院学报》2018年第4期,第49—58页。
[2] 家齐、李旭超:《重心下移:近年来党和政府执政的新趋势》,《社会主义研究》2012年第1期,第80—85页。

推动和激发基层社会的自我组织、自我服务的能力优化，重构基层社会的共同体意识与服务精神。

社区营造作为一种城市基层整体治理的创新模式，可以有效地推动治理重心下移，并取得较为显著的治理绩效。以治理重心下移的方式解决社会治理的权力配置问题，目前已成为关键的政策话语之一，管理、服务与资源则是治理重心下移的突破口。[1]

(一) 资源下移

资源是社区营造的核心和关键。社区营造的资源既包括最直接的资金等财政资源，又包括诸如社区能人、达人、各社会组织主体等社会资源。随着经济发展水平的不断提升，政府越来越多地通过项目制的方式，向基层输送大量的资源，以改善基层社会面貌，提高基层公共服务水平。因此，越来越多下移到基层社区的资源，是社区营造能够广泛推广的重要前提。

长期以来，自上而下进入城市基层的资源，主要是通过街道的各个职能部门，以专项项目资金的方式投入社区并发挥作用。但是，这种方式存在的主要弊端也很明显：一方面，这些项目相对来说比较分散，相互之间缺少协调和统筹，存在资源重复投入和浪费的可能；另一方面，自上而下的资源投入缺少社区居民的参与，导致资源利用效率低下，社区居民的获得感也不高，社区居民的最终认同感也不高。

周家渡街道的社区营造实践，在街道层面加强项目资源的梳理和统筹，增强资源的利用效率；在社区层面强调资源利用的需求导向，即以整合后的社区居民需求为依据，由此决定进入社区的资源所提供的服务内容。社区营造在街道和社区两个层面的创新，使得政府的资源下移更加科学化和高效化，大大提升了社区

---

[1] 郭圣莉、张良：《实现城市社会治理重心下移》，《领导科学》2018年第31期，第20—21页。

居民的幸福感。

因此,社区营造背景下资源下移的创新之处,在于以社区营造为载体,对自上而下的碎片化项目资源进行重新整合,并以居民需求为导向提供公共服务,即资源下移的中心和重心是在基层治理事务这一中心主题之上,而不是基层政府以及各个部门。社区营造所推动的资源下移,实现了自上而下的资源与自下而上的需求的对接与融合,最大限度地实现了政府下移资源的高效利用的目标。唯有以社区需求为导向,以解决社区痛点问题为重点的资源下移,才能够真正满足社区居民对美好生活的向往。

(二)管理下移

社区营造活动在基层社区的顺利开展,离不开基层政府的管理重心下移。对于基层政府来说,社区营造的开展不仅仅需要将政府的相关资源下移到社区,更重要的是以此为契机,推动政府管理重心也同步下移。从某种程度上说,管理重心的下移是资源下移能够顺利进行的重要基础。

管理下移的主要标志,是基层管理部门及其工作人员有职责有权力有资源这"三有标准"的有效落实与一体化建构,在于各级管理人员以解决基层实践中的具体问题为导向,走出办公大楼、深入人民群众,把基层实践现场作为管理活动的主要场所,了解各方面的真实情况,运用实地调研、现场办公、对面服务、检查督促、临场指导等多种方式,有针对性地开展各项管理工作。

此外,管理下移还意味着通过城市管理综合执法体制改革、市场综合监管体制改革、社会治安综合体制改革等方式,推动管理与执法体制及其工作人员面向基层、面向实际、面对需求、面对民众,并适时地将政府各级服务体系延伸至广大居民身边,真正建构起"人民政府为人民"的服务理念、服务架构与服务形象。

在周家渡街道的社区营造过程中，街道党工委主要负责人多次与社区营造专家团队一起在社区中实地考察走访、现场办公，居民、社区工作人员、营造团队专家以及职能部门负责人在基层现场进行协商讨论、解决问题并达成共识。在基层一线的实践现场，政府管理者与社区治理的多元主体直接沟通和协商，极大地提高了解决问题的效率。

在社区营造的工程施工阶段，由街道党工委书记牵头，样板居推进办公室具体协调，街道各相关职能部门全部到场，针对建设施工过程中遇到的各种问题，召开了数次现场办公会（见图4-2）。代建方、施工方、监督方、居委会、居民议事会代表、营造团队专家等相关主体齐聚治理现场，直面问题、解决问题，有力地推动了社区营造的顺利开展。

社区营造过程中管理下移的重要性在于：一方面，通过将管理重心下移到基层社区，基层党委和政府能够更直接地感受到社

图4-2　街道主要负责人等带领各职能部门负责人在云台第二居委会所在地现场召开社区营造协调会

区居民真实的呼声和需求，更及时有效地解决基层治理的各种问题，让老百姓感受到党和政府始终就在身边；另一方面，基层党委和政府的工作人员通过深入人民群众、走群众路线的工作方式，形成直接回应与处置现实问题的机制与制度，有助于提升社区居民对于党和政府工作的满意度，形成"有事有困难就去找党和政府帮助解决"的政治认同文化。

（三）服务下移

社区营造的积极后果是既带来了社区整体功能的再造和提升，又带来了城市基层政府的体制机制创新和流程再造。通过社区营造而进行的社区公共基础设施的更新改造，是社区营造的基础性目标。以社区物质基础设施的更新改造为载体，推动城市基层社区治理体制机制的创新以及社区共同体的塑造是更为重要的目标。而这一更为重要目标的实现，除了需要城市基层政府在社区营造的过程中下移资源和下移管理之外，还需要将服务也下移到最基层的社区。

城市基层政府的服务下移主要表现在两个方面：其一，在社区营造方案设计阶段，将政府的服务项目融合到社区营造点的方案设计之中。街道很多条线的服务，诸如党建办、自治办、社建办、管理办等内设机构所从事的如居民自治、养老服务、妇女儿童权益保护、社区文化、卫生健康、法治调解等，都可通过与社区营造的有机结合，在基层社区找到有效载体。其二，除了将部分条线的服务功能下移，周家渡街道还全面梳理了与社区高度相关的服务职能，与社区居委会的"三合一服务模式"改造（即居委会、业委会和物业公司在同一个空间办公）相结合，真正打造社区一站式服务集成平台。

管理与服务是政府的主要职能。管理的下移使得政府能够更加直接和有效地解决基层的治理问题，服务下移则通过政府与社区居民的高密度、近距离的接触，直接快速真实地感知人民群众的真正需求，从而提高服务提供的针对性和有效性。服务重心的下移，意味着政府提供服务的逻辑起点是居民的需求，而非自上而下的行政命令。

总之，通过资源下移、管理下移和服务下移，社区营造得以在社区顺利开展。需要注意的是，重心下移并非简单的资源下沉和权力下放，而是国家主导下的基层治理乃至城市治理体系的系统性重构。[1]因此，需求导向机制是社区营造的方向指引，让各方明白社区居民的真正需求是什么，应该如何做才能够使得资源得到最大程度的利用。重心下移机制则是在方向明确的情况下，推动社区营造目标实现的关键机制。更重要的是，通过资源、管理和服务的下移，以社区营造为载体，社区、街道层面实现了管理体制机制的创新，城市基层治理体系进而也得以重构。

三、统筹协调机制

由党和政府推动、以居民参与和社区协商为主要方式、以社区整体功能提升和基层治理体系重构为目标的社区营造实践，需要街道、社区党总支和居委会、业委会、物业管理公司、社区居民、第三方专家、区域化党建单位、代建施工管理监督单位等社区治理多元主体全部参与其中。多方治理主体为了社区营造的共同目标而一致行动，必然涉及的一个问题就是如何做好统筹协调工作。

周家渡街道社区营造实践的顺利开展，有赖于多元主体的有效参与，而推动多元主体力量协调一致地发挥作用的关键机制，就是党建引领的统筹协调机制。具体而言，统筹协调机制包括街

---

[1] 容志：《推动城市治理重心下移：历史逻辑、辩证关系与实施路径》，《上海行政学院学报》2018年第4期，第49—58页。

道层面的主统筹主负责主配合机制、辖区区域化党建统筹多元主体共治机制、社区党总支统筹居委会业委会物业管理公司三合一机制等内容。

（一）街道主统筹主负责主配合机制

在实践中，统筹协调机制发挥作用的关键是在街道党委和政府层面建构主统筹主负责主配合机制。社区营造的资源来自政府的投入，涉及各个职能部门的项目资源，在资源下移的背景下，必然需要各个部门之间加强统筹协调。

在政府部门分工和专业化程度不断加深的同时，也带来了不同部门之间的统筹协调问题。上海 2014 年年底实行街道体制改革后，街道内部的职能部门数量大大减少，部分工作的统筹协调得到了明显的改善，但是依然有一些工作缺少明确有效的机制来加以整合。周家渡街道的社区营造实践在前期阶段也面临这种困境，即在街道建设"美好周家渡"的总体战略之下，各职能部门分别从本部门的工作实际和项目资源特点出发，各自与试点居民区进行联系，推动条线项目的落地。这就导致在短时间内大量的项目进入社区，仅有五六人的居委会根本无法承接数量众多的部门项目。而且，由于事先缺乏沟通协调，各个部门进入社区的项目资源存在重复和浪费的现象。因此，在专家营造团队介入之后，街道层面加强了部门之间的统筹协调，以社区营造最终的规划设计方案为基础，整合、调配各个部门的项目资源，进行统筹利用。

除了部门之间的统筹协调之外，街道层面的很多工作与社区营造实践工作之间也需要进行统筹协调。基层政府的很多工作往往是相互关联、相互影响的，需要政府在开展一项工作的时候，同时考察与其他工作之间是否有冲突或者合作的可能。社区营造是一个多元主体参与且与众多事项相互联系的工作，需要充分考虑到该项实践与其他工作的关联，避免各项工作之间的断裂与冲突，尽可能有效统筹可利用的资源。在营造团队确定社区营造的最终方案之后，街道召集各职能部门专门召开协调会。协调会的主要内容是将社区营造最终建设方案与街道正在进行的主要工作进行比对，对社区营造最终方案中的建设项目进行分类。部分项目与街道其他工作关联不大，可以直接进行建设；还有一部分项目与街道其他建设项目高度关联，需要延后建设。

经过全面的梳理，社区营造最终方案中的项目被分成两个阶段进行建设：第一阶段进行建设的是与街道其他进入社区的建设项目关联不大的项目；第二阶段则借助街道的其他项目工程进行协同建设，尽可能地利用和发挥项目之间的关联配套优势。在对施工建设项目分类之后，营造团队的设计师和街道进入社区的其他项目工程的设计公司的专业人员一道（主要指街道在居民区开展的污水治理与"白改黑"工程），前往居民区现场勘察，以确保项目之间不存在相互影响和冲突的情况。

所以，要完成一个在政府主导下的社区营造项目，必须统筹协调街道内的各职能部门以及街道相关工作。即使是那些完全由民间和社区自发推动的小微社区营造项目，要做好它也需要与政府部门进行密切的沟通，从而避免与街道层面进入社区的项目相冲突，避免工作低效和资源浪费。构建统筹协调机制的意义，就在于发挥基层工作与项目资源的合力，避免无谓劳动、低效工作和资源浪费。

（二）社区党总支统筹居委会、业委会、物业公司三合一机制

社区治理的三大关键主体——居委会、业委会和物业公司"三驾马车"，能否统筹协调好并发挥合力作用，往往决定着社区治理绩效的高低。但是，在具体实践中，三大主体之间往往缺少协调与配合，这限制了社区治理能力和治理绩效的提高。因此，无论是街道还是营造专家，都极为重视社区治理三大主体的统筹

协调问题。

营造团队通过对居委会所在地的空间改造构想，创造性地提出将云台第二居民区的居委会、业委会和物业管理公司集聚在同一空间进行办公，三者在社区党总支的领导和统筹下开展工作这一顶层设计方案。该顶层设计方案以物理空间上的集聚为基础，构建社区党总支统筹居委会、业委会、物业公司"三合一"机制，加强"三驾马车"在社区治理中的沟通与协调。

物理空间上的集聚是社区治理"三驾马车"统筹协调的第一步。社区营造过程中，三大主体之间围绕社区营造事务的频繁互动和协作，是后续建立社区层面居委会、业委会、物业公司统筹协调机制的重要基础，即在运行机制层面（软件）构建有效的社区党总支统筹居委会、业委会、物业公司"三合一"机制，与物理空间（硬件）层面的统筹集聚相结合，真正实现社区"三驾马车"之间的统筹协调。

（三）区域化党建统筹多元主体共治机制

社区营造的参与者并不仅仅是党委、政府、居民和营造专家等主体。社区营造目标的达成，需要辖区所在的各党委和政府部门、事业单位、企业、社会组织等社区治理相关主体的共同参与。区域化党建则是在一定区域内统筹党委和政府、市场、社会三大领域的相关主体的重要平台，多元主体的共享资源、对社区营造的意见与建议等都可以通过区域化党建平台，整合进社区营造过程之中，共同推动社区营造目标的实现以及社区多元共治格局的生成。

通过区域化党建平台，将社区营造方案初稿提交给相关单位进行审阅，这为方案的完善提供了重要的意见补充途径。在社区营造施工建设过程中，区域化党建单位也纷纷发挥各自的资源优势，积极参与社区营造的具体建设。例如，周家渡街道云台第二居民区的社区营造建设初期出现的居民关于扰民树修剪的意见分歧,就是通过区域化党建单位的高级园艺师的主动指导而加以解决的。这种区域化党建单位发挥各自资源优势,介入社区营造全过程的做法,为推动社区营造工作的顺利进行发挥了重要的作用。

建立社区营造统筹协调机制的重要性,在于通过街道主统筹主负责主配合机制、社区党总支统筹居委会业委会物业公司三合一机制、区域化党建统筹多元主体共治机制等,凝聚各方面的力量参与社区营造实践,共同推动社区营造目标的达成。

四、参与协商机制

有事好商量,众人的事情众人商量,是人民民主的真谛。社区居民通过参与协商的方式解决社区治理问题的基层"协商民主",是中共十八大报告提出的我国人民民主的重要形式。中共中央办公厅、国务院办公厅于2015年印发的《关于加强城乡社区协商的意见》提出:"城乡社区协商是基层群众自治的生动实践,是社会主义协商自治建设的主要组成部分和有效实现形式。"中共十九大报告明确指出:"加强协商民主制度建设,形成完整的制度程序和参与实践,保证人民在日常生活中有广泛持续深入参与的权利。"唯有通过参与协商的方式,社区内部公共事务的决策、公共问题的治理,才能够体现大多数居民的意志,得到多数人的支持。

社区营造的成果,最直观地体现在社区大门、中心花园、宅间小游园、家门口服务站、居民休憩点等社区硬件环境的改善上。此外,围绕社区公共基础设施的建设、更新,社区居民广泛参与其中,与多元主体一道开展社区协商,达成社区营造的共识基础,并据此进行方案设计和施工建设。通过社区营造实践的全程参与，社区居民参与社区公共事务的热情得到了极大激发，参与能力也得到了极大提高。社区更是探索形成了一整套动员社区居民开展社区协商的程序方法，为社区的有序治理和可持续发展注入了强劲的内生动力。可以说，周家渡街道的社区营造实践，是基层"协商民主"实践的典型案例。

社区参与协商需要有实质性内容，不能空洞无物，否则就会导致仅有形式上的参与，无法提升社区参与协商的绩效。事实上，基层社区中存在很多动员社区居民参与的制度与组织形式，诸如社区听证会、协调会等社区"三会一课"制度以及各种居民自治组织。但是，这些制度和组织往往流于形式，缺少实质性内容，更没有接地气的参与协商程序和方法，导致既有的社区制度和组织设置难以发挥作用。社区营造将与社区居民日常生活息息相关的社区公共设施的更新改造作为社区协商的主要内容，创设科学的参与协商程序和方法，大大地激发了社区居民的参与热情，提高了他们参与协商的意识和能力。长远来看，其为后续的社区自治和社区协商打下了良好的制度、组织和人事基础。

总的来说，要发挥社区营造中的参与协商机制的作用，需要创设两个方面的条件，即科学的参与协商程序与方法和贴近需求的参与协商实质内容。

（一）科学的参与协商程序与方法

很多时候，社区居民并不是没有参与社区公共事务的热情和意愿，而是缺少一套科学有效的社区参与程序与方法去激发和保障。社区治理的很多问题，原本可以通过积极引导社区居民参与的方式来协商解决，但大多数时候由于缺乏科学有效的程序和方法做支撑，导致社区协商空有形式而无法达成实质性的结果。

营造专家团队前期最重要的工作，是根据对社区情况的了解以及多年基层调研的经验，设计出科学、系统、管用的居民参与协商议事的规则程序和方法。专家团队在综合罗伯特议事规则以及多种协商议事规则的基础上，结合云台第二居民区的实际情况，制定了科学、有效、管用的社区协商议事规则。[1] 居民协商议事会也在这一套规则的指导下，推动社区居民意见的充分表达和社区协商的有序开展，为社区共识的形成和社区营造方案的制定提供了最重要的依据。

此外，通过组建居民议事会、联合监督小组等方式，社区中的居民、各种正式及非正式组织等多元主体，围绕社区营造进行多次协商，社区居民也在这个过程中习得了社区参与协商的能力。社区营造最终的更新改造成果，为社区居民的公共交往和社区协商提供了重要的平台和载体。社区协商制度规则的建立，社区居民参与协商的意愿和能力的提高，是社区营造所要达到的重要目标。基于本次社区营造习得的社区参与和社区协商的程序和规则，社区居民可以围绕社区未来可能的公共事务和公共问题开展协商，共同实现社区的有效治理。

社区协商能够运转，主要是由于社区居民深受社区公共基础设施落后之苦，有通过协商解决问题的动力和热情，营造团队则提供了科学有效管用的协商程序和方法。社区营造团队在周家渡街道的社区营造实践中所采取的一系列社区协商的程序和方法，包括志愿者带领居民议事员走遍整个社区、居民议事员依据规则进行发言和讨论等，都是已经被实践证明能够推动社区开展有效协商的程序和方法。

（二）贴近需求的参与协商实质内容

居民参与协商的前提是有实质性的内容，科学的程序和方法

---

[1] 本书第三章"三、居民议事会社区营造实地勘察与意见征集"中对比有详细内容介绍，同时可参见本书"附录五：'美好周家渡'整体治理模式试验区创建'六阶三十条'"相关内容。

则是重要的支撑。实质性的内容和科学的规则、程序和方法缺一不可,只有两者相互配合,社区营造才能够取得良好的效果。因此,社区营造实践的成功,还需要为社区协商注入贴近居民需求的实质性内容。

其一,政府真正实现了资源、管理和服务的下沉。基层政府以社区居民需求为导向,解决了原来基层工作中政府"唱独角戏"以及资源下沉过程中的"碎片化"问题,通过党和政府领导下的多元主体共同参与,统筹自上而下进入社区的管理、资源和服务,这些为社区治理注入了丰富的内涵。城市基层政府开始把基层社区、城市居民作为管理和服务的重心,将社区居民的共识性意见、建议作为服务提供的重要依据。社区居民开始由公共服务的被动接受者,转变成为社区公共服务和公共产品提供的积极参与者和重要决策者。

其二,居民在社区治理中实现了从"形式参与"到"实质参与"的转变。社区营造通过居民意见的收集和整合,在征求其他各方主体的意见与建议的基础上,形成了具体的营造方案。社区居民将自己的意见充分、真实、有效地表达,真真切切地转化成为营造方案和最终落地的建设项目。政府自上而下的治理重心下移与社区居民自下而上的需求表达两者间,实现了有效的对接和整合,共同为社区协商注入了极为重要的实质性的内容,在科学有效的规则、程序和方法的保障下,推动了社区整体功能的极大提升,满足了社区居民对美好生活的向往。

通过社区营造实践的参与协商,社区居民以往所缺乏的公共交往得以增强,参与社区公共事务的意愿也被激活。社区内部生成了一个个有着共同体精神、积极参与社区公共交往和社区协商的社区治理组织体系和骨干人员队伍,实现了社区治理内生动力的激发和再造。更为重要的意义在于,社区居民基于已经习得的参与协商的程序和方法，在缺少政府资源或者政府资源没有那么充足的情况下，完全可以通过社区内生的资源，以社区参与和协商的方式，形成长期的、可持续的社区微更新、微营造，实现社区的有效自治和良性治理的目标。

五、联动维护机制

社区营造是一个与街道和社区内的众多其他事务高度联系的实践过程，需要考虑在多重限制条件下追求资源利用的最大化。社区营造也是一个需要社区多元主体共同参与的实践过程，从街道到社区都需要构建相应的机制来推动不同主体的联动、协同和整合。联动维护机制的构建，是权力组织运行网络机制、资源项目运行网络机制、事务处置平台网络机制、人际沟通网络机制等共同作用的结果。

（一）权力组织运行网络机制

周家渡街道的社区营造实践，除了在社区层面推动了各种具体实践行动的开展，还推动了街道层面诸如条块整合、党政整合、街居整合和区域化整合等一系列包括科层体系内外机构在内的权力整合和运行网络化。通过打破既有的条线、党政、街居权力运行藩篱，街道以基层社区的具体实践为工作中心，把人、组织、资源等集聚在基层，推动了基层以解决问题和满足人民美好生活向往为主要目的的治理行动的开展。

在此过程中，科层体系内部的党政之间、条块之间、部门之间实现了联动，而且通过区域化党建机制，进一步推动了社区多元主体的自治与共治。街道层面的整合实现了权力组织运行的网络化，权力运行不再是单线条和各自为政的，而是围绕基层治理事务进行的网络化协同和联动。

(二)资源项目运行网络机制

基于中国社会现实生活需要和资源条件的社区营造实践,在政府项目资源的带动下,动员了包括社区居民、区域化党建单位等多元主体共同投入资源,保障社区营造的顺利进行。一方面,在政府内部,在街道的科学战略决策、社区营造专家团队的顶层规划设计的支持下,通过构建打破传统条线各自为政的项目资源社区投入与网络化运行机制,全面梳理进入社区的各部门项目资源,以利于统筹运用,即街道自上而下进入社区的项目资源不再是单个条线式的,而是经由科学的设计和整合。另一方面,充分动员和整合包括社区居民、社区组织、区域化党建单位等多元主体的资源,形成共建共享共治的社区发展格局。在政府项目资源的带动下,以社区社会资源为补充,既能保证社区营造工作的顺利进行,又能为社区的可持续发展拓展重要的资源渠道和发展空间。

(三)事务处置平台网络机制

社区党员、楼组长、议事员、积极分子等是推动社区营造顺利进行的关键少数。这部分核心人员在社区中往往兼具多重身份,也是社区治理的骨干力量,在社区各项事务中发挥着重要的表率、引领作用。除居民之外,社区治理中还存在诸如街道职能部门、专家学者、区域化党建单位等主体。社区营造通过以具体的社区治理事务为中心,把各方面的主体组织进不同的平台中发挥合力,共同推动营造工作顺利进行。

在社区营造整体战略提出阶段,周家渡街道广邀社会治理方面的专家学者,以街道工作务虚会的形式,深入探讨街道未来的发展战略。专家学者作为重要的第三方治理力量,通过这种方式介入街道的整体战略制定之中,为之后具体操作社区营造实践打下了前期基础。在社区营造前期阶段,营造专家团队通过"随机抽样＋居民推选＋社区协商"的方式，组建社区居民议事会，构建社区营造、社区协商的组织基础。在施工建设阶段，社区党小组长、居民代表、街道工作人员、居委会工作人员、第三方专家团队、施工方组成联合监督小组，负责施工过程中施工方与居民的矛盾调解、施工质量监督等工作。在长效维护阶段，各监督小组就地转化为长效维护小组，负责社区营造成果的日常维护、合理使用，以及对居民不当使用行为的劝阻等工作。

总之，以解决问题为导向，以社区营造、社区治理的具体事务为中心，社区治理的多元主体被吸纳进各种事务处置平台中，充分发挥他们的作用，推动社区治理的有序进行。

（四）人际沟通网络机制

针对社区营造方案形成、施工建设以及长效维护等各个不同阶段的主要任务，社区居民积极参与社区营造实践，开展了高频次、高密度的社区协商和公共交往。社区居民也借由这些活动，相互之间构建起了有益的联系，参与社区公共事务的意识和能力也都得到了极大增强。

在施工建设任务完成之后，后续的长效维护便成为保障社区营造成果持续发挥作用的重要机制。社区营造长效维护的关键在于能否构建起社区居民间的人际沟通网络，塑造共同维护社区的共识和行动。社区营造成果的后续维护，不仅仅是社区志愿者的工作，更是社区所有居民的共同责任。

周家渡街道云台第二居民区的社区营造以社区睦邻党组织为核心，以社区积极分子、志愿维护小组和居民自治兴趣小组为关键，通过长效维护工作和社区各种公共活动的开展，建构社区居民与社区公共空间之间的联系。社区居民在参与活动的过程中，把自觉维护社区公共空间、公共设施的共识内化，形塑社区居民的社区公共空间自觉维护意识和行动。

通过将长效维护的共识予以内化的方式，社区营造达到了促进社区居民自觉自发地参与社区公共事务，维护社区公共基础设施，形成社区自我管理、自我服务的自觉意识和自治格局的目标。

六、以文化人机制

中国台湾地区社区营造实践经验的一个重要内核就是文化，即通过社区营造挖掘当地独特的文化资源，强化社区优秀文化资源在推动社区发展中的作用。当然，台湾地区的社区营造与大陆地区的社区营造的最大不同在于，大陆的社区层面拥有一个坚强的政党领导体系，而台湾地区的社区营造中没有，其自然也就缺少了社区营造的"主心骨"。不过，两者也有相通的地方，那就是都需要营造多方有机联系的文化氛围和社会联系。

从周家渡街道的社区营造实践看，无论是社区营造过程所推动的社区居民参与和社区协商，还是社区营造最终建成的社区公共基础设施，都只是社区营造的过程性、基础性目标。而社区营造的最终目的，是要重新塑造社区中的人，即塑造"新人"，实现社区居民公共精神的激发和社区共同体意识的构建。

社区营造的以文化人机制，指的是以社区营造实践为契机，通过推动社区居民的广泛参与，真正实现社区公共服务提供的居民自我决策机制，在此过程中强化社区居民对于社区公共事务的参与意识和能力，从而在社区内部形成一种参与社区公共事务的氛围和文化，改变社区居民对社区的冷漠感、疏离感，塑造社区的公共精神和共同体意识。以文化人机制，着眼于社区可持续发展，是实现社区内部秩序再生产的重要机制。以文化人机制通过激发和建构社区居民的公共精神，推动社区向互帮互助、友好协商的生活共同体发展。

（一）生活导向的参与热情激发

社区公共精神和共同体意识构建的前提，是有效动员社区居民的参与，或者最低限度地让每一个社区居民都清楚社区营造的主要内容和基本目的。因此，在社区营造实践开始之初，就必须通过宣传和动员，广泛且持续地激发社区居民的参与热情。社区营造能够有效动员社区居民参与，靠的是营造方案从居民的日常生活需求出发，明确向社区居民说明社区营造的基础目标是社区公共基础设施的更新改造、改善社区居民的生活环境和生活品质等，进而激发他们对美好生活的向往，以及积极参与社区营造的热情和动力。

周家渡街道云台第二居民区的社区老龄化程度比较高，中老年人是社区日常生活的主要群体。社区老年人的生活、休闲和娱乐基本上都在社区内部，既有的社区条件和基础设施状况限制了他们的需求满足和对美好生活的向往。社区营造通过直接满足与社区老年居民日常生活息息相关的痛点需求，起到了真正激发他们的参与热情，让他们愿意表达真实的需求和意见的作用。在社区营造的全过程中，社区居民通过居民议事会直接参与社区营造，或者间接向居委会、营造团队提出意见与建议，乃至于在社区日常交谈中进行讨论等多种形式，积极参与社区营造实践。

从社区居民意见与建议的收集，到依据社区居民的共识进行设计，并由居民议事员投票选择形成最终营造方案，社区居民的参与热情不断被激发，参与的意识和能力也不断增强，并最终内化为后续参与社区公共事务的重要情感、意识和能力基础。

（二）协商导向的社区共识形成

通过激发社区居民的参与热情，社区营造为后续社区治理工作打下了重要基础。在这个过程中，关键的步骤是运用科学的程序和方法，让社区居民表达需求并形成共识。只有通过社区协商的方式充分讨论并达成社区共识，社区居民的公共精神和共同体意识的构建才有基础。因此，在社区营造方案出炉的过程中，社区营造团队遵循让每一个居民的意见都得到充分的表达、每一个分歧都得到充分的讨论的原则，让社区居民充分表达对社区营造的意见和建议，并通过投票的方式进行最终选择，形成社区营造方案设计的共识基础。施工建设阶段，营造团队对社区居民在施工建设过程中的合理化建议也充分重视，及时改进并反映在施工建设中。对于那些居民之间分歧比较大的问题，由联合监督小组召集相关人员进行协商，达成共识后再进行方案调整。

总之，在整个社区营造过程中，营造团队面对社区居民的意见与建议乃至于分歧，都秉持平等协商的原则，通过讨论协商后形成社区居民共识的方式予以解决。一方面，社区居民能够感受到自己的意见与建议被尊重和采纳，社区环境也因为自己的参与得到改善，这极大地改变了他们参与社区公共事务的态度。另一方面，通过社区协商的方法，社区营造过程中的很多问题得以达成共识，从而使得该项实践能够顺利进行。社区居民能够真切感受到，只有通过他们的积极参与和平等协商，社区才会变得越来越好。营造团队通过社区协商不断形成的社区共识，是社区公共精神和共同体意识构建的重要基础。

（三）公共性导向的社区共同体建构

社区营造过程中的居民参与和社区协商，目的是让社区居民围绕社区公共事务开展交流和互动，在社区内营造一种参与、关注社区公共事务的氛围和文化。社区营造的整个过程，是不断培育这种氛围和文化的过程。无论是居民议事员以及社区积极分子的参与协商，还是社区普通居民的议论、讨论，社区营造成为所有社区成员共同关注的社区公共事务。社区居民关注社区公共事务的氛围和文化，随着社区营造的开展而不断得到增强。

社区营造建设项目完工之后：一方面，营造团队在各个具体营造点成立志愿维护小组，构筑社区公共参与的组织基础；另一方面，经过社区居民的共同协商，制定了诸如文明养犬公约、文明游园公约、休憩点志愿维护公约等社区公约，构筑了社区公共参与的共识基础。此外，中心花园建成之后，每天都有大量的社区居民聚集，开展各种活动，社区的公共交往得到极大增强。

重建社区公共性是整合差别化社区社会需求、防止社区"原子化"和"隔离化"状态的关键，社区公共性体现了一个社区中多元主体共生共处的公共价值，是参与社区治理的多元主体相互承认彼此间差异并能一致行动的合法性基础，是对社区居民具有一定规范性和约束性的公共规则，也是城市基层党组织和基层政府动员不同主体参与社区建设的内生动力。[1] 社区营造团队以组织为基础、以文化为导引、以活动为内容，不断建构社区居民的公共精神和共同体意识，从而激发社区发展的内生动力。

总的来说，以文化人机制更多地着眼于社区营造过程中社区居民内在精神和意识的塑造，将社区居民从原来那种不关心社区公共事务的冷漠的原子化个体，变成关心、参与社区公共事务的具有公共精神和共同体意识的公民。

本章小结：通过人、组织、事务、资源、技术、价值在空间上的重组，让社区营造运转起来

本章基于对周家渡街道社区营造实践过程的详细刻画和描述，总结提炼发挥关键作用的运行机制内容体系，主要有需求导向机制、重心下移机制、统筹协调机制、参与协商机制、联动维护机制、以文化人机制六大机制，这是推动周家渡街道社区营造

---

[1] 李怀、武艳楠：《城市"社区社会需求"整合：一个重建社区公共性的分析》，《兰州大学学报（社会科学版）》2017年第4期，第44—53页。

实践顺利开展的重要运行机制,也是推动社区营造在其他地区复制、推广的具有普遍性意义的运行机制。社区营造六大机制背后的逻辑,是通过将人、组织、事务、资源、技术、价值在社区空间进行重组,让社区营造顺利地运转起来。

人是基层工作成功的关键。社区营造实践只有在包括社区居民、居委会干部、党员、街道工作人员、街道领导,以及专家团队、建设施工团队、区域化党建单位的相关人员等的通力合作、共同努力下,才能获得最终的成功。社区营造是一个将社区所有相关主体进行充分动员,并通过各种运行机制的建立,激发并吸引多方主体共同参与改善社区环境、创造社区居民美好生活的实践过程。

组织是指让社区的一个个独立主体发挥更大作用的重要机制。在社区营造过程中,社区居民议事会是社区营造顺利开展的重要组织基础,其主要作用是代表广大社区居民表达需求、提供意见、加强协商、形成共识、实现参与和监督等。包括社区营造专家团队、基层党组织、区域化党建组织等在内的相关组织,也发挥了重要作用。没有组织的积极动员作用,社区居民的碎片化、分散化的意见与建议就无法得到有效整合,更无法成为社区营造方案设计的基础。社区营造"治理+规划"专家团队的专业知识,区域化党建单位的资源,社区基层党组织的骨干作用等,都是确保社区营造能够顺利进行的重要支撑。

无论是人员、组织,还是资源、技术与价值,都是静态的、结构性的要素。社区营造的关键,是将所有的要素都动员并运转起来,并围绕一件件具体的社区治理任务的完成、一个个现实的社区治理问题的解决而发挥作用。因此,与社区居民生活息息相关的社区公共事务,是社区营造顺利开展的关键性因素。这些具体事务,既是社区居民积极参与的前提,又是社区营造提升社区居民满意度和归属感的重要基础。

资源是社区营造的前提，发掘资源、整合资源是保证社区营造顺利开展的重要工作。资源不仅包括资金、项目等物质资源，也包括社区内的社会资源、区域化党建单位的资源等。社区营造通过构建社区资源整合机制，使得各方面的资源能够持久地为社区有效治理和可持续发展提供支撑。

"工欲善其事，必先利其器。"任何一项工作的开展，如果能够使用更加先进有效的技术，必然能够提高工作效率，更好地达成目标。社区营造也需要引入更多适合在社区中运用的各种先进技术，让这些技术能够更好地服务于社区营造实践和社区治理。而无论是人、组织、事务、资源还是技术，社区文化的复兴、社区公共精神的激发与社区共同体意识的塑造，即社区价值的重塑，则是社区营造成功的关键所在和最终目的。

社区营造的过程，事实上就是在六大运行机制的支撑下，对社区内的人、组织、事务、资源、技术、价值在一定社区空间内进行重组的过程。需求导向机制是社区营造的前提和基础，作为一个自下而上的社区改造运动，能否动员社区居民真实表达自己的需求并进行有效整合，是社区营造成功的前提条件。重心下移机制是社区营造顺利推进的关键机制，政府通过将资源、管理和服务下沉到基层社区，以解决社区问题、构建社区良好秩序作为社区营造的重要基础。统筹协调机制将街道、社区居委会、业委会、社区居民、第三方专家、区域化党建单位、施工建设单位等各方主体的力量进行整合，共同推动社区营造的顺利进行。参与协商机制则是社区营造的核心方法论，即通过科学的参与协商的程序和方法，将居民的需求和意见、各方主体的资源和诉求等进行有效的整合。联动维护机制是社区营造取得成果并能够长效发挥作用的重要支撑，其通过权力、资源项目、平台以及人际关系的网络机制，使多元主体的力量得以最大限度地发挥作用。以文化人机制则是社区营造的精神内核，通过社区居民的公共精神和共同体意识的重塑，打造社区公共交往的文明公约，营造良好的社区文化氛围。

总之，通过对浦东新区周家渡街道社区营造六大机制的总结和提炼，我们能够更加深入地理解社区营造各种行动和举措的内在逻辑。这六大机制不仅是推动社区营造获得成功的关键机制，而且是能够推动各项社区治理活动有效开展并使其具有普遍性意义的重要机制。

第五章
社区营造的新型关系建构

本章基于浦东新区周家渡街道社区营造实践的几个具体案例，探讨通过社区营造实践而展现的城市基层新型关系的建构经验。这是社区营造的深层次意涵，体现了社区营造最重要的价值取向，即以社区内部关系整体再造为核心的关系共同体、生活共同体与交往共同体的建构，也就是基于社区居民的公共交往和社区共同体塑造的新型交往关系，基于居委会、物业公司、业委会三驾马车服务功能协调与整合的新型服务关系，基于社区公共空间功能集成的新型协商关系，基于楼栋间共享花园的建设与维护的新型邻里关系这四大新型关系的建构。

一、新型交往关系的建构：中心花园的空间布局与功能重构

社区营造的关键并不仅在于具体的社区公共基础设施的建设，还在于通过社区居民日常生活基础设施的更新改造，动员社区居民参与社区公共事务的协商，重新构建社区居民的公共交往关系，并最终塑造社区居民的共同体意识。

在复杂而多方位的城市生活中,无处不渗透着人与人之间的相互交流与沟通,人际交往在城市发展过程中具有极其重要的地位和作用。[1] 在社区内部,社区居民之间的人际交往更加重要。交往行动是发生在各交往主体之间的实践活动,它反映了人与人之间的社会联系,交往建构和体现着人的社会关系的本质。[2] 云台第二居民区中心花园的社区营造案例,就为我们生动地展现了社区新型交往关系的建构过程。

(一) 中心花园社区营造的基本情况

浦东新区周家渡街道云台第二居民区由三个里弄自然小区构成,一个是在单独一边的昌里东路320弄自然小区,另外两个是昌里东路190弄自然小区和成山路60弄自然小区,且这两个自然小区连成一片,北接昌里东路,东连东明路,西靠云莲路,南邻成山路,而云台第二居民区党总支与居委会办公地也坐落在这两个自然小区的中心地带。周家渡街道云台第二居民区的社区营造最终选定了以昌里东路190弄自然小区和成山路60弄自然小区这片区域为社区营造的空间范围。总体而言,该区域大面积的公共空间不多,中心花园位于社区中心,面积相对较大。居民区很多需要在户外开展的社区活动,都会选择在中心花园开展。但是,作为社区中为数不多的休闲交往公共空间,由于布局不合理、设施损坏和老化,导致其未能发挥应有的功能。在居民议事大会上,社区居民针对中心花园提出的意见和建议也相对较多。

---

[1] 龚世俊、李宁:《城市新型社区的人际交往与和谐社会构建》,《南京社会科学》2007第9期,第98—103页。
[2] 姚纪纲:《交往的世界——当代交往理论探索》,人民出版社2002年版,第13页。

1. 中心花园的现状及问题

首先，中心花园的设施设备大多已经老旧破损，特别是健身器材很多已经不能使用。其次，中心花园的功能布局不合理，没有关于休闲、散步、健身、遛狗等不同功能的分区合理布局。功能布局的不合理具体表现在：地面铺装太过单一，没有明确的指引性功能；健身器材在中心花园中分散各处，没有相对集中；绿化等布局不合理，草坪、花卉的品种单一。最后，中心花园由于老旧破败而愈发缺乏养护（见图 5-1）。

图 5-1 云台第二居民区社区中心花园原貌

2. 社区居民对中心花园的需求和意见

居民议事员实地走访社区后，在居民议事会上针对中心花园的更新改造提出了很多意见，希望能够对中心花园进行重点整治："我们的花园缺少座椅，要多点健身器材""大树太多了，蚊虫滋生""廊架下面活动很舒服，就是有点破旧""遛狗没有合适公共场所，且缺乏管理"，等等。

总结起来，社区居民对于中心花园的意见与建议主要集中在几个方面：其一，中心花园能够供居民坐下来的座椅偏少，既有的一些座椅布局不合理，需要增加供居民休憩交往的座椅；其二，中心花园的健身设施破旧损坏且布局不合理，需要对健身器材进行更新，最好能够集中到一片区域；其三，部分有遛狗需求的居民希望能够在中心花园增设专门的遛狗区。

从居民的意见中我们可以看出，中心花园在社区中的基本定位是社区重要的公共交往平台和空间。居民针对休憩座椅、健身器材、遛狗区等的需求表明，他们希望中心花园能够具有更好的提供社区公共交往的功能。根据社区营造方案三大核心理念之一的"自然开放交往公共空间"的指引，营造专家团队的规划设计师在充分整理居民议事代表的共识需求基础上，结合中心花园的现状，设计了三套中心花园改造方案（见图5-2、图5-3、图5-4）。

方案一：

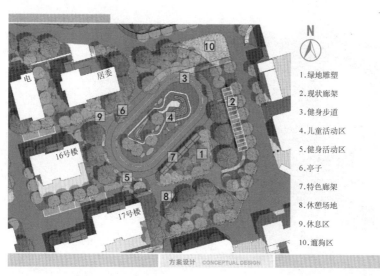

图 5-2　社区中心花园改造方案一（居民议事会代表投票选中的最终方案）

方案二：

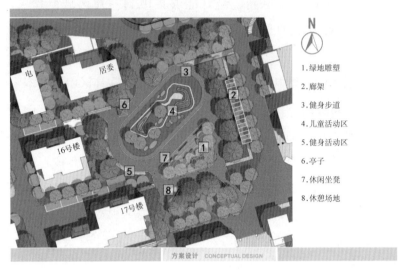

图 5-3 社区中心花园改造方案二

方案三：

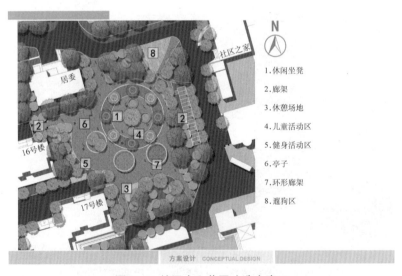

图 5-4 社区中心花园改造方案三

三套方案的核心理念都是强化中心花园的交往功能，使其成为社区居民公共交往和休憩的主要场所，最大限度地为社区居民在中心花园聚集游玩提供条件。第三套方案和前面两套方案的区别在于，第三套方案更多地以建构交往功能作为设计的核心理念，以休憩点、交往点的设计为主，没有健身步道的设计。第一和第二两套方案的区别相对较小，主要区别在于是否有遛狗功能区的设计，休憩点的布局也存在细微差别。总体看，三套方案的设计所秉持的核心理念是一致的，即社区营造团队专家提出的社区营造三大核心理念之一——自然开放公共交往空间。

在第二次居民议事大会上，社区营造专家团队的规划设计师对三套方案进行了详细讲解，居民议事员则对上述三套方案进行投票选择，最终 40 名居民议事代表的投票结果都指向了第一套方案。由此可以看出，社区居民希望中心花园能够承担起健身、休闲、交往、娱乐等多重复合功能。

（二）中心花园的空间布局与功能重构

规划设计师通过对中心花园空间布局的重新塑造，合理划分既有空间，按照不同的功能属性，将中心花园的空间利用效率最大化，从而使得中心花园发挥的功能效果得到了极大的拓展和提升。

1. 中心花园的空间布局

中心花园根据第一套方案的规划设计，可以分为健身器材区、休闲步道区、休闲座椅区、遛狗功能区、特色长廊区等几个不同的功能区域。健身器材区和休闲步道区的主要功能是满足社区老年人对于日常健身和散步休闲的需求。通过购置新的健身器材并进行集中安装，使得健身器材区既是开展运动健身活动的场所，又是社区居民在健身的过程中进行交流的场所。休闲步道区满足的是社区老年人的散步需求。由于社区内的公共空间相对狭小，社区主干道一到晚上往往也停满了私家车，社区老年人对无障碍的健身步道的需求比较强烈。在中心花园的方案设计过程中，椭圆形的塑胶步道为设计和选择重点，其可以满足社区老年人的健身散步需求。而且，健身步道区域还可以成为社区开展各种活动的场所（见图5-5）。

图5-5　社区居民健身休闲实拍图（1）

休闲座椅区、特色长廊区等都是为了满足社区居民的公共交往和休闲需求而设计的。中心花园在改造之前的功能单一，以草地、树木以及零星散落的健身器材为主，缺少能够供居民坐下来聊天、休息的地方。基于社区居民的意见与建议，在中心花园的方案设计中，营造团队专门对中心花园的交往功能进行了规划和强化。如在健身步道外围设计了很多休闲座椅，使得社区居民能够在中心花园有落脚和休息的地方，相互之间聊聊天，一起散散心、看看风景。

遛狗功能区是专门针对社区部分养犬居民的需求而进行的功能区设计。社区中不养犬的居民对社区中遛狗不规范的现象意见比较大，通过专门的遛狗功能区的设置以及遛狗公约的订立，能够大大改善这方面状况。因此，在第一次召开居民代表议事会时，在中心花园设置专门的遛狗功能区的意见得到了大多数居民议事员的同意。

总体看，通过合理的功能区划分，中心花园这个相对并不是很大的社区公共空间最终集聚了休闲、健身、交往等复合功能，基本上满足了社区居民对中心花园的多样化需求（见图5-6）。

图 5-6　社区中心花园改造前后效果对比图

2. 中心花园的功能重构

云台第二居民区的中心花园通过空间布局的重构，实现了依托于空间之上的功能重构的目标。具体来说，中心花园经过社区营造的更新改造，其服务功能和交往功能得到了极大增强，真正成为社区居民享受各种服务、进行公共交往的重要场所。

一方面，营造团队通过将中心花园进行新的空间布局，实现了中心花园的服务功能重构。社区居民特别是社区中的老年人，其日常生活中的健身、休闲的空间得到了保障。此外，居民区还设置了专门的健身步道，使得社区中的老年人可以在专业的塑胶跑道上散步。健身步道的建设，使得中心花园的中央区域有相对较大的优质空间，社区很多为民服务活动也可以在中心花园开展，社区为民服务能力和品质也得到了极大的提升。

另一方面，这次社区营造还实现了中心花园的交往功能重构。休闲长廊、特色廊道以及环绕既有大树的环形座椅的设计和修建，使得中心花园成为社区居民休憩、休闲、交往的重要场所。改造之前的中心花园，作为社区内为数不多的公共空间，虽然也时常有居民聚集，但是座椅缺乏、功能单一，严重限制了交往功能的发挥。更新改造之后，中心花园成为社区居民日常休憩、交往的重要空间，成为社区居民有空时愿意去玩的地方，甚至有居民开始不愿意到封闭的社区活动室去玩牌，而愿意到中心花园来随意走走、看看，中心花园的交往功能得到了极大的强化和凸显（见图5-7）。

图5-7　社区居民健身休闲实拍图（2）

（三）新型交往关系的建构

云台第二居民区中心花园的建设，为我们提供了一个通过空间布局的重构实现功能重组，并最终推动社区新型交往关系建构的典型案例。社区营造实践为这一新型交往关系的建构奠定了重要基础：首先，社区居民积极参与其中，包括中心花园在内的社区公共基础设施的更新改造，都是依据居民的意见和需求进行方案设计的。这样既保证了社区营造成果能够满足居民的需求，又推动了社区居民以社区公共事务为中心，开展多层次、多频次的社区协商和公共交往。其次，在"自然开放交往公共空间"这一核心理念的指引下，中心花园的更新改造方案以提升社区居民的公共交往为导向。营造团队的规划设计师通过诸如设置休憩座椅、休闲长廊、环形步道，并在中心花园根据不同功能进行分区，使得居民能够方便地在中心花园休憩、休闲和交往。建设完成后的中心花园成为社区开展公共活动的优良场所。各种便民利民活动和社区居民的公共交往活动都可以在中心花园进行，使得中心花园成为社区公共交往的中心。最后，围绕中心花园的长效维护，以睦邻党支部为核心，包括参与整个营造过程的居民议事员、监督员和居民志愿者在内，自发成立长效维护小组。志愿维护小组以中心花园的日常维护为主要工作，形成了社区内部公共交往的组织核心。

总之，围绕着社区中心花园的社区营造，云台第二居民区的社区居民积极参与，开展了一系列的社区协商和公共交往。营造团队基于社区居民的意见与建议，以交往功能为核心导向设计社区营造方案，最终实现了中心花园的功能重构，为社区公共交往提供了重要的基础条件。通过中心花园的社区营造，社区居民相互之间公共交往的基础和机制得以形塑，有序的社区新型交往关系也得以建构。

二、新型服务关系的建构：居委会、业委会、物业公司"三位一体"家门口服务体系打造

社区营造能够极大提升社区的整体功能，既包括社区居民公共交往的增强、共同体意识的建构，又包括社区为民服务功能的整合与便利化。一般而言，社区治理中有居委会、业委会和物业公司三大关键主体，它们在社区治理中发挥着举足轻重的作用。社区党组织、居民委员会作为执政党和政府力量及自治力量的代表，在社区治理中的组织地位高于物业管理公司、业主委员会等组织，在社区合作网络中居于核心地位。[1]因此，必须在基层社区形成以社区党组织为核心，业主委员会、物业管理公司和居民委员会为关键主体的社区治理架构。然而，在实践中三者往往难以构建合作平台，不仅业主委员会与物业公司之间纠纷频发，业委会维权行动也给居委会带来了很大困扰，两者甚至产生了激烈的摩擦。[2]这些问题的产生，主要原因在于缺乏社区认同，导致各个社区参与主体各自为政，难以形成整体性社区合作格局。[3]

可以说，在社区党组织的领导下，居委会、业委会、物业公司组成的社区治理核心架构，其治理能力的高低取决于三者之间关系的融洽程度以及合作的紧密程度。当三者之间的关系相处得比较融洽，相互之间的工作能够互相配合并发挥合力的时候，社区治理必然是有效和有序的。因此，在周家渡街道的社区营造实践中，如何将"三驾马车"进行整合，使其能够更加有效地合

---

[1] 张振洋、王哲：《有领导的合作治理：中国特色的社区合作治理及其转型——以上海市 G 社区环境综合整治工作为例》，《社会主义研究》2016 年第 1 期，第 75—84 页。

[2] 何平立：《冲突、困境、反思：社区治理基本主体与公民社会构建》，《上海大学学报（社会科学版）》2009 年第 4 期，第 20—31 页。

[3] 徐宏宇：《城市社区合作治理的现实困境》，《城市问题》2017 年第 6 期，第 75—82 页。

作,从而提高社区治理能力,是一个重要的课题和目标。

(一)居委会、业委会、物业公司的基本情况

周家渡街道云台第二居民区是一个老旧小区,商品房、售后房、安置房、租赁房等混杂。社区户数 2 253 户(楼组 86 个、自治块 12 个、睦邻点 3 个),常住人口 6 759 人,党支部 6 个(党员数 294 人、在职党员 20 人),楼组长 108 个(有部分楼组代表高层居民),60 岁及以上老人 1 605 人,占户籍人口比重为 23.7%。社区党总支书记是本小区的居民,对于社区基本情况和社区内居民的情况相对比较熟悉。在创建样板居民区申报过程中,云台第二居民区之所以能够在众多的居民区中脱颖而出,离不开社区党总支书记带领党员群众全力以赴的申报付出和创建决心。云台第二居民区的业主委员会主任是社区退休的原党组织书记,他对于社区情况非常了解,而且作为一个已经为社区服务多年的老党员,非常有热情和公心。

1. 居委会的现状与问题

居委会(家门口服务站)的办公地点位于社区中心花园边上,也位于社区的中心位置,其中一层为居委会办公空间,二层为有限电视公司办公空间。居委会办公空间的主要问题,是办公空间相对封闭、服务功能不强(见图 5-8)。

图 5-8 云台第二居委会所在地原貌

2018年初，浦东新区开始了以建设集资源整合、功能集成、机制有效、群众参与于一体的村居综合性服务站为抓手，构建包括党群服务、政务服务、生活服务、法律服务、健康服务、文化服务、社区管理服务七大类基本服务在内的"家门口"服务体系，以实现"生活小事不出村居、教育服务就在身边"、破解服务群众"最后一公里"问题的目标。其中，居委会空间建设是家门口服务体系建设的重要组成部分。居委会服务空间的开放性、三大主体的协同作用、街道服务职能的下沉等，是以新型服务关系建构为目标的社区营造需要考虑的主要问题。

2. 街道、社区居民对居委会的需求和意见

居委会所在地是社区居民日常生活与党和政府发生联系的主要场所，是政府自上而下众多公共服务的主要承接平台。因此，居委会办公空间的更新改造，不仅要考虑社区居民的需求，更要考虑街道层面的整体部署。街道对居委会改造的意见，主要是要求提高家门口服务站的服务效率，增强家门口服务站的文化宣传亲和力。除此之外，街道还希望对居委会、业委会、物业公司"三驾马车"进行物理空间上的整合，使得三者能够在改造之后的居委会空间共同办公。通过街道层面推动条块整合和党政整合，梳理街道可以进入社区的为民服务项目，并在设计过程中充分考虑这些功能的实现，这些保证了社区居民能够在居委会空间享受一站式的便民利民服务，即在物理空间集聚的基础上，通过建立一系列的联动机制，三大主体的力量得到充分的整合，进而有效提升了社区的治理能力。

营造团队规划设计师根据街道和居民的意见，在"便民利民服务集成平台"理念的指引下，设计了居委会所在地的室内和室外的具体建设方案。在室内，将居委会、业委会、物业公司的办公区统一移至二楼，将一楼作为"一对一、面对面"居民服务平

台，进行开放式、敞开式的改造，打造成社区为民服务大厅。在室外，改造居委会室外附属场地，提高使用效率。改造完成后，居委会（党支部）、业委会、物业公司三者不仅办公合体（上二楼），而且服务合体（一楼一体化服务），形成"三核驱动""三度评价"（便捷度、体验度、满意度）的一体化服务集成平台的运营模式，即通过对一楼行政化、阻隔式、边界清晰的居委空间进行折叠式改造的方式，形成一对一、面对面的服务平台（见图 5-9、图 5-10、图 5-11）。

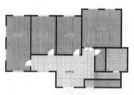

改造前一层平面图
1. 阅览室（阅读、书写、绘画）
2. 人民调解室
3. 谈心室、咖啡厅
4. 家庭影院、活动室、议事室
5. 接待玄关
6. 文化通廊
7. 储藏室
8. 室外景观

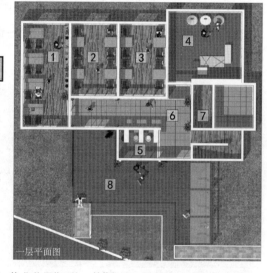

图 5-9　居委会、业委会、物业公司"三位一体"家门口服务体系效果图(内部)

营造团队设计师按照事先确定的"便民利民服务的集成平台"设计理念，在社区布局构建"15分钟公共服务圈"：一方面，通过物理空间上的集聚和联动机制的建立，实现工作效率上的提升，以更好地为社区居民服务；另一方面，居委会一楼大厅根据浦东新区对于家门口服务站的最新要求和整体方向，进行开放式、敞开式的设计，承接并集成街道下沉的大量便民利民服务。此外，规划设计师还试图让新的居委会能够向所有的社区居民开

1. 休憩廊架
2. 台阶
3. 木平台
4. 残疾人坡道
5. 标识牌
6. 花箱

图 5-10 居委会、业委会、物业公司"三位一体"家门口设计方案

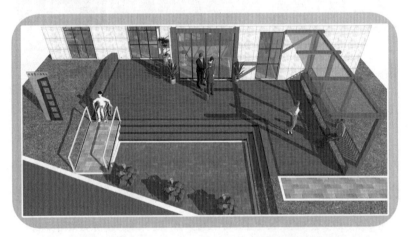

图 5-11 居委会、业委会、物业公司"三位一体"家门口服务体系效果图(外部)

放,转型成为社区的另一个公共空间,即既能够成为向居民提供各种便民利民服务的综合平台,又能够成为居民进行公共交往的共享空间。

(二)"三位一体"家门口服务体系打造

社区营造围绕居委会的一系列整合改造的主要目标,重点在于构建便民利民服务的集成平台,在社区就近向居民提供各种公共服务,构建家门口服务体系,打造"15分钟公共服务圈"。居委会、业委会、物业公司"三位一体"家门口服务体系的打造,包含两个方面的重点设计:其一,街道全面梳理自上而下的便民利民服务清单,将原本在街道办理的事务、提供的服务,下沉到社区居委会,通过居委会公共空间的更新改造,构建各类服务的集成平台,以保障社区居民可以非常方便地办理并享受与其日常生活息息相关的大多数公共服务;其二,通过对居委会、业委会、物业公司进行物理空间和运行机制上的整合,使得社区治理的三大核心主体能够联动办公,极大提升社区治理的效率和能力。无论是"三驾马车"的联动办公,还是居委会对众多便民利民服务的承接与整合,其目的都是贯彻"家门口服务"的理念,打通公共服务服务居民群众的"最后一公里"。

1. 居委会、业委会与物业公司"三位一体"建设

作为社区治理的三大主体力量,居委会、业委会与物业公司在社区治理中发挥着极为重要的作用。一般而言,如果三者之间的关系融洽,工作能够相互配合,以协商的方式解决社区问题,社区治理就有可能是有序和高效的。反之,如果三者之间的关系不够融洽,甚至多有冲突和矛盾,互相之间也不配合,社区治理就很容易陷入困境。

因此,必须通过社区营造的方式,把居委会、业委会和物业公司这"三驾马车"在物理空间上先行整合起来,这样就为后续建立三者之间的联动机制提供了基础条件。然后,再通过物理空间上的整合以及联动机制的建立,把社区治理三大主体的居委会、业委会与物业公司有机地整合在一起,形成"三位一体"的服务机构体系,为社区居民提供一站式、集成高效的便民利民服务。

2. 家门口服务体系打造

社区家门口服务体系建设,既包括三大主体的"三位一体"

改造，又包括服务大厅的开放式改造和街道层面的便民利民服务的整合与下沉。首先，打破原本居委会内部相互分割的封闭式办公空间，将其改造成为敞开式、开放式的服务大厅。其次，在新的居委会门口设计居民能够休憩的长凳，使其成为另一个社区公共空间。这些改造的主要目的，是构建居委会更加亲民的形象，拉近与群众的距离，并通过构建便民利民服务的集成平台，更加便利、高效地服务于社区居民。再次，街道组织各职能科室梳理各自便民利民服务事项，形成下沉到社区居委会的职能和服务清单。通过这种方式，原本需要在街道层面提供的服务被下沉，极大地充实了社区居委会的服务职能。社区治理三大主体的"三合一"建设与自上而下的便民利民服务功能下沉，使得居委会空间的社区营造有了更加丰富的内涵，构成了云台第二居民区家门口服务体系建设的坚实基础。

随着城市基层治理的主要职能越来越面向"三公"领域（公共管理、公共安全和公共服务），社区作为重要的基本治理单元，构建政府与居民之间的新型服务关系，便成为社区治理创新的重大课题。周家渡街道云台第二居民区的社区营造实践则在这个方面进行了十分有益的探索，取得了十分宝贵的经验。其中，居委会、物业公司和业主委员会"三驾马车"的"三位一体"家门口服务体系打造，街道便民利民服务的下沉这两大举措，构成了推动城市基层社区新型服务关系构建的重要内容。

（三）新型服务关系构建

城市基层社区的新型服务关系的建构，其核心理念是满足社区居民的多样化需求、提高便民利民服务的可及性和效率。通过街道层面的服务下沉以及社区层面居委会、业委会、物业公司的"三合一"整合方式，在新的服务空间中实现为社区居民提供更好的服务的目标。

1. 以居民为中心

社区营造所构建的新型服务关系，其出发点在于始终把社区居民放在中心位置，以"便民利民服务集成平台"的总定位为指导进行方案设计。新型服务关系的构建，是以让社区居民更加高效、便捷地享受全面的公共服务为追求，不断提升社区居民的满意度和获得感的过程。

社区营造方案设计在充分吸收居民意见的基础上，结合街道层面的改革和创新要求，以居委会、业委会和物业公司的"三位一体"式整合为基础，以街道便民利民服务职能的下沉为主要内容，推动以社区居民为中心的家门口服务体系建设。更新改造后的社区居委会，既是服务社区居民的重要服务空间，又是社区居民公共交往的空间，通过"服务-交往"空间的双重建构，真正打通基层公共服务的"最后一公里"。

2. 街道层面的便民利民服务职能下沉

社区营造所要实现的社区整体功能的提升，不但要在社区层面动脑筋、想办法，而且要推动街道层面的体制机制创新和功能整合。街道层面以社区居民为中心，通过梳理便民利民服务清单并将这些服务清单内容下沉到社区居委会，以达到做实做强社区家门口服务站的目的。

便民利民服务职能向社区居委会的下沉，事实上代表政府行为逻辑从以政府为中心向以社区居民为中心的转变。在这个过程中，政府与社区居民之间的服务关系也得到了重构。政府的角色由原来的被动完成任务的消极提供者，开始向成为主动思考社区居民需求以及享受服务的便捷性的主动提供者转变。

3. 社区层面的整合

无论是以居民为中心的理念还是街道层面的服务重心下沉，社区治理的效果均有赖于社区主要治理主体的作用发挥。因此，推动居委会、业委会和物业公司"三位一体"式整合，是社区新型服务关系建构的重要内容。通过空间重构，社区治理的三大主体聚集在同一空间办公，相互之间的沟通效率以及工作的协调性更强。社区治理中的很多问题，特别是那种需要居委会、业委会和物业公司相互协调配合才能解决的问题，就能够在新的居委会空间中获得高效的解决。

总之，通过居委会的空间重构和功能再造，以服务社区居民为中心，以"便民利民服务的集成平台"建设为目标，以及通过街道的便民利民服务下沉以及社区三大治理主体的"三合一"体系建设，在基层社区重构并形塑了一种新型服务关系。

三、新型协商关系的建构：多功能聚空间的共治主体及其参与机制

社区营造通过动员社区居民积极参与，发挥他们的主动性，以他们的需求和意见为根据，设计社区营造的具体方案并进行施工建设。在这个过程中，最重要的是动员社区居民，通过科学的程序和方法，使他们充分表达意见与建议，并进行整合达成共识，根据共识设计营造方案。其中，最主要的方法就是社区协商，通过协商将社区治理的各方主体吸纳到社区营造实践中，构建社区多元共治的格局。云台第二居民区多功能聚空间的方案设计与营造，是体现社区协商的多元主体参与的典型案例。从中我们也可以看到，以社区参与和协商为主要方法的社区营造，是如何推动社区新型协商关系构建这一进程的。

（一）多功能聚空间的基本情况

多功能聚空间是指位于社区主干道交汇处的闲置空间，位于云台第二居民区相对中心的位置，离中心花园和居委会所在地不远。该建筑的地理位置优越，周边的空间也相对较大，非常适合

改造成为居民的休闲和娱乐的重要场所。由于云台第二居民区公共空间不足，该建筑的长期闲置问题就显得特别突出，实地考察过程中大多数居民议事员都对其提出了更新改造的意见。

1. 多功能聚空间存在的问题

该建筑虽然长期闲置，却被社区内的某住户无理占据。只有将这个问题解决后，才有可能进行后续的营造工作，而该问题的解决需要多方合力，包括居委会、业委会、物业公司以及营造团队和街道相关部门在内，都需要参与其中共同协商、综合施策，以扫清多功能聚空间社区营造的前期障碍。

2. 多功能聚空间的营造意见与方案设计

通过对居民议事代表的意见与建议的整理，结合街道各职能部门的不同要求，社区营造方案最终将多功能聚空间的功能定位为亲子阅读空间、法制调解场所、公共阅读空间、健康休闲空间等多种功能的集聚空间。

综合居民和街道两方面的需求，规划设计师在方案设计过程中遵循两大基本理念，即自然开放交往公共空间、便民利民服务集成平台，完成了两套不同的设计方案供居民选择（见图5-12、图5-13）。规划设计师在进行方案设计的过程中，主要考虑两个方面的情况：其一，作为社区居民休闲交往的平台，不能是封闭式的，而是要开放式的，让社区居民能够方便地就近休憩、交往；其二，街道自上而下的一些服务职能和便民利民服务业可以整合进多功能聚空间。一般而言，自上而下的很多政府项目都希望在社区能够有专门的场地和空间，但是社区公共空间不足的实际情况往往限制了这一点。因此，在社区营造实践中，需要更加注重各种治理功能是否真正得到了发挥，而不应该仅仅强调治理形式或者治理平台的搭建。社区治理与自上而下的科层治理的重要区别，就在于科层治理是条线化、分割化的，而社区治理则是整体性和综合性的。

图 5-12　多功能聚空间方案一

图 5-13　多功能聚空间方案二

方案一和方案二的区别在于,建筑的开放性程度不同。在方案一中,不仅有在多功能聚空间建筑的外面为社区居民休憩而设计的长椅,而且整个建筑空间的设计也是开放的,即在长椅挨着建筑物的一侧还有敞开式的窗户柜台,以最大限度地营造自然开放交往的公共空间的理念。营造团队的专家提出设想,在敞开式服务窗口可以放置一些简单的健康设备,如放置一些自动测量血压仪，让社区中的老年人或者其他经过此处的人可以随时测量一下血压。方案二则试图将多功能聚空间周边的空间拓展，打造成为一个小型广场，可以让社区居民在这里跳跳广场舞等，增加社区居民的公共活动空间。

总之，打造多功能聚空间的目的，就是要打造社区居民休闲交往的平台和便民利民服务的空间。在这个过程中，最重要的就是要让社区居民真正参与其中，通过广泛深入的社区协商，让居民自己决定最终的设计方案，让以多功能聚空间为代表的社区营造建设点成为由社区居民决定的、贴合他们需求的社区公共基础设施。

（二）多功能聚空间的共治主体与参与机制

多功能聚空间的社区营造，实际上是整个周家渡街道社区营造实践的缩影，即通过动员社区范围内多元主体的共同参与，不仅能够开发相应的资源，而且能够让社区居民充分表达他们的意见与建议。然后，再通过社区协商，形成社区各参与主体关于社区营造的共识，使得后续的建设项目更加贴合社区居民的需求，从而真正发挥社区营造的参与和共享作用。周家渡街道云台第二居民区多功能聚空间社区营造案例，是多元主体共同参与社区治理的典范。

1. 多功能聚空间的共治主体

在前期准备阶段，营造团队专家、社区党总支和居委会工作人员、社区老党员以及街道相关部门工作人员共同参与协商，并针对多功能聚空间被社区住户无理占据的情况，一起商讨解决办法。最后，在多方主体的共同努力下，通过动之以情（多方做工作）、晓之以理（法律和强制手段）的综合施策，该建筑被无理占据的问题得到解决，多功能聚空间的后续营造得以继续进行。

在方案形成阶段，居民议事员充分发表意见和建议，经过协商后形成总体意见。以社区居民的协商共识为依据,规划设计师设计了多功能聚空间的两套方案。在第二次居民议事大会上,居民议事员针对两套设计方案进行投票,最终第一套方案更受大多数居民欢迎,并最终以此为准实施社区营造。从中可以看出,社区居民更加偏好休憩空间+交往空间的设计方案,同时也希望能够有一些方便社区老年人的便民利民服务。

除了社区居民达成共识外,街道各职能部门也进行了协商和协同,将各自职权范围内的相关项目在多功能聚空间整体落地,为其注入了亲子关系加强、妇女权益维护、法治调解、书香阅读、健康养生等多重功能。

2. 多功能聚空间的参与协商机制

多功能聚空间的参与协商和社区营造的整体参与同步推进,即将整个实施过程分为三个阶段:方案形成阶段、施工建设阶段以及长效维护阶段。特殊的地方在于,在多功能聚空间的前期准备阶段,各方主体围绕空间被无理占据问题进行集体协商和共同行动。在方案形成阶段,社区居民以及被选出来的社区居民议事员,通过对多功能聚空间的实地考察,基于自己的社区生活经验,提出更新改造的意见和建议。在规划设计师设计出备选方案后,社区居民议事员再投票选出符合他们心意的方案。在施工建设阶段,多功能聚空间周边的社区居民及其所在的网格睦邻党支部的积极分子,会同各方人员组成建设监督小组,对工程质量以及施工过程中的问题进行全过程监督。在施工建设完成后,以睦邻党支部为核心,社区积极分子参与组建多功能聚空间的志愿维护小组。多功能聚空间的社区营造过程,就是社区多元主体共同参与和社区协商的过程。

(三)新型协商关系的建构

从云台第二居民区多功能聚空间的社区营造案例中,可以看清楚社区新型协商关系的建构过程。社区新型协商关系的建构前提是包括社区居民在内的社区多元主体的积极参与，主要内容是与社区居民日常生活息息相关的公共基础设施的更新改造，基本方法是民主协商的科学程序和规则，最终的目的是促进社区居民的公共参与、社区协商的意识和能力的提升。

首先，新型协商关系是多元主体的协商。政府、居民、业委会、物业公司、区域化党建单位、营造团队专家等社区营造过程中涉及的各相关社区治理主体，都在这个过程中积极地参与，发挥了不同程度的作用。只有真正地将社区多元主体动员起来，以社区协商为主要方法的社区营造实践才能够顺利开展。因此，多元主体的动员和参与是社区新型协商关系建构的前提基础。

其次，社区居民对具体事务的关切是社区协商有效的关键。当前，我国很多地方的社区协商之所以效果不大，主要原因就在于只重视协商的形式，而不注重协商的内容。结果导致社区协商仅有形式而缺少内容，看起来进行了协商却没有产出共识和结果。

周家渡街道社区营造实践中的社区协商，以与社区居民日常生活息息相关的社区公共基础设施的更新改造为主要内容，以社区居民的协商共识为改造方案的设计依据，并最终将协商的内容落地变成实实在在的成果，从而构建了社区居民参与社区协商的正向激励机制，实现了社区内生发展动力的塑造。因此，具有实质内容的社区协商是新型协商关系建构的关键。

最后，科学的程序和方法是新型协商关系建构的保证。在城市基层社区，个体化、分散化的社区居民所表达的意见与建议往往是多样化、差异化的，能否将这些意见与建议整合成为大多数人都能够接受的共识，是社区协商能否成功的重要条件。科学的协商程序和方法是其中的关键，构建社区协商的规则体系是将不同的意见和需求进行整合的前提，也只有在科学方法的指导下，才可能形成多数人都认可的共识。

总之，社区新型协商关系的建构，是以多元主体的积极参与为前提，以实质性的社区协商内容为核心，以科学的协商程序和方法为保证的过程。最终的结果是社区居民参与社区协商的意识和能力都得到极大提高，社区自治和社区可持续发展拥有了重要的基础和内生动力源。

四、新型邻里关系的建构：宅间共享花园的志愿认领与长效维护

邻里关系的改善是社区关系改善的基础，是构建社区和谐的微观基础。邻里关系是社区最基本的人际关系，反映社区居民的精神面貌及对社区的认同感和归属感，它从微观角度反映整个社区的管理和发展状况。[1]邻里来往是一种人际交往，也是一种情感交换，邻里关系的冷漠，不仅影响了个人生活质量，也成为构建和谐社会的一道障碍。[2]邻里关系是社区内的重要关系之一，邻里关系的和谐是社区治理有序的重要基础。社区营造的目标之一就是要在社区邻里层面重构相互之间的交往关系，以邻里关系的建构支撑社区的有效治理。

在基层社区，很多治理问题与社区居民息息相关，而这些问题又可以被分解为一个个楼栋之间和一个个单元之间的问题。如果社区能够在邻里单元的基础上激发社区居民自发解决公共问题

---

[1] 邢晓明：《城镇社区和谐邻里关系的社会学分析》，《学术交流》2007年第12期，第163—165页。

[2] 闫文鑫：《现代住区邻里关系的重要性及其重构探析——基于社会交换理论视角》，《重庆交通大学学报（社会科学版）》2010年第3期，第28—30页。

的热情，社区的有效和有序治理就是可期的。周家渡街道的社区营造实践，从一开始就重视在邻里层面思考问题，把实现楼栋之间、邻里之间关系的重新塑造作为社区营造的重要目标。

宅间共享花园的社区营造方案，是为建构新型邻里关系而进行的专门设计，目的是让社区居民自发参与到美化自己生活环境的过程中来，建构良好的邻里沟通交流机制，并为进一步的邻里公共关系建构和公共问题解决提供重要支撑。

（一）宅间花园社区营造的基本情况

在实地走访中，营造团队专家发现，社区居民在日常生活中特别喜欢在楼栋之间的宅间聚集，用自带的桌椅聚集在一起聊天、休闲。除了社区的中心花园以及居民活动室之外，宅间的休憩场地是社区居民进行日常交往的主要场所。但是，云台第二居民区的绝大多数的宅间场地没有进行过专门的设计和规划，缺少邻里之间可供公共交往的基础设施。特别是对于部分年纪偏大的老年人，中心花园的距离相对较远，他们更愿意在自己家楼下的宅间休憩和交往。

因此，营造团队以重构邻里之间的交往关系为重点，将社区的宅间作为重要的营造点，对车位、休憩点、共享花园等进行重新设计。

1. 社区宅间存在的问题

云台第二居民区的宅间空间，在城市老旧小区中比较有代表性，面临的问题主要集中在居民的日常停车、休憩点以及宅间绿地。社区非机动车停车棚老旧，废旧遗弃的非机动车较多，占用了相当一部分空间，有待清理。特别是在社区停车问题比较突出的情况下，居民们都有非常强烈扩建停车位的意愿，希望将已经基本无用的非机动车棚以及绿化带进行调整。

此外，宅间缺乏休憩场地的问题也比较突出，居民无序聚集有时候会阻碍交通，既不安全，也扰乱了整个社区的交通秩序。另外，宅间的绿地品种单一，常年无人打理，产生了蚊虫滋生等多种衍生问题。社区居民议事员在社区内的实地走访过程中，着重提出了这一问题，并希望能够得到解决。

2. 社区宅间的主要需求以及营造设计

社区居民议事员以及普通居民的意见和建议，主要集中在宅间停车位、休憩点以及宅间绿化等问题上，诸如："停车位太紧张了，增加点我们现有的机动车车位吧""我们小区绿化挺多，但实际使用的部分较少""我们需要一个可以聚集休憩聊天的场地"。

由于社区建造时的固有空间限制，社区的车位问题只能通过宅间空间的优化来部分缓解。因此，宅间的社区营造规划设计，重点在于宅间休憩点以及宅间花园的建设，休憩点和宅间花园本身的功能又是相辅相成的。宅间花园的日常养护和长效维护工作可以由社区居民自愿承担，该项工作可以成为社区邻里在宅间休憩点的日常交往和休闲之外的另一项公共交往活动。甚至以此为契机，可以吸引更多不同年龄阶段的居民加入其中，大大拓展了邻里交往的深度和广度。

规划设计师的总体思路，是根据实际情况调整现有非机动车车位布局，增设机动车停车位数量，增加休憩点，布局宅间共享花园（见图5-14、图5-15）。

云台第二居民区的居民住宅楼的户型基本一致，宅间的情况也都相差不大。因此，以其中一个宅间的情况为蓝本，就可以将设计应用到其他楼栋的宅间。宅间共享花园的设计理念，是以花园的日常养护为主要内容，楼栋居民分别认领，并以此作为楼栋邻里之间重要的公共交往平台。而且，认领维护花园的做法，还可以与设置宅间休憩点一道，构建社区基本邻里交往的平台和模

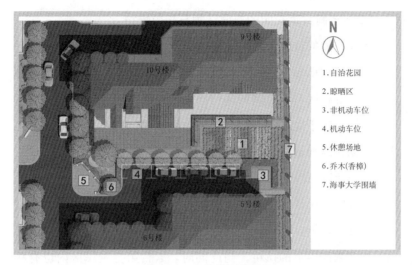

图 5-14　宅间花园设计图

图 5-15　宅间花园效果图

式。这样就可以与中心花园和多功能聚空间等的改造形成差异化的社区参与和公共交往形式,即中心花园、多功能聚空间是针对社区所有居民的公共交往空间,宅间花园和宅间休憩点则是邻里之间的交往平台和空间。

（二）宅间共享花园的志愿认领与长效维护

宅间花园的社区营造，其主要特点是花园的建成只是一个开始，而后续的认领、日常养护等更加重要，其背后关涉的是新型邻里关系等社区自治机制的建构问题。宅间花园社区营造成功与否的关键，在于能否动员社区居民志愿认领，并在后续的日常生活中长期持续地进行养护。

1. 宅间花园的志愿认领

在社区居民议事会上，居民议事代表提出了宅间花园的建设想法，社区规划师也强调宅间花园需要社区居民志愿认领，这得到了大多数议事员的认可。与此同时，云台第二居民区内也有相关的社会资源，有多户人家有丰富的种植、养护花草的经验，他们在自己家周边的空地上种上了很多花草，并都表示愿意指导社区居民种植花草、养护宅间花园。

2. 宅间花园的长效维护

宅间花园的长效维护需要社区居民花费更多的时间和精力去投入，这也意味着一种长久有效的社区自治机制的有效建立。对于社区居民来说，宅间花园是一个适合从老人到小孩全年龄段的邻里交流平台，可以在更深层次和更广范围内实现邻里之间的公共交往以及邻里熟人关系的建构。

（三）新型邻里关系的建构

以宅间花园和宅间休憩点为代表的社区营造项目，指向的是组成社区的基本单元——楼栋的邻里关系的重塑。无论是中心花园还是社区内的其他公共设施，服务的是整个社区的居民，促成的是社区内更加广泛的公共交往。宅间花园虽然也属于整个社区的一部分，但是相对来说，它与周边的楼栋居民关联度更高。宅间停车位、休憩点以及宅间花园的建设，事实上是对社区邻里关系的重要提升。通过宅间花园和休憩点的建设，更多的楼栋中的邻里居民可以参与到社区公共生活中来。这种邻里交往的公共生活范围相对有限，却是参加更大范围的社区公共生活的重要契机和基础。

楼栋间、邻里间的公共交往和公共生活是社区层面更大的公共交往和公共生活的重要前提和基础。通过宅间花园的社区营造，作为社区基本组成单元的楼栋和邻里力量得到了极大的增强，一种社区新型邻里关系得以被构建。营造团队通过对社区邻里关系的重新建构，在社区内推动一个个小型共同体的建设，进而推动整个社区层面的共同体建设。从这个意义上说，宅间花园的社区营造所带来的社区新型邻里关系的建构，是社区共同体建构的重要基础，也是社区可持续发展的重要动力源。

本章小结：用新型党建模式引领城市基层社区治理新型关系模式的发展

本章抽取了周家渡街道社区营造实践过程中的四个具体营造点案例作为分析对象，从每一个营造点的现状和问题、社区居民的意见和建议、设计师的规划设计方案等几个方面全景式地展现了具体营造点的社区营造实施过程。通过对中心花园、居委会、多功能聚空间以及宅间花园四个案例的具体分析，本章展现了社区营造更深层次的内在逻辑：通过社区营造构建社区新型交往关系、社区新型服务关系、社区新型协商关系以及社区新型邻里关系，最终实现从街道到社区，再到邻里和居民个体的社区治理相关主体的新型互动关系的建构。

在这一过程中，党建的力量作为贯穿其始终的统合力量，促进和推动了上述四大社区新型关系的构建，从而推动了党建引领城市基层社区治理新型关系构建的新型发展模式的生成。由此我们可以发现：在城市基层治理领域，越来越强调通过政社合作来实现更加有效的治理，党建已成为统合各方主体的关键力量，成为保障政府治理与社会多元主体良性互动的一种最重要的组织机制，也是在确保基层公共部门逐步向社会"赋权"的同时，能够有效发挥秩序建构作用的重要组织机制。

通过街道党工委的战略部署与领导、区域化党建的资源统合、基层党组织的全面嵌入和基层党员的积极参与等方式，党建的力量成为引领城市基层整体治理创新的关键因素。在这一新型党建模式的引领下，借助于社区营造的力量，城市基层社区治理新型关系模式的创新便有了全新的方向和内容。由街道与社区和居民之间的新型服务关系、社区治理各主体之间围绕社区发展的新型协商关系、社区楼栋内部以及楼栋之间的新型邻里关系、社区居民之间的新型交往关系等构成的城市基层社区治理新型关系，事实上将整个城市基层治理中的绝大多数主体都动员起来了，他们共同围绕社区的可持续发展和有效治理这一根本目标，构建起了各主体之间的新型关系，为社区的长治久安和可持续发展奠定了重要基础。

第六章
社区营造整体治理模式的生成

前文中，我们已经对联合专家营造团队在周家渡街道开展的社区营造实践的基本原理、详细实践过程及其背后的运行机制等进行了非常系统、深入和详细的阐述。作为一个由街道组织发起、社区营造专家参与推动、各基层治理主体和广大社区居民参与的社区营造实践试点活动，其最重要的价值在于通过试点，总结能够在全街道乃至于更大范围进行复制推广的城市基层整体治理模式。这一模式可以为创新城市基层治理、满足人民群众对于美好生活的向往，提供切实可行的高效路径。

周家渡街道的城市基层整体治理模式，是一个包括街道层面的"1+4+8"社区整体治理体系以及社区层面的"党建引领＋居民参与＋社区协商＋小区营造＋智慧应用＋长效机制"治理模式在内的内容体系。营造团队通过对周家渡街道的社区营造经验的总结，形成了具有普适性的标准化手册，从而能够使其在其他城市社区复制推广。

周家渡街道的社区营造实践活动，对未来的城市基层治理模式进行了具有开创性的探索，是一项高度集中民意、高度集中民智、广泛发动群众的工作，创新性强，对体系、机制、平台的完善和队伍建设等都起到了很好的促进作用，并且形成了可复制、可推广的经验，这对于整个城市基层治理都具有引领作用和借鉴意义。

这种城市基层整体治理模式创新的基本经验，在于以居民需求与基层治理为导向，将理论与实践有机结合，以社区营造为载体，以居民参与和社区协商为重点，通过专家学者的介入和深度参与，搭建各方主体参与基层治理的桥梁，探索融组织再造、社区营造、公共（文化）服务圈打造、资源整合、居民参与、机制创新、标准示范等于一体的城市基层整体治理模式，构建街道党工委领导、街道办事处负责、专家咨询、居民参与、社区单位协同、科技支撑、标准化智能化制度化保障的社区治理体制，最终达到切实提升社会治理的整体绩效，回应人民群众对美好生活的需求和向往这一根本目标。

一、周家渡街道"1＋4＋8"社区整体治理体系的顶层设计

中共十九大报告指出："全党同志一定要永远与人民同呼吸、共命运、心连心，永远把人民对美好生活的向往作为奋斗的目标。"这体现了共产党人对初心的守护和对使命的担当。"凡事预则立，不预则废"，实现美好生活首先必须做好顶层设计，加强目标引领。为此，周家渡街道通过广泛深入调研，多方征求意见，凝聚社区共识，确定了以"五美五好"为主体的"美好周家渡"发展战略。

为加快完成全面建设"美好周家渡"发展战略的重要布局，周家渡街道实施创建"美好周家渡"样板居民区战略，把打造"美好周家渡"样板居民区作为全面实现"美好周家渡"战略的排头兵、先行者、示范区，试点先行树标杆，以点带面促推进。

打造"美好周家渡"样板居民区,让居民群众有真切的获得感、幸福感、安全感,关键在于实干与成效。周家渡街道全面确立"1+4+8"整体治理体系,作为打造"美好周家渡"样板居民区的基本方法与遵循,切实推进样板居民区的建设。

"1+4+8"整体治理理念贯彻在"美好周家渡"综合性样板居民区的"社区营造"实践的整个过程中。所谓"1+4+8"整体治理理念,就是贯穿一个指导思想、构建"四梁"、鼎立"八柱",全街道一盘棋整体发力、综合协调推进样板居的建设,即贯穿在党建统领下加强整体治理、综合推进整体治理的理念,构建条块整合体系、党政整合体系、街居整合体系、区域化整合体系作为"四梁"支撑,建设"四治"机制、功能集成机制、资源集聚机制、流程再造机制、沟通指导机制、人才建设机制、智力支持机制、综合保障机制形成"八柱"鼎立。同时,以社会化、法治化、智能化、标准化、专业化这"五化"为着力点,全力打造"美好周家渡"战略下高品质、能复制、能推广的"社区营造"样板居民区,也通过社区营造推动居民区"五化"建设。通过社区营造实践,有效总结提炼新时代加强基层社会综合治理的新路径、新方法、新体制、新机制,助力"美好周家渡"战略落实落地。

(一)贯穿一个指导思想

"一个指导思想"就是指在党建统领下加强整体治理、综合推进,实现人民对美好生活向往的整体治理理念。习近平同志强调抓好党建是最大的政绩,又指出为人民谋幸福是最大的政绩,这要求将党建工作的出发点与立足点放在实现人民的幸福生活这一根本目标之上。打造样板区就是贯彻中共十九大报告的基本精神的生动体现,同时通过整体治理与综合推进,让党建工作为民谋幸福的本质得以充分实现。具体说来,周家渡街道是通过"美好党建360"这个党建品牌来引领构建社区整体治理的理念的。

"美好党建360"指在全面建设"美好周家渡"的目标引领下，实现党建工作全覆盖、全方位、多角度、立体化，推动党建引领下的社会治理新格局。

首先，围绕"三个基本"，即党建的基本工作、基本单元、基本保障，不断夯实党建工作基础，具体做法如下：

一是做牢基本工作。牢固树立一切工作到支部的鲜明导向，把党支部建设作为最重要的基本工作。充分发挥基层党支部在社区各项事务中的导向引领作用，以基层党支部组织为统领，充分激活基层党员的表率、引领作用。在推动城市基层社会治理创新的过程中，全面贯彻党的领导和党统领全局的作用。

二是抓住基本单元。牢牢抓住网格这一基本单元，持续深化网格睦邻党建工作，推动居民区党建重心向睦邻区域和网格单元下沉。通过党总支覆盖居民区，把党支部建在网格上，把党小组建在睦邻守望楼组里和中心睦邻点上，划分和完善党员责任区，形成"网中有格、格中有点、点在格上、组织在格中"的组织覆盖模式。在样板居民区打造过程中，云台第二居民区充分发挥社区内的各睦邻党支部的作用，根据睦邻网格的划分，各自负责区域内的样板居建设事宜。

三是做实基本保障。加大对基层党组织"人、财、物"的投入，做好基本保障。加大对"人"的投入，基层党员干部队伍建设关乎执政党的执政之基和力量之源，要着力抓好基层党组织书记、党员队伍、后备干部队伍建设；加大对"财"的投入，建立健全党建经费正常增长机制，进一步完善基层党组织经费管理使用办法，规范党费收缴、管理和使用流程，加大经费向基层党组织倾斜的力度；加大对"物"的投入，结合党建服务站建设，进一步整合资源，积极改善基层组织的工作环境，加强活动场所和设施的规范化建设，特别是着力解决个别基层组织办事阵地、活动场所不足的问题。

其次，着重提升党组织的组织力。提升"六个力"，即不断增强党的政治领导力，从严治党，加强党的建设，提高居民区党组织把方向、谋大局、定计划、促发展的能力和定力，确保党始终总揽全局、协调各方；增强思想引领力，加强党员教育引领，坚定理想信念，增强"四个意识"，树立"四个自信"，不断提高政治理论水平，坚持理论联系实际；增强群众组织力，组织力是党组织建设的核心和标准，把党员和群众组织起来，增强其在基层社会的政治领导力，牢固树立群众观点，切实转变工作作风，主动走到群众中去，和群众想在一起、干在一起，充分依靠群众、动员群众、组织群众；增强社会号召力，牢固树立全心全意为人民服务的总宗旨，把群众对美好生活的向往作为奋斗目标，用共同价值追求和奋斗目标感召鼓舞人，提升居民区党组织的向心力和活力，使党组织和党员在各项工作中体现出先锋模范作用，展示良好形象，在群众中赢得更充分的信任、拥护；增强区域聚合力，以需求为导向、项目牵引为抓手、合作为基础，以共同需求、共同目标、共同利益为纽带，打造区域化党建共同体；增强社区服务力，强化居民区党组织领导核心地位，健全完善以居民区党组织架构为领导核心的辖区基层治理架构，进一步加强队伍建设，建强网格支部，整合区域资源，确保其成为党的路线方针政策在城市基层得到贯彻落实的领导核心，城市基层社会治理的领导核心，团结带领群众共建"美好周家渡"的领导核心。

最后，突出党建惠及群众，努力实现"三个零"。第一，服务"零距离"，聚焦群众普遍关心的突出问题，深入推进"党员联户"制度，使党员干部直接联系服务群众。完善领导干部基层联系点制度、机关公务员"521"工作法，继续开展"面对面走访、组团式服务"，深化"走千听万"活动，依托"家门口"服务体系建设及各类党建服务站点，结合智能化党建手段，打通联系服务群众的"最后一百米"；第二，服务"零空白"，以"五级网格睦邻党建体系"为依托，把服务型党组织建到网格，延伸到楼组，以家庭小党校、活动团队、公共空间为重点，把党的工作根植于社会的最小空间，"零空白"掌握民情民意，有效扩大党组织的覆盖面，实现横向到边全覆盖、纵向到底零空隙；第三，服务"零缺憾"，践行"党的上级组织为基层组织服务、党的基层组织为党员服务、党的各级组织和党员都为群众服务"的理念。

归根结底，就是把党的领导、党的力量体现在城市基层社会治理的方方面面，使党的力量成为创新基层社会治理、满足人民群众美好生活需求的关键力量。

（二）构建"四梁"

除了在街道工作中要贯彻"一个指导思想"之外，还要强化推动其实现的重要支撑体系，即"四梁"体系。所谓"四梁"就是在样板居建设工作中，构建条块整合体系、党政整合体系、街居整合体系、区域化整合体系作为"四梁"支撑，切实推进治理上、项目上、机构间的整体协作。

1. 条块整合体系

政府科层体系内部由于分工和专业化，固然带来了组织效率的极大提升，但是系统内部的协调与配合是一个长期存在的经典命题。从基层政府的角度看，以条块分割为代表的部门碎片化，以及由此带来的政府部门的协同问题，是影响政府治理能力提升的关键。政府部门的碎片化的根源在于条的部门意识太强和块的统合能力较弱，最终导致内部不同部门之间因信息沟通不畅、相互之间协同不足而推诿对于某些复杂问题的管理责任。各个部门只管自己领域内的份内事，而无视与其他部门的协调以及块的整体利益。

因此，街道工作中需要打通各条线工作之间的壁垒，使消除条线之间因为信息沟通不畅带来的重复工作，以及条线界限太清部分问题无人管等现象。更要打破"上面千根线，下面一根针"的工作模式，着力加强条对块的工作的全过程支持引导、咨询和帮助力度，直到工作最后落地见效，强化块的统合能力。即条有块责、块有条责，条块分明，重在合作，轻在分责。条要增强主动服务意识，块要增强主动作为意识，条块一心、条块合力，打造街道整体工作一体化。

2. 党政整合体系

坚持党对一切工作的领导，加强党政力量整合，在工作决策、推进、落实、监督、评估的全过程更好地实现党政资源的统筹合力。加强党的领导也是破除科层体系的部门分割以及"碎片化"的有力抓手，要通过党建的力量统合块上的行政部门，以辖区内的整体利益和发展为导向，集中力量、通力合作，推动辖区内各项工作落到实处。党建工作要为行政工作提供坚强的政治保障支持，宣传和党建等职能部门要紧密围绕街道办事处重点任务提供有力支持，行政工作要以党建为统领具体实施开展，通过党政合力，实现街道工作成效的最大化。

3. 街居整合体系

2015年以来，随着创新社会治理、加强基层建设"1+6"政策文件的颁布，上海的城市基层治理架构发生了重要转变。一种更强调以民生为导向、向下负责的基层公共服务体系，以及注重激发社会活力、强调多元共治的新型治理模式，正逐步取代注重服务经济和行政推动的传统治理模式。随着街道招商引资职能的取消，上海的街道已将工作重心全面转向公共服务、公共管理、公共安全领域。按照中共上海市委和中共浦东新区区委"三转"工作要求，街道各项工作就是为了服务好各居民区，各居民区的工作能力水平体现了街道工作的整体能力水平。打造街居整合体系，就是整合街道和居民区的力量和资源，提高居民区工作效率，促进居民区工作的优质高效开展，提高辖区的整体工作成效。

只有更好地提升以居委会为代表的基层基础治理单元的治理能力，充分发挥居委会在服务居民群众、落实各项政策，深入群众、收集居民需求方面的作用，才能为街道层面的工作开展提供坚实的基础。

4. 区域化整合体系

要以党建和文化纽带，把隶属于不同系统、掌握不同资源的辖区内所有企事业单位、人民团体、学校、部队、社会组织联结成为紧密型的党建共同体和文化精神共同体，形成全覆盖、广吸纳、动态开放的基层党组织体系，实现区域内党建工作的目标、机制和运作模式协同，形成区域精神文化的共同家园和组织联盟，为样板居的建设获得更广泛的社会资源和政治资源。一方面，区域化党建形成了围绕"三公"事务的多元共治制度链条，共治的制度化实现方式得到可靠保障。辖区内的各项公共事务经由各相关主体的协商而达成一致，是多元共治的重要表现。另一方面，区域化党建形成了共治资源和需求的"精准"对接机制，共治内生活力得到更大释放。区域化党建这一制度化的方式，极大地增强了基层的资源整合能力和社会资本，使得基层社区的发展能够更加多元和可持续。

总之，在党建统领下加强整体治理、综合推进，实现人民对美好生活向往的整体治理理念的引领下，通过构建条块、党政、街居和区域化四大整合体系，可以实现对街道内各种治理力量的有机统合，并通过新的组织结构体系的整合再造，为街道内的各项工作提供重要的制度支撑。

(三)鼎立"八柱"

所谓"八柱",就是在样板居建设工作中,建立"四治"机制、功能集成机制、资源集聚机制、流程再造机制、沟通指导机制、人才建设机制、智力支持机制、综合保障机制这样八个机制,形成"八柱"鼎立格局。在理念和制度组织结构体系明确和整合完备的情况下,这八大机制就是推动具体事务运转的推动力。

1. "四治"机制

街道建立的"四治"机制,是指将"自治、共治、德治、法治"理念贯穿于样板区"社区营造"建设的全过程,积极探索"四治"实现的有效途径与方法。要通过把居民参与和社区协商相结合,街道层面的体制机制整合与创新,以社区整体功能提升和社区共同体意识建构为目标,在实践中实现"四治"。社区营造中的"四治"工作机制的实现,需要以切实解决好老百姓关心的难点、痛点、堵点问题作为"四治"工作的着力点,充分凝心聚力、取信于民。

2. 功能集成机制

建立功能集成机制,是从制度上确保社区营造所建的样板居民区不是单一的工作。周家渡街道的社区营造实践,社区内的公共基础设施的更新改造只是手段,是物质层面的功能承载体,除此之外,还有围绕提供家门口全方位、宽领域、多层次的服务体系,打造家门口高品质生活功能集成体,做到服务零距离、品质零缺憾、领域零空白。

通过社区营造,社区内的公共基础设施不仅能够得到更新改造,社区居民的基本生活品质获得提升,而且通过街道层面的功能整合,可以将更多的服务下沉到居委会,使得社区居民在硬件和软件两个层面都享受到更好的服务。

3. 资源集聚机制

各居委会所在的辖区内存在的党政机关、事业单位、国有民营企业等都是社区营造和社区建设的重要资源，是社区的重要社会资本。要建立资源集聚机制，通过党建联建共建等方式，动员辖区所有共建单位的力量、集聚起社区所有的资源，以社区共同体的力量共同参与样板居民区的建设。社区即使没有自上而下的行政资源的投入，也能够通过培育和动员社区内部的社会资本，来实现社区的长久建设和发展。

4. 流程再造机制

要建立流程再造机制，努力在建设中不断发现原来工作中存在的桎梏和问题，着力改变现行工作机制不畅、流程繁琐、效率低下、服务质量不高、职责不清、推诿扯皮等弊端，以科学、规范、简洁、高效的工作流程，加快推进样板区打造。以样板居"社区营造"实践为契机，通过发现工作推进过程中的问题，积极推动各项工作流程的优化。始终以是否真正有利于解决基层的实际问题，是否真正有利于更好地服务居民群众为出发点，最大限度地提高效率，解决问题。

5. 沟通指导机制

周家渡街道的样板居民区"社区营造"实践是街道组织发起，专家团队推动，由广大居民参与的自下而上的社区建设实践。要建立沟通指导机制，保持与上级部门的沟通联系，定期约请上级部门来街道指导样板居工作，组织相关单位传经送宝，给予专业支持，为样板居建设号脉把关。与上级部门建立和保持良好互动关系，也是积极推进社区营造工作的重要机制。

6. 人才建设机制

事业因人才而兴，人才因事业而聚，样板居民区的建设是街道工作的重中之重，必须举全街道之力、聚四方之才。通过建立人才建设机制，可以为样板居民区建设提供人才保障，为人才成长成才提供广阔的舞台，充分发挥每一个人的智慧和力量。

在街道层面，可以选派科级后备干部公务员及新进公务员到试点居民区任党组织副书记或书记助理，积极协助居民区创建工作，在基层的具体实践中锻炼干部。在社区层面，要通过积极动员社区居民参与社区营造的社区协商，动员和激发社区居民参与社区公共事务的活力，培育社区积极分子，为社区有效治理提供重要的骨干力量。

7. 智力支持机制

积力之所举，则无不胜也；众智之所为，则无不成也。建立智力支持机制，就是指最广泛、最充分地借助专家、学者、专业机构等外脑，着力提升社区样板居的品质。通过充分授权以复旦大学唐亚林教授团队为代表的社区营造专业团队，周家渡街道围绕社区营造和综合性样板居民区打造，召集多方面的专家学者建言献策。专家学者等智力资源从"美好周家渡"战略构想的提出，到样板居民区"社区营造"具体实践的开展，整个过程中都发挥了非常重要的作用，这也是周家渡街道的基层治理实践探索的重要经验之一。

8. 综合保障机制

建立综合保障机制。对于样板居打造过程中需要的人、财、物，必须给予最大保障，加强各方力量对样板居打造全过程的指导、监督、评价，不断修正完善样板居的具体实施路径与措施，以确保样板居按既定标准要求完成。

周家渡街道和营造团队通过上述八个机制的"八柱"鼎立格局的打造，不断总结创建经验、创新基层治理模式，切实将"美好周家渡"样板居民区打造成为现代化大都市老城区社会治理的样板。

二、社区营造"党建引领＋居民参与＋社区协商＋小区营造＋智慧应用＋长效机制"的整体治理模式的生成

周家渡街道的社区营造实践，不仅着眼于社区层面的公共基础设施更新改造，而且包括街道的体制机制创新在内的基层整体治理模式的再造。这一城市基层整体治理模式，既包括街道层面的组织结构体系的整合重构，也包括社区层面的治理体系的建设；既以达成社区物质基础条件改善为目标，又要实现服务基层、服务社区、服务居民的各种功能的整合、集聚和重构的目标。社区营造是一个载体，是对更加复杂和体系化的基层治理体系重构的探索。"城市基层整体治理模式"的生成，需要从"自上而下"的街道（政府）视角和"自下而上"的社区视角综合起来进行考察。

本章第一部分从街道自上而下的视角出发，对周家渡街道围绕建设"美好周家渡"综合性样板居民区的社区营造实践所建构的"1＋4＋8"社区整体治理体系的内容，进行了详细论述，即包括理念、体系、机制在内的城市基层整体治理的框架。本部分主要从社区自下而上的视角出发，总结"城市基层治理模式"在基层社区的实践样态，从而形成一个自上而下与自下而上相互嵌套、相互建构的"城市基层整体治理模式"的整体图景。

周家渡街道的社区营造实践，事实上建构了一个"党建引领＋居民参与＋社区协商＋小区营造＋智慧应用＋长效机制"的"六位一体"城市基层整体治理模式。居民、居委会、街道、专家团队、社区各单位各组织等多方主体的积极参与，多种科学方法和手段的运用，实现了社区整体功能的极大提升、社区共同体意识的极大增强这一根本目标。

（一）党建引领

党建的力量贯穿整个社区营造过程。通过党建精神的核心引领作用，形成了党组织引领、党员引领、区域化党建引领三大形态。

云台第二居民区党总支在创建样板居的"社区营造"实践过程中，通过积极探索"党建引领、共建共享、居民自治"社区治理的新模式，把群众的"痛点"作为工作的"突破点"。党总支、居委会以党建引领社区治理创新，把党建引领社区治理延伸到最末端的居民楼组，把党组织领导下的居民自治推向深入，把群众对美好生活的向往回应到"家门口"，以党建引领小区"微治理"助推居民区的社区治理工作，以居民为主体、以党员骨干为纽带、以居民代表为桥梁，形成了共同参与社区治理的局面，开拓了社会治理的新途径。

首先，充分发挥基层党建平台的引领作用。借助党建联建的平台，整合共建单位、在职党员和居民群众等各方资源。云台第二居民区通过与辖区内的十几家单位签署党建共建协议，积极发挥区域化党建的引领作用，整合培育社区社会资本。在方案形成阶段，专家团队将营造方案初稿提交区域化党建单位审议，听取他们对于方案的意见与建议。在建设施工阶段，居民区党总支邀请区域化共建单位的高级园艺师现场指导居民区的"扰民树"修剪工作。社区营造通过充分发挥区域化党建平台的引领作用，集聚社会资本，汇集治理资源，真正服务于社区建设及其可持续发展。

其次，充分发挥基层党组织的引领作用。云台第二居民区充分发挥社区网格睦邻党支部、家庭小党校等基层党组织作用，社区营造实践中的动员宣传、意见收集、居民协商、矛盾调解、志愿维护等工作，都在基层党组织的有力协助下顺利开展（见

图 6-1)。社区营造充分利用"家庭小党校"平台，把党员发动起来、把群众有效组织起来、把党的声音及时传递下去，把样板居打造过程中发生在各点位的问题、居民的意见和建议在"家庭小党校"进行讨论、议事、协商，发挥与群众联系最密切、最直接的基层党组织的引领作用。

图 6-1　以党小组为核心的监督自治与志愿维护小组
　　　　在社区营造现场开展党建活动

最后，充分发挥社区党员的引领作用。在社区营造实践过程中，社区党员干部不仅"喊破嗓子"还"做出样子"。居民区党总支和居委会在施工前组建成立了党员骨干、群众志愿者、群众意见领袖组成的自治监督小组，并通过党员和居民协商，推选出热爱小区建设、有一定协调能力、责任心强的4名自治小组长，带领自治小组一起参与施工期间的现场维护、质量监督、矛盾化解、现场协商、问题解决等工作。居民区通过践行"重大事项党员先知道，重大问题党员先讨论，重大决策党员先行动"的基层党内民主建设新举措，进一步提升党员对党内事务和居委会重大事情的知情权、参与度、监督力，这种做法有着特殊的渗透力、影响力，更重要的是具有凝聚力。家庭小党校作为社区基层联系群众的平台和纽带，可以被用来及时掌握居民群众的实际需求，有利于及时回应人民的真切期待，及时解决居民群众身边的突出问题。每个小党校都成为党在居民区最基层的战斗堡垒，每名小区党员都成为群众心中的先锋模范，社区党员的引领作用也得以体现。

总之，通过党建精神的核心引领，以及区域化党建平台、基层党组织以及社区党员引领的三大形态，党的领导实实在在地体现在社区营造的全过程中，为社区营造取得成功打下了坚实的基础。

(二) 居民参与

社区居民参与社区营造的过程，是一个从被动的"客体"向主动的"主体"转变的过程，即社区居民从原来对社区公共服务和社区公共事务被动接受、漠不关心的状态，转向积极参与社区建设、共同推动社区发展的状态。从深层次看，社区营造中的居民参与是贯彻党的群众路线的重要体现，从群众中来、到群众中去的理念与社区营造的理念有着高度的契合性。

一方面，居民参与的过程是社区居民表达需求的过程，也是社区营造实践顺利开展的基础。人民群众对于美好生活的向往是一切工作的出发点，弄清楚人民群众的真实需求是什么是基础中的基础。要弄清楚人民群众的真实需求，就必须深入基层、深入群众，让群众充分表达自己的需求和观点。唯有弄清楚群众的需求是什么，社区营造工作才可能落到实处，才可能解决真正的社区痛点问题。否则，不去倾听群众的真实需求，凭自己的臆想和猜测进行决策，最终的结果也必然是群众不接受、不满意的。

另一方面，居民的积极参与是社区公共精神和共同体意识培育的重要前提。当前，不少地方政府往往把居民群众看作是被动接受服务的客体，不去了解群众到底需要什么，导致政府投入了很多资源，但是收效不大，群众不满意。根本原因在于，人民群众不仅是享受公共服务的客体，而且还应该是社区公共服务提供的主体。即在政府公共服务提供过程中，动员社区居民积极参与，由他们自己决定公共服务提供的内容。通过这种从"被动的客体"向"主动的主体"的转变，社区居民对于社区的归属感和认同感、对政府的满意度，都得到了极大的提升，社区居民的公共精神和共同体意识也得以建构。

因此，是否有真正的社区居民参与，不仅是判断社区营造实践能否获得成功的重要标志，也是判断以之为基础的城市基层整体治理模式能否获得成功的重要标志之一。

（三）社区协商

居民参与是社区营造的前提和基础，居民的参与需要有有效的平台、方法和路径，差异化的居民意见也需要进行整合以达成共识。社区协商是社区营造达成上述目标的主要方法。只有通过社区协商的方式，才能够激发社区居民的参与热情，动员多元主体积极参与，才是将差异化、碎片化的居民意见与建议进行整合而达成共识的关键方法。

首先,对于人民群众利益和诉求的多样化,需要进行社区协商。不同群众的利益诉求、情感文化、行为方式等存在较大差异,即使针对同一个问题,不同人的意见也会有很大不同。社区营造需要在健全意见需求表达机制的基础上,完善居民意见与建议的协调整合机制,社区协商则是达成目标科学有效的方法。社区营造通过将相关各方全部纳入社区协商的过程中,在大家充分表达诉求和意见的基础上,运用科学的程序和方法,进行平等的对话和讨论,最终达成各方都满意的共识。唯有各方达成利益一致的共识,营造方案设计以及施工建设才能够顺利推进。

其次,社区营造建设施工过程中的意见与建议的整合、矛盾问题的解决,需要社区协商。社区营造施工建设阶段,居民会提出一些新的意见与建议,也会出现一些矛盾问题,需要社区多元主体共同协商解决。此外,社区营造还要与街道的很多建设工程进行对接,协调工程进度,协商解决可能存在的问题。社区居民对建设施工提出的意见与建议,需要包括施工方、街道、营造团队、社区居民在内的多方进行协商,确认意见与建议的合理性并在建设过程中加以改进。社区营造施工建设项目与街道的很多工程的衔接,需要社区营造专家团队与相关工程设计方进行对接,在确认各自的建设工程相互之间不会产生冲突的情况下,才能够真正开始施工。

最后,社区公共精神和社区共同体意识的建构,需要社区协商。社区营造的最终目的,是实现公民的塑造、社区共同体意识的构建。唯有真正地让社区居民参与其中,并将其自己的意见与建议转化为具体的建设施工项目,才能够真正激发起他们对于社区的认同感和共同体意识。社区协商是实现这一目标的关键方法,通过整个营造过程中多频次、高密度的社区协商和公共交往，社区居民能够真正感受到自己的参与所带来的社区改变。社区居民基于社区营造过程中激发的参与社区公共事务的热情，以及通过社区协商过程习得的公共事务协商的程序与方法，可以进一步激发社区居民参与社区治理的公共精神，培育其构建社区共同体的主动意识。

总之，社区协商是社区营造乃至于城市基层整体治理模式的方法论基础，亦是基层民主的重要实现形式。通过社区协商，各方主体在党的领导下，充分参与到社区美好生活的建设过程中，同时形塑一整套社区治理的体系、制度和机制，并激发社区的公共精神，塑造社区共同体意识。

(四) 小区营造

随着近几十年快速的城市化进程，城市居民的生产生活已经发生了翻天覆地的变化。与新近建成的商品房小区相比，老旧小区面临着更多、更复杂的社区治理问题。老旧小区面临的各种社区治理难题，大多数和既有的社区公共空间资源配置有关，诸如小区停车空间紧张、小区花园等公共空间衰败问题，社区活动室、休憩空间不足导致的社区公共交往缺失等。社区空间产品供给和社区空间发展的不平衡，造成了社区公共供给与需求不匹配、社区空间碎片化，以及社区居民的空间选择权利不对称等问题。[1] 当前各个地方的社区营造实践，基本上都围绕着社区公共空间中基础设施的更新改造展开，诸如社区花园、缤纷社区、社区活动室乃至于对社区的整体性营造，以解决社区空间产品供给以及社区空间资源配置不均衡问题为基础，进而撬动并激发社区居民的参与意识和共同体意识。

由此，对于大量老旧小区来说，在有限的资源投入下，通过

---

[1] 袁方成、汪婷婷：《空间正义视角下的社区治理》，《探索》2017年第1期，第134—139页。

瞄准社区公共空间基础设施亟待更新这一基本内容，对社区居民普遍反映的热点、痛点问题，借助专业力量进行集中改造，是最大限度改善社区居民生活条件的可行路径。社区营造则是经过实践证明的有效模式，在营造点的选择、营造方案的确定、营造建设过程中的监督以及营造之后长效维护机制的建立等全过程，都可积极动员社区居民参与其中，最大限度地满足社区居民的真正需求。

社区公共空间并不仅仅是指物理意义上的空间。由于社区居民的生活、交往，已经成为一个综合了政治、经济、文化多方面意涵的概念，社区居民也赋予社区公共空间诸如交往、关系等的丰富内涵。社区营造不仅能够实现社区生活环境的改善，而且实现了居民参与方式、社区人际关系乃至于整个社区的治理模式的再造，使得社区营造过程也是社区公共精神和共同体意识不断培育和强化的过程。

（五）智慧应用

以现代信息通信技术为代表的新技术，成为推动城市基层整体治理模式生成的重要治理手段和工具。周家渡街道社区营造过程中的智慧应用，包括前期宣传阶段的社区微信群、公众号等移动互联技术的应用；在方案形成阶段，针对停车问题的小程序设想；在施工建设阶段，运用智能旋转门技术，解决居民就近出行需求；运用电子围栏、智能道闸技术保证社区安全；等等。

除此之外，通过街道层面的各种为民服务系统的整合与下沉，社区居民可以在社区享受一站式的公共服务提供体系。社区智慧应用已经在社区治理中展现出了强大的生命力和显著的作用。社区营造在推广复制过程中应当不断加强对较为成熟的技术手段的应用。

目前，上海已经有一些城市社区开始大规模引入社区大脑等技术，通过大量的传感器以及大数据处理技术，能够对社区内的很多问题实现实时感知、及时精准处理。在城市基层整体治理模式中，智慧应用作为技术工具是不可缺少的重要组成部分。

（六）长效机制

社区自治的关键在于建立包括参与、协商、维护为核心的长效机制体系，这也是构建共建共治共享的社会治理格局的基石。周家渡街道云台第二居民区的社区营造长效机制建设，主要是将社区营造事前与事中过程中积累的居民参与、协商、监督等有效机制，继续以社区议事会、社区网格睦邻党支部、家庭小党校等有效组织形式以及通过社区营造创造出来的居委会业委会物业公司"三合一"服务体系空间、多功能聚空间等新空间为载体，转化为社区营造任务完成之后的志愿维护、参与协商、需求满足等长效机制，真正实现了"人民社区人民建、人民社区人民爱"的目标。

三、社区营造标准化手册的创建及其经验的复制与推广

作为"美好周家渡"战略的重要组成部分，云台第二居民区的样板居民区"社区营造"实践试点，是在街道范围内全面推广社区营造方法的重要基础。通过云台第二居民区的社区营造实践经验的总结，形成可复制、可推广的建设模式，锻炼、壮大具有实践操作经验的人才队伍，为在街道范围内全面复制推广提供模式参考和人才基础。

（一）社区营造模式复制推广的基础

周家渡街道的社区营造实践，一开始就选择从社区情况复杂、基础设施落后的社区入手。只有在难度较高的社区成功开展社区营造，其经验才具有推广价值，才能够复制推广到其他社区。营造团队在云台第二居民区的全方位实践，为复制推广打下

了坚实的基础。

首先，重塑了街道、街居以及社区内部的治理体系。社区营造实践通过街道层面的体制机制创新和流程再造，形成了相对较为成熟的工作模式和工作机制。无论是在街道范围内的其他社区复制推广社区营造模式，还是推动各项基层社会治理工作，经由社区营造推动的工作模式和体制机制创新都能够为其提供有力的支撑。社区层面的社区营造具体实践是一个契机和切入口，撬动的是整个城市基层政府的运行机制和运作流程的再造，形塑的是城市基层整体治理模式，带来的是整个城市基层治理的效率的极大提升。

其次，形成了具有普遍意义的具体实际操作的程序方法。诸如社区营造"六阶三十条"、街道"1+4+8"整体治理体系、"社区营造十大原理""社区营造十二步法"等，构成了社区营造标准化手册的重要内容。在复制推广过程中，其他社区以标准化手册为基础，结合社区的具体情况，形成适应社区实际情况的社区营造方案。社区营造的标准化手册不是"金科玉律"，而是营造团队在中国的具体实践中总结的一般性的规律，这些标准不是绝对的，需要各个地方的社区根据自身的情况进行灵活的调适。

最后，通过社区营造锻炼了一批懂基层、了解人民群众的真实需求，又能够结合具体实际推动工作在基层落实的人才。人才是基层治理的关键，无论是社区营造模式的复制推广，还是其他基层治理问题的解决，都需要有丰富实践经验的人才。

(二) 社区营造标准化手册的创建

社区营造标准化手册，是对周家渡云台第二居民区的社区营造实践经验的提炼和总结，也是将其复制推广的标准和依据。正因为来源于具体生动的实践，与中国的社区现实情况紧密结合，社区营造标准化手册才有了推广复制的基础。

周家渡街道社区营造项目前后历时近一年，经过多方主体的参与和协商，营造团队对社区进行了多轮次的实地考察和走访，在参与各方的不懈努力下，最终社区营造实践取得了预期效果。社区营造是具有强烈地方特色的实践，是和社区的具体情况紧密相关的，不同社区的人员构成、社区历史文化、社区治理体系等都各不相同，导致很难将具体案例和做法在其他社区进行复制推广。但是，社区营造背后的理念、原理、方法和机制，是对具体实践过程的抽象和一般化，是可以用来指导其他社区的社区营造实践的，是可以复制推广的。所以，社区营造模式的推广复制，前提是要对具体的实践经验进行深入总结和高度提炼，找到纷繁复杂的实践现象背后一以贯之的发展主线和内在逻辑。

具体到周家渡街道的社区营造实践，包括街道"1＋4＋8"整体治理体系、社区营造"六阶三十条""社区营造十大原理""社区营造十二步法""社区营造六大运作机制""社区议事协商规则与程序"等，都是从实践中提炼总结出的具有一般性意义的原理和原则，具有较为普遍的指导意义。

其他社区可以根据社区营造标准化手册的原理、机制、程序、方法，结合社区的具体情况，设计符合本地实际的社区营造方案。唯有与当地实际的紧密结合，社区营造模式才可能在更大范围内被复制推广并取得成功。因此，编制社区营造标准化手册，是在街道范围内乃至于更大范围推广复制这一城市基层整体治理模式的重要基础。

（三）社区营造模式的复制与推广

从实践操作层面看，周家渡街道社区营造模式的复制推广需要分阶段进行。首先，全面总结、提炼试点居民区的社区营造经验，编制社区营造标准化指导手册。但是，需要注意的是，标准化手册只是原理、机制、程序和方法层面的指导,在应用过程中需要结合各自社区的实际情况进行灵活的调整。其次,在周家渡街道的其他社区进行复制推广,并根据在街道复制推广过程中的实践经验,不断补充和调整既有的标准化手册。即仅仅基于第一个试点居民区的社区营造实践形成的标准手册并不是完美无缺的,需要其他地方的实践反馈来进行不断调整和改进,只有经过多个社区的具体实践和反馈调整,社区营造标准化手册才可能具有更大范围的普适性。而且,街道范围的复制推广,也是对业已形成的"城市基层整体治理模式"的有效性进行检验的过程。通过多案例的实践,既能够验证该模式的可复制性和可推广性,又能够通过在其他社区的实践补充已经形成的整体治理模式的不足之处。最后,社区营造模式在更大范围内的复制推广的关键在于贯彻理念、借鉴程序方法,以及以社区具体实际为根据进行灵活调整。

试点是当代中国地方政府推动政府创新的常用举措,通过试点总结经验和教训,为更大规模地推广某项政策提供逐步完善的意见与建议。周家渡街道的社区营造实践即是这样的一种试点,通过试点居民区的社区营造为周家渡街道众多的老旧居民区探索更新改造、激发内在活力的新路径。同时,也是对城市基层治理模式的有益探索,值得在更多社区进行复制推广。

四、社区营造中国经验的创造与基层治理中国道路的开辟

随着我国的城市化进程的不断深入,城市发展逐渐进入新的城市精细化治理阶段。2015 年中央城市工作会议指出,我国城市发展已经进入新的发展时期。我们要深刻认识城市在我国经济社会发展、民生改善中的重要作用,深刻把握城市的发展、都市圈的发展以及城市群的发展,已然成为当代中国现代化发展的主平

台与主动力。做好城市工作,要顺应城市工作新形势、改革发展新要求、人民群众新期待,坚持以人民为中心的发展思想,坚持人民城市为人民。中央城市工作会议是我国未来城市发展、城市治理的纲领性文件,结合近年来中央一直在推进的基层综合执法体制改革等一系列重心下移的举措,城市基层社区是未来的治理重心所在。

我国的城市社区经历了集体化时期的单位—街居制,以产业化、组织化、行政化为特征的社区服务,以城市管理权下放和整合的行政化改革的社区建设这样三个阶段。随着城市发展阶段的变化,社区治理的格局也越来越呈现从自上而下地下放管理权和下沉服务等趋势,重点向动员和激发社区自身的资源和能力去解决社区问题、改善生活环境转变。在新的发展阶段,诸如社区花园、社区规划师、社区营造、城市微更新等多种多样的基层治理创新方式,都是在探索新时期城市基层治理的有效模式。专家研究和营造联合团队在周家渡街道的社区营造实践,即是对城市基层治理模式的有益探索。

(一)社区营造中国经验的创造

20 世纪 80 年代起,中国台湾地区经历了一个经济水平快速增长、人民生活水平大幅度提高、社会构成愈加多元化的过程,与此相伴的则是生态环境遭破坏、地方特色消失、农村人口逐渐减少和老龄化、生活品质下降和人际关系疏离等问题大量出现。在这样的背景下,社区营造遵循"自下而上、社区自主、居民参与、永续发展"的原则在台湾地区不断发展起来。社区营造提倡社区居民主动参与地方文化建设及公共事务讨论,以实现社区文化、生活、环境和地区产业协调发展的目标。近年来,以专家联合团队在周家渡街道开展的社区营造为代表,社区营造的内涵已经发生了很大的变化。

总体上看，中国大陆的社区营造实践与中国台湾地区相比，有三方面独特的经验：其一，社区营造过程始终得到党的领导和党组织的有力推动，党的作用贯穿于社区营造始终，发挥着不可替代的作用；其二，政府在社区营造中发挥重要作用，既包括投入的资源，也包括政府对城市基层社区的管理和服务的下移；其三，以社区营造为契机，推动的是城市基层整体治理模式的再造。

1. 党的领导和党组织的引领作用

中国大陆的社区营造实践，党的领导与党的力量贯穿于始终。不同于日本和中国台湾地区的社区营造，党的领导和党组织的引领作用，包括党员的先锋模范引领、基层党组织引领、区域化党建引领等，是中国大陆社区营造在实践过程中的决定性因素。

周家渡街道的社区营造实践，党的领导和党组织的引领作用主要表现在：其一，街道党工委对一切工作的领导。"美好周家渡"战略构想的提出，是周家渡街道党工委的科学决策。街道党工委在社区营造过程中，推动条块整合、党政整合、街居整合和区域化整合这四大整合，实现街道资源、管理和服务向基层社区的下沉，作为主心骨统筹协调各方力量推动社区营造的顺利进行。其二，社区基层党组织的核心作用。社区营造从方案形成、施工建设，到结束后的长效维护，社区基层党组织动员居民、协调各方、主动引领，发挥着重要的核心领导作用。其三，社区党员在实践过程中的先锋模范作用。社区党员从积极参与社区营造居民议事会到争当长效维护志愿者，他们的热情感染了社区中的很多普通居民。

总之，社区营造的实践过程，也是党的领导和党组织、党员的引领作用在社区发挥的过程。从这个角度看，社区营造与社区中党的领导和党的建设是同步进行和展开的。

2. 政府在社区营造过程中发挥的重要作用

在当前中国大陆的具体语境下，周家渡街道的社区营造表明了政府是社区营造顺利开展的不可或缺的核心力量。在社区营造过程中，政府的作用体现在其是社区营造的政策目标设定者、资源提供者和具体执行者。在街道范围内选取试点居民区开展社区营造，是周家渡街道实现"美好周家渡"战略的重要举措。为此，周家渡街道专门为社区营造提供资金支持，为社区营造所推动的社区更新提供资源。街道各职能部门全程参与社区营造实践，街道发挥了统筹各方面力量的作用，为社区营造的顺利开展提供了基础性保障。

政府的力量在社区营造中是不可或缺的，发挥着重要的方向指引、资源集聚和协调整合不同主体的职责。但是，正如我们在周家渡街道的社区营造实践中看到的，政府在社区营造中发挥重要作用，并不代表政府要大包大揽地把所有工作全部由自己承担，而是为动员和激发社区居民参与提供保障和支撑。政府在社区营造过程中，不再是原来那种大包大揽地唱独角戏的角色，而是成为积极地激发社区自身的活力和动力，推动社区自身解决遇到的各种问题和满足社区居民自身需求的赋能者角色。

正如中共中央、国务院《关于加强和完善城乡社区治理的意见》中所提出的：到2020年，基本形成基层党组织领导、基层政府主导的多方参与、共同治理的城乡社区治理体系。社区治理顺利推进的首要因素是党的领导和基层政府的主导，而党的领导和政府的主导角色能否发挥好，是基层社区治理能否做到有效、有序的关键所在。

3. 以社区营造为契机，推动体制机制的创新和治理模式的再造

周家渡街道对社区营造的定位并不是孤立的，而是将其与整

个基层政府治理模式的创新联系起来。在社区营造实践中,街道通过将基层治理的重心下沉到社区,推动一系列旨在满足社区居民需求、提高社区治理能力的行动。在这个过程中,基层政府为人民群众办实事的能力、部门之间的协调能力、基层政府工作人员做群众工作的能力等,都有了较大幅度的提升。

以社区营造的成功实践,以及在街道内乃至于更大范围进行复制推广为标志,一种新的城市基层整体治理模式得以生成。街道乃至更高层面的政府可以通过标准化、制度化的形式,将这一基层治理模式创新的有益经验进行推广复制,从而能够从整体上提高基层政府的治理能力。

总体看,社区营造作为一个传入中国大陆的社区治理新模式,在各大城市落地的过程中必然要与中国大陆的具体现实相结合。从来没有一个普适性的完美模式,重要的是吸收其合理的理念内核,与各个地方的具体实践相结合进行调适性改造,形成适应当地具体情况的本地化新模式。

营造团队在周家渡街道的社区营造实践,事实上就是在进行社区营造这一社区治理模式的本土化探索。在这个过程中,需要创新社区营造动员群众自下而上参与的工作模式,以及发动社区居民参与协商,建构社区共同体的理念。但是,在具体实践中,更要充分发挥党的领导作用,包括基层党组织、区域化党建平台以及党员的模范引领作用。此外,还要以社区营造为契机,推动社区以及街道层面整个治理体系的体制机制创新和流程再造,重塑城市基层治理模式。

(二) 基层治理中国道路的开辟

基层治理现代化,是国家治理体系和治理能力现代化的重要基础。基层是国家权力的触角,处在国家与社会连接的结构性位置。国家的路线方针政策都需要在基层落实,人民群众的需求也是经由基层政府感知并且具体进行满足。基层治理中有两个长期以来存在的核心关系需要重构，即政府内部的关系以及政府与民众的关系，这两对关系能否处理好是关乎基层治理有效的关键。

周家渡街道的社区营造实践及其所形塑的新型基层整体治理模式，事实上也正回应了对于上述两对核心关系命题的关切。周家渡街道的社区营造实践，推动了包括基层政府内部关系再造和政府与民众关系再造的双重再造使命，实现了基层整体治理模式的创新，对基层治理中国道路的开辟，进行了有益探索、积累了重要经验。

1. 政府内部关系的调整与整体治理模式的生成

基层政府位于科层体系的末端，是科层官僚体系的神经末梢，面对的是日益复杂和多样化的社会事务。不同于科层官僚体系的分工和专业化，基层治理的综合性更加凸显，这就需要在基层治理实践中处理好政府内部专业化与综合化的关系。基层很多治理事务是综合性的，往往很难单独由某一个部门完全解决，而是涉及多个部门，需要各个部门之间的协作联动才能解决。基层政府治理能力的瓶颈，就在于如何通过不同部门之间的协作和联动，更加有效地应对复杂的治理事务。

为了提高基层的治理能力，国家推动了一系列的改革，诸如推动治理重心下移、基层综合执法体制改革等，这些都是试图在基层政府内部实现整合与统筹，以匹配基层政府的综合治理属性。周家渡街道的社区营造实践，实现政府内部的部门整合统筹与关系调整是重要的目标之一。以基层社区事务为中心，以居民的需求为导向，在解决基层社区具体事务的过程中探索街道各部门之间协作机制的建立，具体体现在周家渡街道不仅在街道各机构内部建立了社区营造"主统筹、主配合、主负责"机制，而且使下沉到社区的各机构服务内容实现了清单化、联动化、整合化、一体化的目标，从而有效地整合了街道内部机构的力量，形成了街道内部的协作统筹机制，增强了服务基层的能力，推动了基层整体治理模式的生成。

2. 政府与民众关系的调整与精准治理模式的生成

地方基层政府与民众之间的关系是基层治理的永恒话题。随着国家经济实力的不断增强，国家开始大规模地向基层输入资源、下放权力、下沉服务。通过项目制的方式，大量的资源进入基层、进入城乡社区，但是很多时候却没有带来民众认可度和满意度的提升。民众对地方基层政府的很多工作并不了解，政府提供的很多服务与民众的需求未能对接，最终导致政府做了很多事情却没有赢得居民的认可与信任。问题的关键还在于，政府并未将民众看作治理中的主动者，而是完全的被动接受者，自然也很难根据民众的需求提供相应的管理和服务，所以在一些地方，基层政府与民众之间的关系也就容易处在互不信任的状态之中。

周家渡街道的社区营造实践，是基层政府真正重视社区居民在基层治理中的主体作用的重大探索，是把社区居民看作社区治理的积极主体而非被动接受者的一次重大创新。社区居民的意见和建议，成为社区营造乃至于社区管理和服务提供的基础依据，居民成为满足自身需要的积极主体。基层政府更加重视群众工作路线和方法的运用，深入群众、倾听群众的意见和建议，真正以人民群众的需求为导向，开展基层工作。其结果是带来了基层政府与民众关系的大幅改善，政府得以感知居民的真正需求，并以这些需求作为工作的指引。居民则通过意见表达和直接参与和协商，真正感受到了参与社区公共事务的价值，居民对于政府的评价得以大幅改善，政府和民众之间的信任得以增强。

更重要的是，这种政府与民众关系的调整与改善，使得政府能够更加高效地将自上而下的资源真正用在社区居民的切实需求之上，既满足了居民的多样性需求，又开创了融需求导向、问题导向与结果导向于一体的精准治理模式的发展道路，进而拓展了城市基层整体治理模式的实质性内涵，提升了有效治理的品质。

本章小结：屹立于新时代改革的潮头，用社区营造的支点撬动中国基层社区治理的整体腾飞

本章试图回应的问题，是随着城市发展进入精细化治理的新阶段，城市基层治理模式应当如何进行创新，诸如社区营造、社区规划师、城市花园、城市微更新等城市基层治理模式的探索，以及在此基础上，如何统合形成更加完整、更有推广价值的城市基层整体治理模式？

中共十九大报告指出，新时代我国社会主要矛盾是人民日益增长的美好生活需要和不平衡不充分的发展之间的矛盾。在一些城市基层，特别是城市老旧小区，人民群众的生活现状距离"美好生活"的标准还有较大差距。如何在城市发展新阶段解决基层社区发展不平衡的问题，进而探索有效的基层治理新模式，成为摆在基层政府面前亟待解决的重大问题。周家渡街道积极探索、勇于行动，在充分调研街道实际情况并咨询相关专家的意见之后，提出了"美好周家渡"发展战略，并以样板居民区的社区营造为主要做法，积极回应了人民群众对美好生活的向往。

周家渡街道的社区营造实践中，推动社区公共基础设施的更新改造是基础目标。但是，社区公共基础设施的更新改造只是契机和切入口，更深层次的目标在于以社区营造撬动城市基层治理模式的创新变革。因此，围绕社区营造实践的工作推进，社区层面的治理体系得以重塑，街道层面的体制机制和政府流程得以再造。街道层面的"1＋4＋8"整体治理体系以及居民区层面的"党建引领＋居民参与＋社区协商＋小区营造＋智慧应用＋长效

机制"的整体治理模式，以及在这个过程中形成的原理、机制、程序、方法等，共同构成了周家渡街道社区营造实践所探索的城市基层整体治理模式的基本内涵。

周家渡街道的实践表明，基于社区营造的城市基层整体治理模式是有效的，不仅明显改善了老旧小区的社区硬件环境条件，整个社区的活力以及社区治理的内生动力也得到激发和塑造。而且，通过社区营造的标准化手册的编制，该模式可以在街道范围乃至于更大范围进行复制推广，为满足更多的城市居民对于美好生活的向往、提高基层社区的治理能力、激发基层治理活力提供了可资借鉴的经验模式。周家渡街道的社区营造实践，事实上是以社区营造为支点，撬动的是中国基层社区治理的整体腾飞。

通过对新时代上海市浦东新区周家渡街道云台第二居民区社区营造过程的全面展示与系统分析，专家营造团队既希望广大读者能够在周家渡街道社区营造详细过程的全景式描述中获得有益的经验与方法启发，又能够在基于当代中国实际的有关社区营造原理、机制和治理模式的论述中获得对于当代中国基层治理的更多深度理论思考。专家营造团队希望本书能够成为广大基层实践工作者和理论工作者研究当代中国社区营造和基层治理的必备参考书籍，更希望此书能够成为研究当代中国基层治理创新经验、创新当代中国基层治理理论模式、开辟当代中国基层治理新型发展道路的前瞻探索之作。

附录

附录一

"找回居民":专家介入与城市基层治理模式创新的内生动力再造[1]

唐亚林 钱 坤

一、引言

近代以来,在中国从传统社会走向现代社会的过程中,"乡村的问题"在中国是最核心的问题之一,许多胸怀救国救民情怀、具有高度社会责任感的知识精英争相给出了解答方案。[2] 20世纪二三十年代兴起的声势浩大的乡村建设运动,[3] 即是在西方资本主义的不断涌入,"以农为本"的传统中国社会构造逐渐解体,[4] 中国传统农村秩序不断遭到破坏[5]的背景下,由知

---

[1] 本文原载《学术月刊》2020年第1期。
[2] 赵旭东:《乡村成为问题与成为问题的中国乡村研究——围绕"晏阳初模式"的知识社会学反思》,《中国社会科学》2008年第3期,第110—117页。
[3] 郑杭生、李迎生:《中国早期社会学中的乡村建设学派》,《社会科学战线》2000年第3期,第232—243页。
[4] 耿达:《近代中国"乡村改造"的两条路向》,《华南农业大学学报(社会科学版)》2016年第15期,第133—240页。
[5] 梁漱溟:《乡村建设理论》,上海人民出版社2006年版,第10页。

识精英推进的以复兴乡村社会为宗旨的运动。[1] 晏阳初的河北定县乡村平民教育实验、梁漱溟的山东邹平乡村建设运动等,是当时乡村建设运动的主要代表。以知识分子为代表的民间力量进入乡土社会,兴办乡村教育、重构乡村秩序、推动乡村发展,成为国家现代化的重要探索,对于今日的基层治理也有重要的借鉴意义。

学界关于乡村建设运动的研究已经十分丰富,本文无意探讨其丰富内涵和学术价值,而是试图从中抽离出知识分子进入基层社会展开生动社会实践,从而改变基层社会治理形态这一新型时代命题。

毋庸讳言,知识分子作为一股独立的力量,深入参与并影响基层治理是一个普遍现象。在西方国家,知识精英以影响政府政策制定的方式来影响治理,他们通常被称之为"政策企业家",[2] 即指那些通过组织、运用集体力量来改变现有公共资源分配方式的人,[3] 他们主要是政府体系之外的人,将创新思想引入并指导公共部门的具体实践或者参与政策变革。[4] 有学者指出"咨询者"是专家参与国家与社会治理最理想化的角色;[5] 也有学者认为,借助于美国智库的"旋转门"机制,促成了知识与权力两者的最有效结合,[6] 学者与官员之间的身份转换非常

---

[1] 何建华、于建嵘:《近二十年来民国乡村建设运动研究综述》,《当代世界社会主义问题》2005 年第 3 期,第 32—39 页。

[2] Wirth C J, Kingdon J W, "Agendas, Alternatives, and Public Policy", *The American Political Science Review*, 1985, 79 (1), p. 213.

[3] Burgelman R A, "Public Entrepreneurship: Toward a Theory of Bureaucratic Political Power. by Eugene Lewis", 1985.

[4] Roberts N C, King P J, "Policy Entrepreneurs: Their Activity Structure and Function in the Policy Process", *Journal of Public Administration Research and Theory*, 1991, 1 (2), pp. 147-175.

[5] Lemieux, Vincent, "The Scholar and the Expert", *Canadian Journal of Political Science*, 1992, 25 (04), p. 651.

[6] 王莉丽:《美国智库的"旋转门"机制》,《国际问题研究》2010 年第 2 期,第 13—18 页。

普遍，知识分子越来越深地嵌入美国的国家治理之中，对于美国的内政外交都有非常大的影响力。

在中国，知识分子以多种不同形式参与国家与社会治理有着悠久的历史传统。中国知识分子的定义与古代"士人"群体存在一脉相承的精神内涵，[1]除了知识的生产，投身实践亦是知识分子的重要面向。

一般而言，知识分子（学者）影响国家治理主要有几种类型：中立观察式、批评建议式、主动实践式。

其一，学者们通过对社会现象及其运作机制的深入观察，产出相关学术研究成果和知识来影响国家治理，此为中立观察式。学者以社会中的具体案例为对象，通过系统展现因果机制和过程，从而产出知识，[2]形成系统化的学科知识体系。[3]这一观察并产生知识的过程往往又和社会科学的本土化相联系，通过田野工作，发展出对中国人的行为以及组织运作机制具有确切解释力的社会科学理论。[4]正是在这个意义上，有学者就强调中国社会科学的自主发展需要经由一个运用社会科学的一般理论与方法对中国经验或实践进行深耕的阶段，即中国社会科学研究需要一个由实践到理论再到实践的阶段。[5]学者们通过对社会现实的深入调查和系统研究，推动学术研究的进步和对社会运行内在逻辑的深刻揭示。但是，这种对于中国现实的观察和研究是相对

---

[1] 文军、林茂：《知识分子：一个概念的社会学考评——基于"德雷福斯事件"的话语权分析》，《学术月刊》2018年第7期，第70—79页。
[2] 张静：《案例分析的目标：从故事到知识》，《中国社会科学》2018年第8期，第126—142页。
[3] 渠敬东：《迈向社会全体的个案研究》，《社会》2019年第1期，第1—36页。
[4] 吴重庆：《农村研究与社会科学本土化》，《浙江学刊》2002年第3期，第92—94页。
[5] 贺雪峰：《"大循环"：经验的本体性与中国社会科学的主体性》，《探索与争鸣》2017年第2期，第29—31页。

中立和客观的，研究者们并不会直接介入到基层治理之中，他们是观察者而非积极行动者，对国家治理施加的是间接的影响。

其二，以人文社会科学领域的知识分子为代表，对国家的相关政策以及社会热点事件经常发表评论和分析，从而对国家与社会治理产生一定的影响，此即批评建议式。知识分子与其所处的社会和关系网络有机互动，影响并建构了社会公共空间和关系网络，[1] 知识分子角色本身具有批判性和公共性特征。[2]

其三，前述两种模式无论是直接还是间接地影响国家与社会治理进程，都是在思想、理念和知识层面产生作用。除此之外，还有一部分学者开始投身于具体的基层治理实践，试图去改变基层的治理样态，这可称之为主动实践式。民国时期的乡村建设运动，改革开放以来的诸如清河实验、[3] 清华大学罗家德在四川地震灾区开展的乡村社区营造实验[4]等，都是通过知识分子直接介入基层治理，通过自身的参与实践来改变当地治理状况的典型。

中共十八届三中全会通过的《中共中央关于全面深化改革若干重大问题的决定》提出，"全面深化改革的总目标是完善和发展中国特色社会主义制度，推进国家治理体系和治理能力现代化"。推进国家治理体系和治理能力现代化的过程中，专家学者特别是社会科学领域的专家学者应当发挥什么样的作用？通过什么途径来发挥作用？这是一个非常有趣又亟待回答的时代问题。

---

[1] 许纪霖：《都市空间视野中的知识分子研究》，《天津社会科学》2004 年第 3 期，第 123—130 页。

[2] 王维佳、杨丽娟：《"吴英案"与微博知识分子的"党性"》，《开放时代》2012 年第 5 期，第 48—62 页。

[3] 李强：《清河实验：基层社会治理创新研究》，《中国机构改革与管理》2015 年第 8 期，第 27—28 页。

[4] 罗家德、帅满：《社会管理创新的真义与社区营造实践——清华大学博士生导师罗家德教授访谈》，《社会科学家》2013 年第 8 期，第 1—4 页。

以专家学者为代表的社会力量,如何参与基层治理、推动基层治理现代化?本文试图通过对上海市浦东新区 Z 街道推动创新城市基层整体治理模式的案例进行深入分析,探讨专家学者是如何介入城市基层治理实践,应对基层治理面临的挑战,并最终推动新型城市基层治理秩序型构和模式创新的。

二、专家介入与城市基层治理面临的挑战与突破:一个分析框架

2011 年年底,中国城镇人口共 6.9 亿人,占总人口比例首次超过 50%,达到 51.3%,[1] 这意味着当代中国开始进入了一个全新的城市中国时代。快速的城市化带来了整个经济社会文化生活的全面发展,城市成为各种资源要素的集聚地,更是政治、经济、社会等各个方面的中心。社区是城市的基本单元,社区治理关乎党和国家大政方针的贯彻落实、居民群众切身利益的有效满足以及城乡基层的和谐稳定,社区治理的好坏直接关系到城市治理的质量以及城市居民的获得感和满意度。正如有学者指出的那样,中国改革开放四十年的发展历程,在城市治理方面实际上就体现为一个重新发现和重新培育社区的过程,社区的重要地位体现在它是拯救城市的一道底线。[2]

改革开放后,原有的单位制逐步解体,城市社区治理模式开始从行政型社区向合作型社区和自治型社区转型,代表着我国城市社区发展的方向。[3] 社区自治是党领导社区居民实现自我管

---

[1] 国家统计局:《中华人民共和国 2011 年国民经济和社会发展统计公报》,《中国统计》2012 年第 3 期。
[2] 刘建军、王维斌:《"社区中国":原理、地位与目标》,《城乡规划》2018 年第 3 期,第 54—60 页。
[3] 魏娜:《我国城市社区治理模式:发展演变与制度创新》,《中国人民大学学报》2003 年第 1 期,第 135—140 页。

理、自我教育、自我服务、自我监督的一种基层民主形式,社区居民参与社区自治的途径主要是直接民主制度。[1] 这种政府指导下以选举为核心的社区自治,是一种直接民主的方式,其核心内容主要在于社区居民的知情权、表达权、参与权与监督权。2017 年《中共中央国务院关于加强和完善城乡社区治理的意见》正式发布。该《意见》的总体目标是到 2020 年,基本形成基层党组织领导、基层政府主导的多方参与、共同治理的城乡社区治理体系。但是,当前城市基层治理在官僚知识体系、基层运作机制以及行动者(居民)参与三个方面都面临着挑战。

(一)城市基层治理面临的挑战

1. 官僚知识体系的固化

国家治理的过程是权力运用的过程,也是应用各种知识的过程,这些知识既包括集中体现为各种制度性知识的官僚知识,也包括个人基于学习和实践而形成的价值、智慧和技能等个人知识。[2] 官僚知识是制度化、标准化和系统化的,是维持科层体系运转的结构性知识。但是,寻找、呈现和利用个人知识,以修正官僚知识中的错误,提升国家治理的适应性和回应性,[3] 却是现代国家治理的重要任务。个人知识事实上为官僚科层体系的运转注入了现实社会的具体情境,是将中央层面出台的纲领性、指导性意见[4]"转译"为契合地方实际需求的政策"操作文

---

[1] 唐亚林、陈先书:《社区自治:城市社会基层民主的复归与张扬》,《学术界》2003 年第 6 期,第 7—22 页。

[2] 韩志明:《从官僚知识到个人知识——国家治理转向的知识逻辑》,《中国行政管理》2018 年第 6 期,第 88—93 页。

[3] 韩志明:《寻找个人知识:现代国家治理的知识逻辑》,《南京社会科学》2019 年第 3 期,第 47—56 页。

[4] 贺东航、孔繁斌:《公共政策执行的中国经验》,《中国社会科学》2011 年第 5 期,第 61—79 页。

本"[1]的重要基础。在基层治理中,由于直接面对治理对象,个人知识的重要性愈加突出。个人知识是基层政策执行以及治理行为能否贴合实际、满足需求并取得绩效的重要前提。

在基层治理实践中,缺少个人知识应用的典型表现就是形式主义,即将"程序"做到无懈可击、不出漏洞,而不是实质性地把工作做到位。[2]基层治理中官僚知识本位主义带来的问题,表现为以符合程序和职责要求为追求,而不考虑如何具体实现治理目标,以及思考如何实质性地执行相关政策。当前,基层治理面临的一大挑战在于官僚知识的自我强化和自我循环,加剧了官僚知识体系的固化现象,甚至隐含了一种"干事,以不出事为上的逻辑",压制了个人知识的应用,导致基层治理工作难以具体操作、治理目标难以有效实现。

2. 基层运作机制的碎片化

随着经济社会的快速发展和社会分化的日益加剧,基层的治理事务愈加复杂和综合,需要通过政府内部的协同与整合来有机处置。但是,以分工为基础、以各司其职和层级节制为特征的传统官僚制,日益导致了行政业务之间、政府各部门之间的分割,形成了"碎片化"的分割管理模式。[3]而且,以项目制为核心确立的新的国家治理体制[4]强化了政府内部的协同困境。

基层政府在致力于达成某些整体性目标的时候,往往由于部门之间的协同不足、各自为政等问题,导致了资源利用的低效以

---

[1] 吕方、梅琳:《"复杂政策"与国家治理——基于国家连片开发扶贫项目的讨论》,《社会学研究》2017年第3期,第144—168页。

[2] 杨华:《基层治理的形式主义何以发生——从乡镇职能部门关系反思治理问题》,《文化纵横》2019年第2期,第53—60页。

[3] 唐兴盛:《政府"碎片化":问题、根源与治理路径》,《北京行政学院学报》2014年第5期,第52—56页。

[4] 渠敬东:《项目制:一种新的国家治理体制》,《中国社会科学》2012年第5期,第113—130页。

及社区治理的"超载"现象[1]的一再发生。故而,从机构整合、信息资源整合、业务整合、服务和沟通渠道整合四个方面来建构的"整体型政府",[2]是破解政府"碎片化"的主要路径。但是,官僚科层体系内部难以自发构建出以基层治理事务和治理问题为导向的整合性、整体性的运作机制体系。

3. 行动者(居民)参与的乏力

基层社区治理不是政府一家唱"独角戏",构建多方参与、共同治理的城乡社区治理体系,少不了社区各相关行动者的积极有效参与,社区居民则是其中的关键主体。但是,长期以来,不少居委会陷入了泛行政化、边缘化、自治能力弱化的尴尬境地,再加上我国居民自身参与社区自治的意识比较淡薄,种种情况的叠加导致社区自治的行动者由社区自治的法定参与者变成了实际的缺席者。[3]居民参与的缺席和乏力,使得基层政府无法感知来自社区居民的真实需求和具体意见,难以提供有针对性、精准的管理与服务,基层治理的有效性自然难以实现。

此外,居民等关键行动者的参与缺失,使得基层社区治理变成了政府的"独角戏",最终即使达成同样的治理目标,却需要更多的资源投入,并且群众的认可度和满意度也不高。更重要的是,行动者参与的不足使得社区总是成为管理与服务的被动接受者,社区治理的主体性以及内生动力无法被激发,社区的可持续发展和良好的治理更是无从谈起。

---

[1] "超载"现象,是指各部门纷纷将本应自己完成的工作或任务下沉到社区,由社区承担。社区承担了许多本来不该承担的职责,造成社区日益"行政化"以及自治功能的弱化。

[2] 谭海波、蔡立辉:《论"碎片化"政府管理模式及其改革路径——"整体型政府"的分析视角》,《社会科学》2010年第8期,第12—18页。

[3] 刘建军、马彦银:《层级自治:行动者的缺席与回归——多中心治理视野下的城市基层治理研究》,《杭州师范大学学报(社会科学版)》2015年第1期,第86—93页。

官僚知识体系的固化、基层运作机制的碎片化以及行动者参与的乏力这几方面因素相互叠加与彼此强化,共同造成了当前基层治理面临的困境。这种困境很难依靠官僚科层体系自身的力量来实现突破,需要借助外部力量来推动基层治理的整体创新进程。

(二)专家介入与城市基层治理模式的整体创新

随着我国城市发展进入精细化治理的新阶段,满足城市居民对于美好生活的向往成为城市发展的重要追求。面对着城市基层治理多重挑战叠加的治理困境,作为拥有专业知识、理想情怀和行动能力的专家学者,开始异军突起,不仅成了一支积极的参与力量,而且承接了自古以来中国知识分子群体积极"入世"、改造社会现实的文化传统,在实际生活中积极推动了城市基层治理模式的整体创新进程。

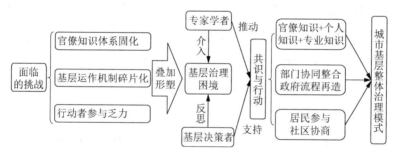

图附录 1-1　专家介入城市基层整体治理模式创新的分析框架

官僚知识体系的固化、基层运作机制的碎片化与行动者参与乏力的相互叠加,共同造成了城市基层治理的困境,具体表现在以社区为中心的综合性为民服务工作和项目方面:(1)难以形成有效的操作方案并具体落地实施;(2)基层组织(党工委和街道办事处)内设机构之间各自为政,缺乏必要的统筹、沟通和协调;(3)社区的关键行动者——居民被长期搁置、遗忘,形不成有效的参与机制,其结果是城市基层治理始终呈现"剃头挑子一头热"的现象,即凡是政府出面组织、发动、建设的项目和事情，哪怕是符合居民实际需求的，居民也漠不关心，始终处于旁观者、被动者的角色状态，基层治理的实际绩效可想而知。

由于充分认识到城市基层治理面临的困境所在，浦东新区Z街道的决策者出于为人民群众办实事和出政绩的双重考量，在通过与专家学者的深入接触之后，发现了一种基于理论与实践相结合以及基层政府支持与专家参与试验相结合的城市基层治理创新模式。其立论的依据为：专家学者基于专业知识和社会声望，在基层政府决策者的支持下，通过项目试验方式，提供包括总体规划方案在内的各种智力支持，推动居民广泛参与，满足居民的实际需求，最终形成一套有新意、有绩效、有示范价值的城市基层治理创新模式，而专家学者也可以通过这种理论与实践相结合的方式，将书斋里的理论转化为生动的实践，既可获得第一手的调研资料，又可获得必要的经费支持和创新体验。

这种双赢的构想在城市基层治理模式创新方面，可以实现三个层面的突破：其一，突破官僚知识体系的自我循环式固化现象，以满足居民需求为根本，引入个人知识和专业知识，重塑基层治理的知识体系；其二，突破基层政府的治理碎片化现象，推动基层政府的管理、服务与资源下移，构建纵横向部门之间的协同整合机制，实现政府流程再造，重塑基层运作机制；其三，突破普通行动者的参与缺席现象，以与居民日常生活息息相关的"痛点""难点"需求解决为导向，动员社区居民积极参与，推动社区各相关主体的社区协商，实现自上而下的管理、资源与服务和自下而上的居民需求、意见的有效对接。通过专家学者的介入和撬动，这样的社区营造和基层治理实践以具体的社区整体功能提升项目为支点，推动基层治理知识体系的重构、基层运作机制的重塑以及行动者参与动力的再造，最终推动城市基层整体治理模式的创新。

三、专家与官员的碰撞、共识与行动：Z 街道的具体案例

(一) 社区功能整体提升项目的低效运作与专家学者的介入契机

浦东新区 Z 街道是上海市有着近 60 年历史的老城厢、老街道。街道辖区内共有各类居住小区 76 个，其中老旧小区占比高达 73%。城区形态陈旧，基础设施落后，居民生活条件较差，老旧小区环境相对于商品房小区呈现明显破败的景象。落后的基础设施条件与城市居民的美好生活需求之间的张力愈加明显，街道也面临着越来越大的治理压力。2017 年年底，Z 街道借着上海市"大调研"的东风，党政领导深入一线，兵分多路，对街道 58 000 户社区居民家庭、1 400 余家区域内企业、41 家社会组织以及街道辖区内的政府机关、事业单位、双管单位、部队及学校进行全方位走访调研。

在深入调研的基础上，2017 年 12 月底，Z 街道广邀专家学者以街道工作务虚会的形式，深入探讨街道未来的发展战略。经过与会专家的讨论与建议，并结合中共十九大报告关于社会主要矛盾的分析，Z 街道决定从 2018 年开始全面实施"美好 Z 街道"战略，即分批次、分阶段对街道内的老旧小区进行全面的更新改造。随后，街道进行全面动员，各居民区均通过居民代表会议、党员会议、两委会等渠道广纳民意，积极提交相关材料申报样板居民区建设计划。经过专家评审和街道党工委决策，Z 街道正式评出两个综合性样板居民区试点单位和十四个专项试点单位。

随后，Z 街道将样板居民区的打造确定为 2018 年度的中心工作之一，并专门成立推进该项工作的办公室，负责协调推进该项工作。通过将某项工作明确为中心工作，并采取运动式治理的方

式来推动落实,是基层政府重要的治理策略。[1] 在起始阶段,街道的主要思路是分别梳理形成"五美五好"的标准体系和实施方案,再通过街道整个科层体系的动员来推动工作的进行。故而,街道各部门以及各样板居民区创建单位全面动员,编制标准体系、实施方案,梳理各自的问题清单、需求清单、资源清单(简称"三大清单"),最终编制了厚厚一本资料汇编。

经过近两个月的工作,街道推动的创建综合性样板居民区工作依然在科层体系内部打转,虽然也形成了丰富详实的文字材料,但是具体如何落地操作却缺乏头绪。事实上,该项工作在前期实施阶段陷入了与"政策空传"[2]类似的"目标空转"状态,即看似为实现目标做了很多工作,却没有可操作、能落地的实质性进展。街道党政领导也逐渐意识到这种推进模式的问题,即工作缺少一个整体的目标、规划和有力的协调。街道各职能部门如果按照原计划下沉各种项目到居民区,远远超出了居民区的承接能力。更重要的是,样板居民区创建的出发点是满足人民群众的美好生活需求,但是在整个推进过程中,社区居民却是缺位的,看不见他们的参与,听不到他们的意见、态度,辨不清他们的喜好。

在2018年5月的一次街道各职能部门以及笔者在内的专家学者共同参加的工作推进会上,笔者及其他专家学者均提出了上述问题,得到了街道职能部门负责人以及街道领导的认同。街道领导当场决定暂时叫停街道对于该项工作的推进,待形成更加具有可行性和操作性的整体方案后再重新实施。经过前期几次深入接

---

[1] 狄金华:《通过运动进行治理:乡镇基层政权的治理策略——对中国中部地区麦乡"植树造林"中心工作的个案研究》,《社会》2010年第3期,第83—106页。
[2] 李瑞昌:《中国公共政策实施中的"政策空传"现象研究》,《公共行政评论》2012年第3期,第59—85页。

触以及整体比较，Z 街道主要领导决定与笔者组建的"治理＋规划"联合研究团队合作，全面实施"美好 Z 街道"整体治理模式试验区的整体设计创建与制度创新工作。

（二）专家与官员的碰撞、契合点与共识的生成

笔者团队介入之初，就向 Z 街道党工委主要负责人提出：其一，暂停街道各部门自行和居民区接触，各部门进行内部自查，梳理自上而下进入居民区的项目、资源清单，由专家团队和街道统筹协调。待专家团队制定出样板居民区创建总体方案后，结合方案所需，合理给各职能部门分配相关任务。其二，居民区层面广泛动员群众参与，以居民需求为导向，将有限的资源用在社区居民最需要的项目上，最大限度地提升居民的获得感。其三，专家团队将会深入两个社区进行实地考察，在详细摸清社区现状的基础上，设计整个样板居民区创建的初步方案。

Z 街道创建综合性样板居民区的探索以专家团队全面介入为分界点，分成介入前和介入后两个阶段，前后两个阶段事实上是根据不同的逻辑实施治理的。

前一阶段遵循的是明显的官僚逻辑和科层逻辑，即在地方政府的压力型体制下，通过科层体系的动员以及将该项工作设定为中心工作的方式，自上而下推动工作的开展。而这种自上而下分解压力的运作模式，也成为不少地方政府解决重要问题、完成重要任务采用的通用模式。[1]

后一阶段则是在专家团队的主导下，以居民参与和社区协商为中心，自下而上地撬动科层体系的体制机制创新，并推动地域社会生活共同体的建构。地域社会生活共同体形成的动力机制，在于居民自主参与居住区公共议题的决策过程，并通过参与过程

---

[1] 杨雪冬：《压力型体制：一个概念的简明史》，《社会科学》2012 年第 11 期，第 4—12 页。

产生对地域空间的认同。[1] 前后不同主导逻辑的转化不是突变的，而是有其转换基础和契合点的。

首先，官员和专家的追求是相对契合的。从街道主政官员的角度看，街道的实际需求以及人民群众对于美好生活的向往是开展工作的基本出发点，在此基础上推动基层治理模式的创新，为街道赢得政绩，这也是重要的诉求。从专家学者的角度看，参与社区基层治理，既能够使自己走出书斋投身实践，通过理论与实践相结合的方式真正地改变一个地方的治理秩序，又能够在这个过程中认知中国现实的复杂性和多样性，让自己的学术研究更加接地气，更具有生命力。

其次，街道主导下的具体治理创新实践也陷入了困境，如果不进行改变的话，就难以顺利实现最初的目标。由于缺少整体的设计和内部的协调整合，相关工作的开展必然陷入各自为政的局面，也会导致居民区治理"超载"情况的显现。此所谓"上面千条线，下面一根针"，万千任务都压到了最基层。

最后，官员和专家的最终目标是统一的、相通的，即都希望能够通过试点工作，真正满足居民对美好生活的向往。而且，街道该项工作从战略提出到前期的推进，专家学者都全程参与，对街道的情况、主政官员的想法等都有比较全面的了解，这也是专家团队最终能够顺利介入的重要基础。在这一最终目标的统合下，基于良好的前期基础，专家学者基于实践和居民需求的方案设计得到了街道主政官员的认可，双方达成了共识，推动了一致行动的形成。

（三）专家介入的具体实践过程

从笔者所在团队正式介入 Z 街道 Y 居民区社区营造实践开

---

[1] 杨敏：《作为国家治理单元的社区——对城市社区建设运动过程中居民社区参与和社区认知的个案研究》，《社会学研究》2007 年第 4 期，第 137—164 页。

始,在近9个月的时间里,专家团队与街道党工委、社区党总支和居委会、业委会、社区居民等多方社区治理主体进行了多轮次的协商,最终形成了一份各方都满意的打造方案以及具体实施计划。总体上看,可以将整个过程分为四个阶段:设计准备阶段、方案形成阶段、施工建设阶段与长效维护阶段。

设计准备阶段,专家团队与居民区党总支书记、居委会主任、社区积极分子进行深度访谈,多次实地考察走访试点居民区,全面深入地收集资料。与此同时,专家团队与社区党总支和居委会采取"致Y居民区居民的一封信"、党员大会、居民代表大会、座谈会、听证会、党员议事厅等多种方式,动员社区居民参与。

方案形成阶段,专家团队通过"随机抽样+居民推选+社区协商"的方式,选出40人的居民议事员,由他们代表居民具体发表意见和建议,构建社区居民参与和协商的组织基础。居民议事员在专家团队招募的学生志愿者的带领下,走遍了社区的每个角落,并由志愿者记录下他们对于社区的更新改造意见。根据专家团队设计的议事规则,居民议事员在居民议事大会上充分讨论并达成共识。专家团队中的规划设计师以居民共识为依据,设计具体营造方案。在第二次居民议事大会上,居民议事代表对方案进行投票表决,形成最终营造方案,并提交街道党工委进行决策。

施工建设阶段,在专家团队的推动下,由居民代表、街道工作人员、居委会工作人员、第三方专家团队、施工方组成联合监督委员会。联合监督委员会负责施工过程中施工方与居民的矛盾调解、监督施工质量等任务,还包括收集、汇总居民意见,对原有设计方案进行微调。

长效维护阶段,各监督小组就地转化为长效维护小组,并分门别类地制定系统化的管理规章制度等,负责新建社区基础设施的日常维护、合理使用,以及对不当使用行为的制止等工作。

在专家介入推动以及街道决策者的大力支持下,Z 街道的社区营造实践顺利开展,社区的环境得到了极大改善,社区居民参与社区事务的积极性与主动性也被充分调动。在社区层面,社区居民成为社区为民服务项目的主动参与者和重要决策主体,并在参与过程中习得了一套参与社区事务、进行社区协商的程序与方法体系,为后续参与社区治理提供了重要制度基础。在街道层面,以社区营造实践为载体,推动街道职能部门协调机制的形成,主要体现在进入社区的项目与资源实行"主统筹、主负责、主配合"三大机制。此外,在专家学者的推动下,包括街道各部门在内的各方主体以社区居民的需求为导向,以具体问题的解决和可操作方案的形成为目标,突破官僚系统的"空转"和文牍导向,进入基层实践现场,深入群众、走群众路线,真正突破官僚知识的自我循环,以满足居民需求为目标,融入个人知识、专业知识,真正实现基层官僚知识体系的重塑。

四、找回居民:专家介入城市基层整体治理模式创新的基本经验

如前所述,城市基层治理面临困境的主要原因,是城市居民作为关键行动者的缺席。居民的缺席使得基层政府辨不清居民的需求,找不准社区治理"痛点"问题所在,加之自我循环的官僚知识体系难以得到有效更新,基层运作机制体系并没有随着城市治理重心的下移而得到有机整合与重构,进而导致城市基层治理始终处于一种低水平打转的境地。

Z 街道城市基层整体治理模式创新实践的经验表明,在基层党工委和街道办事处的大力支持下,通过专家学者的深度介入和

附录一
"找回居民":专家介入与城市基层治理模式创新的内生动力再造

行动,动员社区居民广泛参与和社区协商,根据居民的意见和选择对社区进行更新改造,并在这个过程中激发和培育居民的公共交往,创造各种后续自愿维护长效机制,提升社区乃至街道的整体治理水平,是城市基层整体治理模式创新的要义所在。

(一)专家学者的深度介入与居民主体力量的发现

在城市社区治理领域,居民参与是社区治理内在的、不可分割的重要特征。[1] 毫无疑问,城市基层治理的转型和创新,需要重新"找回居民"。从 Z 街道的案例中可以看出,专家学者在其中发挥了非常重要的作用。他们通过提供专业知识、畅通政府与民众的沟通渠道,动员居民表达自己的需求和意见并积极参与社区治理,在基层治理中"找回居民",也就是找回了城市基层整体治理的主体力量。

专家学者发挥作用的基础,在于其拥有的专业知识和社会声望。专业知识使其能够提出切实有效的具体方案,社会声望则使其赢得政府官员和社区居民双方的信任,并以自身为中介在政府和居民之间搭建信息沟通和相互协商的桥梁。

拥有专业知识的专家越来越成为包括国家治理在内的各个领域的关键角色,西方学界也兴起了一股"技术专家治国论"[2] 浪潮,甚至有学者认为政府已经变成由专家控制的政府。[3] 虽然可能有夸大的成分,但是不可否认的是真正有专业知识和社会声望的专家,通过搭建各方沟通协商的治理桥梁,在国家与社会治理中均可发挥十分重要的作用。在 Z 街道的创新案例中,专家

---

[1] 张大维、陈伟东:《城市社区居民参与的目标模式、现状问题及路径选择》,《中州学刊》2008 年第 2 期,第 115—118 页。
[2] Grundmann R, "The role of expertise in governance processes", *Forest Policy and Economics*, 2009, 11 (5-6), pp. 0-403.
[3] Spann R N, Mosher F C, " Democracy and the Public Service", *Administrative Science Quarterly*, 1971, 16 (2), p. 237.

学者按照科学研究的理论与方法，了解社区情况、动员居民参与、收集整合居民意见，最终形成社区居民的共识，并根据共识制定具有实际可操作性的工作方案，是该项创新实践能够顺利落地并取得实效的关键。

除了专业知识，专家学者的社会声望也是其能够深度参与实践创新的重要基础。一方面，专家学者与政府官员以及社区居民双方都能够建立良好的信任关系，居民能够向专家学者大胆地表达真实诉求，政府官员也能够接受专家学者的合理建议。另一方面，专家学者在官民双方都信任的背景下，能够在既有的科层体系之外，起到在政府与民众之间传递有效信息、促进相互协商、搭建治理桥梁的作用。

基层治理实践普遍存在普通居民的治理缺位现象，居民的真实需求和多种意见也难以通过正式的渠道真正地被感知。居民参与的缺位，导致治理重心下移背景下基层政府的治理行动难以有效满足居民需求，进而导致政府和居民之间的信任关系难以建立，基层治理的有效性更是无法保证。专家学者的出现和介入，使得居民与基层政府形成了以专家学者为联结点，搭建沟通信息、共同协商的治理平台与机制的新局面。

通过专家学者"找回居民"，基层治理得以引入个人知识和专业知识，围绕居民需求的满足，实现三种知识的有机结合，从而突破官僚知识的自我循环；居民的需求与意见得以直接地与基层政府的资源和项目进行对接，形成满足居民需求的高效治理行动；以参与机制、协商机制、自愿机制为核心的基层运作机制的创新，更是以服务居民、满足居民的美好生活需求为中心，可以直接提升治理效能。

（二）参与者（居民）的角色"归位"

2015年中央城市工作会议强调，做好城市工作，要坚持以人民为中心的发展思想,坚持人民城市为人民。中共十九大报告更是提出,要形成完整的制度程序和参与实践,保证人民在日常生活中有广泛持续深入参与的权利。[1]基层社区工作在实践中由于主要围绕政府制定的评价考核指标体系来进行,因而动员居民参与社区事务与社区活动的程度与范围都很有限。[2]在城市社区,群众动员的式微,导致基层行政的合法性受到严重损害,基层治理举步维艰。[3]因此,如何动员社区居民参与社区公共事务,表达他们的需求和意见,实现自下而上的参与和表达与自上而下的管理、服务和资源的有效对接,成为推动城市基层有效治理的重要前提。

Z街道的实践表明,在专家学者介入推动下,以与社区居民日常生活息息相关的"痛点"需求为导向,比如停车难问题、晾衣架的设置等空间布局问题、小区树木缺乏修剪等绿化问题、垃圾分类问题、高空抛物等安全隐患问题,等等,以这些社区居民普遍反映的老大难问题为导向,很容易激发社区居民的参与热情。

在社区居民积极参与的基础上,通过专门设计的社区参与和协商议事的科学方法,将居民的意见进行有效的整合,形成居民看得见、摸得着、能落地的建设方案,体现了一种实打实的社区参与进程。

在追求宜居和幸福的生活逻辑[4]主导下,居民从社区服务

---

[1] 习近平:《决胜全面建成小康社会 夺取新时代中国特色社会主义伟大胜利》,《人民日报》,2017-10-28(001)。
[2] 杨敏:《公民参与、群众参与与社区参与》,《社会》2005年第5期,第78—95页。
[3] 吕德文:《找回群众:基层治理的探索与重塑》,《领导科学》2016年第10期,第4—6页。
[4] 陈水生:《中国城市公共空间生产的三重逻辑及其平衡》,《学术月刊》2018年第5期,第101—110页。

的被动接受者和社区公共事务的漠不关心者，慢慢转化为服务的自我创造和决策者、社区公共事务的积极参与者，在基层社区治理中出现了角色的逐渐"归位"现象。基层街道也在这个过程中，将满足人民群众日益增长的美好生活需求的口号转化为生动的创新实践，既体现了执政为民的本色，又体现了将生活本位的思考贯穿在基层治理精细化整个过程的特色。

（三）基层运作机制的重塑

中共十九大报告明确提出了要"加强社区治理体系建设，推动社会治理重心向基层下移"的要求。近年来，执政党和政府努力推进治理重心的下移，加强党同人民群众的血肉联系，防范脱离群众的危险。[1]管理、服务与资源则是治理重心下移的突破口，[2]居民群众以及他们对美好生活的向往是重心下移的根本依归。故而，城市基层治理只有通过"找回居民"，在服务居民、满足居民需求的过程中推动城市基层运作机制的重塑，这样才有效。

Z街道的实践探索，围绕动员社区居民参与、协商以及后续长效维护的社区营造实践等目标，推动了街道层面的体制机制创新和政府流程再造，实现了以服务居民为导向的基层整体性政府的构建。整体治理是对政府组织分部化、管理碎片化和公共服务裂解化的反思与修正，力图构建一种基于协同、合作与整合的整体性治理框架和政府运行模式，[3]强调"以问题解决"作为一切活动的逻辑。[4]整体性治理着眼于政府内部机构和部门的整

---

[1] 家齐、李旭超：《重心下移：近年来党和政府执政的新趋势》，《社会主义研究》2012年第1期，第80—85页。

[2] 郭圣莉、张良：《实现城市社会治理重心下移》，《领导科学》2018年第31期，第20—21页。

[3] 曾凡军：《从竞争治理迈向整体治理》，《学术论坛》2009年第9期，第82—86页。

[4] 胡象明、唐波勇：《整体性治理：公共管理的新范式》，《华中师范大学学报（人文社会科学版）》2010年第1期，第11—15页。

体性运作，主张管理从分散走向集中，从部分走向整体，从破碎走向整合。[1] 以整体性政府为目标的基层运作机制的重塑，根本目标还是希望能够提高基层政府为民服务的能力、效率和针对性。

具体来说，在专家学者的介入和推动下，Z街道内部各部门之间按照"主统筹、主负责、主配合"原则，明确了各职能部门在进入社区的项目、资源和服务等方面的角色定位和分工配合职责，实现了资源与项目的对接与整合、工作推进的协同与配合等目标。在整个社区营造过程中，街道各职能部门把基层实践现场作为管理活动的主要场所，以基层社区的问题需求为导向，通过现场办公会的方式，集中解决包括总体方案动态调整的决策、建设项目与街道后续其他综合改造项目的协调对接等涉及多方面的问题，逐步建构起简约高效且一体化运作的机制体系。

（四）基层官僚知识体系的重构

专家学者从介入之初就组建了综合性的"治理＋规划"的研究团队：一方面，来自大都市治理研究中心的"治理"专家负责运用理论、方法，进行战略理念规划、运行机制建构与推进过程跟进；另一方面，来自规划建筑设计研究院的"规划"专家则负责将战略理念转化为图纸和可供操作的设计方案，并根据实际情况不断进行调整。专家学者的介入，带来的是科层官僚体系所缺少的专业知识，包括社会治理和规划设计的专业知识，保证了基层政府的治理目标能够专业、高效地实现。

Z街道的社区营造实践以社区公共基础设施的形态更新与综合改造为基本目标，故需要专业的规划设计人才来进行专业设计。社区规划强调自下而上的以社区需求和社会治理为导向，其

---

[1] 竺乾威：《从新公共管理到整体性治理》，《中国行政管理》2008年第10期，第52—58页。

所需要的知识背景和专业素养已经超越了城市规划学科本身。[1]通过"治理＋规划"的综合性团队的组建、分工与合作，可以弥补以往从事治理研究与规划研究的专家队伍各自知识体系与动手能力的不足。更重要的是，专家学者的介入突破了官僚知识体系的自我循环式固化，使社区基层治理以居民的需求满足为中心，推动其与专家学者个人知识和专业知识的有机结合，从而将以文牍形式展现的治理目标，以一种真正贴近基层社区治理实际的方式，变为在现实中可以具体操作落实的方案与机制。

专家学者在整个实践过程中不断向基层决策者以及政府工作人员灌输需求导向、问题导向、结果导向的理念，强调所有的为民服务项目的实施，都要以居民的实际需求和意见为基本依据。这就需要基层工作人员以基层实践现场作为重要工作场所，走出办公大楼，深入社区，深入人民群众，了解各方面的真实情况；以居民需求为根据，时时刻刻从居民的视角思考问题，从日常生活实践的视角思考问题，将个人知识、专业知识与官僚知识相结合，将符合科层官僚要求的程序性文牍资料真正转化为能够在基层实践操作、符合基层实际需求的具体方案；以参与协商机制为重点，搭建居民议事会、听证会、恳谈会、协商会等平台，就居民关心的议题广泛讨论，达成共识，一致行动。Z街道的社区营造实践，在专家学者的介入下，从一开始就提出了"搭建自然开放交往公共空间、构建便民利民服务集成平台、创建参与协商维护长效机制"三大营造战略，将个人知识、专业知识和居民需求引入到官僚知识体系中，推动了城市基层治理从"空转"状态走向满足居民需求的"实效"状态。

---

[1] 钱征寒、牛慧恩：《社区规划——理论、实践及其在我国的推广建议》，《城市规划学刊》2007年第4期，第74—78页。

综上所述，专家学者深度介入基层治理实践，通过发现力量、归位角色、重塑机制、重构知识的"四步曲"，推动了城市基层整体治理模式的创新。具体来说，就是通过专家介入和基层决策者推动，在基层治理重心下移的背景下，找回"居民"这一基层治理的主体力量，发现他们身上蕴藏的智慧和力量，激发居民参与社区公共事务、表达需求和意见的热情，以社区协商的方式，推动以居民需求为导向的城市基层治理创新进程。在这个过程中，行动者（居民）的角色真正"归位"并发挥重要作用，基层治理的运作机制也得以重塑，更重要的是通过专家学者的介入，把专家的个人知识、专业知识和民众需求与官僚知识有机结合，真正推动了基层治理实践的有效开展并形塑基层治理秩序。

五、创建人民群众衷心欢迎又受到上级领导高度认可的政绩观：城市基层治理模式创新的内生动力再造

城市基层政府的治理创新，极大地提升了基层治理的民主水平、政府绩效与政治合法性，成为推动社会善治与政治进步的重要动力源和突破口。[1] 从社会层面看，政府治理创新的动力来自基层社会的治理压力与需求，也就是说，随着社会转型和发展速度的加快，不断涌现更加复杂和多元的治理问题，需要政府不断创新治理方式来进行有效回应。从政府的角度看，主政官员的特质以及对于政绩的追求是政府治理创新的主要动力。政绩和官员的升迁又紧密联系，晋升锦标赛理论[2]即是对这一问题的理论建构。但是，政绩驱动的政府创新很可能因理念缺失

---

[1] 马得勇、王正绪：《民主、公正还是绩效？——中国地方政府合法性及其来源分析》，《经济社会体制比较》2012 年第 3 期，第 122—138 页。
[2] 周黎安：《中国地方官员的晋升锦标赛模式研究》，《经济研究》2007 年第 7 期，第 36—50 页。

而沦为"政绩工程"并难以持续,这成为基层治理中的一个悖论性问题。[1]

Z街道在专家学者深度参与下所推动的城市基层整体治理模式创新,探索出了创造人民群众衷心欢迎又受到上级领导部门高度认可的政绩观的发展道路,或许这可以看作是解决上述悖论性问题的路径,即政府官员追求政绩的过程本身就是解决社会问题以及回应人民群众需求的过程,政府创新与官员政绩、民众需求三者的高度统一,事实上建构了更加科学的政绩观和发展观。从Z街道的创新实践中,可以提炼出城市基层整体治理模式创新的内生动力来自"四个有机结合"。

(一)将从上到下的全面动员与自下而上的主动参与有机结合

无论是国家层面自上而下的战略部署,还是城市基层政府自主发展的政策选择,只有真正实现自上而下的全面动员与自下而上的主动参与的有机结合,才能够真正地将战略部署、政策选择转化为现实目标。Z街道的实践也充分证明了这一点。

起先,基层政府提出了很美好的战略部署,但只能是在科层系统内部"空转",缺少自下而上包括广大居民在内的多元治理主体的主动参与。随后,以专家学者的介入为桥梁,以自上而下的战略部署和全面动员为目标,推动自下而上的群众参与和社区协商进程,让政府的政策目标被居民广泛接受。接着,在实施过程中,充分吸收居民的需求和意见,并转化为实实在在的建设方案,最终转化为广大居民看得见、摸得着的营造成果。这种"双赢"的局面,对于政府和人民群众都有着正向的激励作用,即政府官员更愿意推动旨在改善政府治理水平和民生水平的各种创新活动和机制,人民群众也有更高的参与热情和配合度来推进美好

---

[1] 陈家喜、汪永成:《政绩驱动:地方政府创新的动力分析》,《政治学研究》2013年第4期,第50—56页。

家园的创建。基层治理创新的内生动力在这个过程中也就自然而然地生发出来。

（二）推动战略理念的科学化、民众参与的机制化与社区形态再造的可视化有机结合

一个好的发展理念，从其最初提出，到付诸实施，再到最后产生实际绩效，离不开方方面面的支持，离不开科学的决策程序、有效的参与机制以及不断实现的发展目标。

Z街道"美好Z街道"发展战略的提出，一方面是街道基于街道"大调研"结果，并结合中共十九大报告提出的社会主要矛盾新判断所作出的战略决策；另一方面在发展战略成型的过程中，广泛地听取专家学者的意见，从不同的维度与指标体系角度对"五美五好"发展战略进行系统地分析与诊断，再在此基础上进行充实完善，将战略理念植根于有根有据的科学决策程序之中。

民众的有效参与是科学的发展战略能够落地和付诸实施的重要支撑。在方案形成阶段，通过让居民议事员实地考察整个社区以保证其意见和建议更加贴合实际；通过有效的社区协商程序和方法，整合不同的意见以达成共识。在施工建设阶段，社区居民参与到施工监督中，并根据居民的意见对原方案设计中未能考虑到的新情况进行适当调整。在长效维护阶段，以社区居民为主体组建志愿维护小组，保证营造成果能够长久地发挥作用。通过在整个社区营造实践过程中民众参与的机制化，实现了战略方案的顺利落地、民众需求的有效满足与社区居民的主体性激发和责任感建构的统一。

事实上，基于专家学者的深度参与，街道的整个战略从提出到实施落地都更加科学和有效，取得了民众能够看得见、摸得着的实实在在的社区形态改造可视化成果。战略理念的科学化、民众参与的机制化与社区形态再造的可视化的有机结合，可以说是从实践层面激发了包括政府、民众在内的多方主体参与基层治理、推动治理创新的内生动力。

(三) 把重视社区硬环境建设与创新街居运行机制有机结合

Z街道的社区营造实践，不但实现了包括社区大门、中心花园、宅间小游园、家门口服务站、居民休憩点等在内的社区硬环境改善，而且推动了包括街道内设部门"主统筹、主负责、主配合"机制、街居联动机制、民众参与机制等在内的街居运行机制创新。重视社区硬环境建设与创新街居运行机制两者的有机结合，其目的是解决业已激发出来的基层治理内生动力的有机持续问题。

一方面，社区的硬件环境建设非常重要，因为其关乎以其为载体的基层治理创新到底绩效如何。社区硬环境的改善这种实实在在的成果是民众普遍关注的重点问题，可以直接提升居民的生活满意度和幸福感。另一方面，更为重要的问题是在社区硬环境建设背后的街道以及社区运行机制的创新问题。

社区硬环境建设代表的只是单次创新的结果，只是一种物理形态的改变，甚至是只要用钱就可以解决的问题，而街居运行机制的创新则意味着多元主体的自觉自主参与意识、规则与机制的形成，以及一整套治理创新模式的生成，这无疑是最复杂最困难的事情，因为既要动旧的利益格局和旧的运行机制，又要耐心细致地做大量的动员说服协商工作。此外，一旦整体治理创新模式能取得实实在在的绩效，就可将其经验在街道其他社区进行复制推广，并进一步推动街道层面其他工作的创新力度。也就是说，唯有将社区硬环境建设与街居运行机制创新结合起来，才能够为城市基层治理创新提供稳定且可持续的动力。

(四) 将埋头做事、及时调整策略与适度宣传有机结合

Z街道的社区营造实践在一定程度上也是在践行科学的政绩

观，即以满足人民群众的需要为核心，不断提升基层政府的治理能力，从而为主政官员赢得政绩。

很多地方的主政官员为了追求政绩，往往没做什么事情就大肆宣传，甚至搞政绩工程、面子工程。这种重量而不重质、求名而不求实，政绩工程、虚假政绩泛滥的情况，成为目前地方工作中的突出问题。[1]不可否认的是，很多地方也的确进行了很多有效的创新，取得了实打实的成绩。这个时候，我们也应当允许实事求是地宣传，不能光埋头拉车而不让抬头看路。归根结底，地方对于政绩的宣传，需要以实事为基础，把握其中的"度"，不能为政绩而政绩。

在城市基层，随着一些城市街道的招商引资功能的取消，"三公"职能（即公共管理、公共服务与公共安全）成为街道的工作重心，政府政绩的获得转向了民生需求的满足和社会秩序的建构。城市基层政府应该以人民群众对美好生活的向往为追求，埋头做事但不僵化，在实践过程中根据民众的需求和意见结合实际情况及时调整策略，最大限度地满足群众的实际需要。

基层政府在做出实实在在的成绩的同时，也可以对取得的成果进行适度的宣传。这样做，一方面可以使基层政府的踏实而创新的工作通过宣传而转化为一种普遍经验和有益模式，供各地学习借鉴，激发包括主政官员在内的基层工作人员继续埋头工作和推动治理创新的动力；另一方面也使民众更加清楚地知道政府为服务民众做了哪些有益的工作，付出了哪些努力，由此对政府的工作形成更大的认同，并产生更高的期待，形成更大的监督压力，督促政府不断提高其治理能力，从而为政府始终服务于群众奠定良好的社会评价监督氛围。

---

[1] 倪星：《政府合法性基础的现代转型与政绩追求》，《中山大学学报（社会科学版）》2006年第4期，第81—87页。

结语：建构基于专家学者介入的城市基层整体治理模式创新的新型发展框架

随着城市发展进入精细化、内涵化治理的新阶段，完善城市基层治理体系，提高城市基层治理能力，是回应城市基层社会变迁需要，以及推进国家治理体系和治理能力现代化的必然选择。随着解决公共问题的手段越来越需要依靠不同治理主体之间的广泛的协作关系，政府需要学会设计并管理近年来逐渐成为解决公共问题之核心的各种复杂的合作体系。[1]这也就意味着基层政府需要改变效率低下地"唱独角戏"的状态，尝试型构从"直接政府"向"间接政府"转型的城市基层整体治理模式创新的新型发展框架。在这一新型发展框架下，政府越来越从公共产品和服务的直接提供者，变成了多元主体参与治理背景下合作网络的管理者。基层治理转型的关键，就在于将原本"缺位"的社区居民"找回"，建构以居民为核心的社区多元治理主体共同参与构建基层整体治理的新形态。

Z街道所探索的城市基层整体治理模式，通过专家学者的深度介入"找回居民"，推动了基层权力结构、基层治理模式的创新与优化，最终满足的是人民群众对美好生活的向往。

首先，这种新模式以专家学者的嵌入为契机，改变了传统基层治理模式中以行政权力为主体的权力结构，使得以居民为代表的多元权力主体开始进入并发挥作用，政府的管理重心开始转向加强管理合作网络的能力建设。与此同时，在具体的治理实践中，随着管理、服务、资源、技术、人才等向社区第一线的倾斜和下移，基层权力结构的重心也发生了下移现象，且以解决基层

---

[1] 萨拉蒙：《政府工具：新治理指南》，肖娜等译，北京大学出版社2016年版，第7—14页。

社区的实际问题为依归,呈现出权力结构的"问题导向、需求导向与结果导向"等新型特质。

其次,通过科学的战略决策和多元主体的有效参与,以基层为重心、以问题为导向、以机制为载体,基层党委和政府不断践行科学的政绩观与发展观,初步形塑了良性的基层治理生态。

最后,人民群众既作为参与的主体嵌入到整个基层治理体系之中,又成为有效治理模式所获得成效的最大受益者。Z街道的实践探索,不但创新了城市基层治理模式,而且在这个过程中再造了基层治理模式源源不断的内生动力。

这一基于专家学者介入的城市基层整体治理模式创新的新型发展框架,既增强了以人民为中心的观念,激发了广大群众的自觉参与意识,满足了政府官员对于科学政绩与科学发展的追求,又能让广大的社会科学专家深入基层和中国现实,将理论与实践相结合,创新了把书斋里的理论应用到当代中国社会现实场景的新型路径,满足了人民群众对美好生活的向往,进而最大限度地开发了当代中国知识分子的社会价值。

附录二
关于创建"美好周家渡"标准化样板居民区的实施意见[1]

（试行）

2018年3月

为进一步贯彻落实中共十九大精神，全面建设"美好周家渡"，回应人民群众对美好生活的向往，打造美好生活先行区，根据周家渡街道实际，现启动"美好周家渡"标准化样板居民区创建工作。为推进创建工作顺利开展，对创"美好周家渡"标准化样板居民区提出如下实施意见：

一、总体要求

（一）指导思想

深入贯彻落实中共十九大精神，以习近平新时代中国特色社会主义思想为统领，立足新时代，取得新发展，积极回应人民群众对未来生活的美好憧憬和更高期盼。全面建设以"五美五好"为总体布局的"美好周家渡"，厚植发展优势，赢得发展主动，

---

[1] 上海市浦东新区周家渡街道关于此次样板居民区创建的实施意见。

实现超越式发展，着力打造美好生活先行区。

（二）工作目标

根据上海市做好城市精细化管理要求，深刻把握全面建设"美好周家渡"的要求，紧紧围绕让城市更有序、更安全、更干净的目标，牢牢把握核心是人、重心在城乡社区、关键是体制机制创新的原则，实现精细化管理的领域全覆盖、过程全覆盖。从"党建引领美，党员形象好""幸福生活美，宜居宜业好""平安祥和美，民主治理好""自然环境美，美丽家园好""文化自信美，人文精神好"五个方面全面落实标准化样板居民区创建工作各项任务。本次创建工作为期两年，2018年11月前在"五美五好"方面各建成两家典型示范区，共计10家，探索形成"五美"和"五好"的建设标准；在此基础之上，在2019年11月前建成两家体现"美好周家渡"具体内涵，能够切实发挥作用，服务人民美好生活的试点居民区。建立美好项目的创建机制，形成可复制、可推广的建设模式，壮大创建美好的人才队伍，为在街道范围内全面推进"美好周家渡"建设提供经验参考和人才力量。

二、主要内容

按照创建"美好周家渡"标准化样板居民区工作目标，从"党建引领美，党员形象好""幸福生活美，宜居宜业好""平安祥和美，民主治理好""自然环境美，美丽家园好""文化自信美，人文精神好"五个方面，分别确定项目工作内容，设立六类试点。具体如下：

（一）"党建引领美，党员形象好"标准化样板居民区

主要包括：政治领导力坚强有力、思想引领力坚定统一、群众组织力凝聚向心、社会号召力激励感召、区域聚合力融合汇聚、社区服务力精准精细等。

内容详见附件1《关于创建"党建引领美,党员形象好"标准化样板居民区的实施方案》(略)。

(二)"幸福生活美,宜居宜业好"标准化样板居民区

主要包括:有效推进为老服务、充分保障劳动就业、及时推进残联工作、全面优化社会救助、有序开展计生工作、规范加强卫生工作、全力配合红十字工作、有序推进慈善服务等。

内容详见附件2《关于创建"幸福生活美,宜居宜业好"标准化样板居民区的实施方案》(略)。

(三)"平安祥和美,民主治理好"标准化样板居民区

"平安祥和美"主要包括:不发生重特大案事件,技防、物防设施建设到位,落实社会治安综合治理工作组织、制度,强化治安防范宣传,重点人员管控措施有效,深入做好人民调解工作,信访稳控秩序良好等。内容详见附件3《关于创建"平安祥和美"标准化样板居民区的实施方案》。

"民主治理好"主要包括:社区治理体系完善,治理组织网络健全,法规制度保障全面,治理团队民主化管理,社区建设管理规范,社区参与平台完备等。

内容详见附件4《关于创建"民主治理好"标准化样板居民区的实施方案》(略)。

(四)"自然环境美,美丽家国好"标准化样板居民区

主要包括:市容环境美、公共秩序好、小区安全好等。

内容详见附件5《关于创建"自然环境美,美丽家园好"标准化样板居民区的实施方案》(略)。

(五)"文化自信美,人文精神好"标准化样板居民区

主要包括:文体设施配备齐全、维护良好,文体团队管理有序、活动正常,社区教育资源充足、有效引领,宣传阵地建设稳定、渠道畅通,文明创建知晓参与好、基础扎实,志愿服务供需对接合理、要件齐全等。

内容详见附件6《关于创建"文化自信美,人文精神好"标准化样板居民区的实施方案》(略)。

(六)"美好周家渡"综合性样板居民区

"美好周家渡"综合性样板居民区,应同时达到上述"五美五好"的标准要求。

三、试点申报

各居民区根据创建工作内容和要求,结合自身实际,可从上述六类标准化样板居民区中选择一类进行申报。

(一)申报

(1)大调办牵头从宏观层面做好"美好周家渡"标准化样板居民区创建工作的总体设计,明确实施方案,发布申报通知,确定申报和管理的具体要求。

(2)各居民区秉承志愿原则进行申报,形成项目申报书,提交大调办。积极参与"美好周家渡"标准化样板创建的居民区在各类评优和考核中优先考虑。

(3)大调办负责组织相关业务部门、专家,依据实施方案提出的要求,对各申报单位提交的实施方案进行公开、公平、公正的评审,形成评审意见。

(4)评审报告经街道党工委通过后,择优选定"美好周家渡"标准化样板居民区创建单位,并进行公示。

(二)实施及评估

"美好周家渡"标准化样板居民区建设以两年为周期,自2018年3月正式开始。

大调办对"美好周家渡"标准化样板居民区工作进行宏观指导、动态评估和监督,并统一部署验收。

各相关业务部门负责对应标准化样板居民区建设工作的组织实施和具体管理,具体为:党建办负责"党建引领美,党员形象好"标准化样板居民区;服务办、管理办、综合事务办负责"幸福生活美,宜居宜业好"标准化样板居民区;平安办、自治办负责"平安祥和美,民主治理好"标准化样板居民区;管理办负责"自然环境美,美丽家园好"标准化样板居民区;综合办负责"文化自信美,人文精神好"标准化样板居民区。相关业务部门应对样板居民区试点进行工作指导、定期评估,撰写试点工作执行情况报告,重点关注任务落实、组织管理、经费投入和机制形成等方面的情况,确保目标任务的完成。

四、保障措施

(一)加强组织领导

各部门、各居民区要高度重视,将"美好周家渡"标准化样板居民区创建工作纳入重点工作。各试点居民区要根据工作要求制定本居民区更为具体的实施方案;要加强组织协调,争取多方支持;要加强部门联动,提供必要的人力、物力和财力保障。

(二)保障引导投入

街道加大对"美好周家渡"标准化样板居民区工作的支持是加强创建指导,选派科级后备干部公务员及新进公务员到试点居民区任副书记或书记助理,积极协助居民区参与创建工作,集街道之力加强财力支持,与"五美五好"相关的专项投入在各业务部门预算盘子内列支,由试点居民区申请,各业务部门审批使用,还要根据实际情况,优先使用和重点支持;加强资源的整合和集成,引导企业和社会力量投入,形成多元化投入格局。

(三) 重视经验总结

及时总结"美好周家渡"标准化样板居民区工作的典型经验和成功模式，并通过多种形式加强宣传、推介和推广，充分发挥其引导辐射作用。建立健全激励制度，对在"美好周家渡"标准化样板居民区试点工作中做出突出贡献的集体和个人予以表彰，营造良好氛围。

附录三

"美好周家渡"综合性样板居民区创建工作推进方案[1]

2018年5月

为进一步贯彻落实党的十九大精神，全面建设"美好周家渡"，回应人民群众对美好生活的向往，打造美好生活先行区，根据周家渡街道实际，现在云台一居民区、云台二居民区启动"美好周家渡"样板居民区创建试点工作。为推进创建工作顺利开展，特制定《"美好周家渡"综合性样板居民区创建工作推进方案》。

一、指导思想

坚持"1＋4＋8"整体治理理念。"1＋4＋8"整体治理理念就是贯穿一个理念、构建"四梁"、鼎立"八柱"，全街道一盘棋整体发力、综合协调推进样板居建设，将"美好周家渡"战略落地生花。

"1"即一个理念：在党建统领下加强整体治理、综合推进，创新党建工作载体，通过"美好党建360"引领"四梁八柱"社

---

[1] 上海市浦东新区周家渡街道关于此次样板居民区创建工作的推进方案。

区治理理念，实现党建工作全覆盖、全方位、多角度、立体化，推动党建引领下的社会治理新格局，实现人民对美好生活向往的整体治理理念。打造样板区正是贯彻习总书记指示精神，通过整体治理与综合推进，让党建工作为民谋幸福的本质充分实现。

"4"即构建"四梁"：条块整合体系、党政整合体系、街居整合体系、区域化整合体系四个体系作为"四梁"支撑，切实推进在治理上、项目上、机构间的整体协作。

"8"即鼎立"八柱"：在样板居建设打造工作中，建立"四治"（自治、共治、德治、法治）机制、功能集成机制、资源集聚机制、流程再造机制、沟通指导机制、人才建设机制、智力支持机制、综合保障机制这八个机制形成"八柱"鼎立。

二、基本原则

坚持党的领导。在创建"美好周家渡"标准化样板居民区工作中，必须始终坚持党的领导，坚持居民区党总支在居民区"三驾马车"中的核心地位，带领居民区各类力量，完成创建工作。

坚持需求导向。在创建"美好周家渡"标准化样板居民区工作中，围绕与群众关系密切的内容事项，要始终注意充分听取居民区群众意见，不断提高样板居民区建设的针对性、实效性。

注重重点突破。按照"先试点、后推开"的工作思路，部分居民区先行试点、总结经验，以点带面，逐步扩大到街道全区域。

强化标准引领。以"五美五好"的标准体系为依据进行样板区建设。在实际工作中要从客观情况出发，边建设、边梳理、边总结，对个别标准可以边对照、边调整，确保建设标准的先进性、权威性和可操作性。

适应基层特点。在创建"美好周家渡"标准化样板居民区工作中，要结合各居民区的特点，积极探索高效、便捷的工作方式,及时、准确公开"美好周家渡"标准化样板居民区建设相关情况,让群众看得到、听得懂、易获取、能监督、好参与。

三、工作目标

"美好周家渡"综合性样板居民区创建工作的主要目标:构建一套标准体系,建成两家综合性样板居民区,形成一本创建手册,梳理五张清单,打造美好生活先行区。

(一)构建一套标准体系

在全面梳理细化基础上,结合样板居创建过程中的各项内容、各个环节,不断完善修订标准,形成一套科学、先进的标准体系。标准中既有通行指标,又有创新指标,突出"时代特征、工作特色、周家渡特点"。

(二)建成两家综合性样板居民区

2018 年 10 月 30 日前完成两家综合性样板居民区创建工作,建成体现"美好周家渡"具体内涵、能够切实发挥作用、服务人民美好生活的试点居民区。建立美好项目的创建机制,形成可复制、可推广的建设模式,壮大创建美好的人才队伍,为在街道范围内全面推进"美好周家渡"建设提供经验参考和人才力量。

(三)梳理五张清单

五张清单是指问题清单、需求清单、资源清单、项目清单、功能清单,对应样板居建设的各个阶段,体现全流程管理。各部门及试点居民区在充分调研的基础上,全面梳理汇总发现的问题,形成问题清单;广泛征集意见,并透过现象看本质、从个别现象中发现共性需求,形成需求清单;以解决问题和满足需求为落脚点,对照可利用的资源,设计项目,形成项目清单;通过工作开展和项目实施,不断完善提升,实现具体功能,形成功能清单。"五张清单"实现了从问题发现、成因分析、解决落实到提升总结的全流程管理。

（四）形成一套创建手册

按照样板居创建工作标准及要求，全面梳理各居民区样板居创建工作，及时总结好做法、好经验，固化好机制，建设好功能，形成样板居创建手册。创建手册要充分体现实用性，为全面建设"美好周家渡"提供学习和参考依据。

（五）打造美好生活先行区

以提升城市品质为主线，着力打造更人性化、精准化、有品位的城市美好生活。让城市的发展更具韧性，生活方式更加绿色、健康，人与自然更加和谐相融，生活品质更加优质美好。具体来说，就是实现"五美五好"，即在政治建设方面，彰显党建引领美，实现党员形象好；在社会建设方面，彰显幸福生活美，实现宜居宜业好；在平安建设方面，彰显平安祥和美，实现民主治理好；在生态建设方面，彰显自然环境美，实现美丽家园好；在文化建设方面，彰显文化自信美，实现人文精神好。

四、试点范围及责任

按照浦周委〔2018〕16号《印发〈关于创建"美好周家渡"标准化样板居民区的实施意见（试行）〉的通知》文件精神要求，以"美好周家渡"标准化样板居民区评审会评审结果为依据，经周家渡街道党工委会议研究，确定两家综合性样板居民区试点为：云台一居民区、云台二居民区。

样板居推进办公室负责试点工作的整体组织推进，并牵头综合性样板居民区创建工作。各职能部门负责综合性样板居民区中各自职责范围内的具体推进工作，其他部门做好配合工作。单项样板居由职能科室负责推进，推进办公室（简称推进办）做好整体协调、指导和督促。

五、主要内容

围绕体系建设、制度建设、功能建设、平台建设、人才建设，重点做好五方面工作。

（一）体系建设

积极构建基层党建体系。依托街道"1+2"党建体制优势，6月底前，构建"街道党工委—社区党委—居民区党总支—网格党支部—楼道党小组"组织体系，完成党建网格与"家门口"服务网格、社区自治网格、城市管理网格"三网融合"。

推动形成"美好周家渡"建设城市管理与运行体系。以加强城市精细化管理为主线，使老旧小区面貌在短时间内得到改善，切实提升居民幸福指数。

加快建设立体化、信息化社会治安防控体系。落实治安防范措施，化解消除各类社会矛盾，保证辖区社会面的整体平稳可控。

在治安防范机制上，切实完善"5+1"社区治理工作体系。坚持组团式服务网、自治工作网、网格管理网三网融合；支部覆盖区、自治工作区、楼组睦邻区三区合一；完善居委会、业委会、物业公司三方协同；听证会、协调会、评议会三会联动；阳光家园、奉献家园、美好家园三事推进。

推进建设文明指标体系。围绕24字核心价值观搭平台、送服务、推"民星"，依托"渡口之星大舞台"、道德讲堂、精神文明建设大会等形式开展精神文明宣传。

（二）制度建设

综合性样板居民区将通过进一步完善制度建设，形成党员干部带头，群众积极参与社区治理的新模式。

多节点搭建好综合性样板居的"骨架"。通过进一步完善工作机制，如成立领导小组、建立部门协调机制、建立请示上报机制及督查反馈机制等形成工作机制的流程闭环，为试点样板居的制度化及常态化提供系统性支撑。

多维度打通综合性样板居的"经络"。从细化工作流程开始，做好工作制度的梳理，如梳理清单、汇编量化考核评价机制、签订责任书等；通过完善例会制度，如设立定期会议、成立小区议事会、开展"多位一体"联席会议等，实现共商共治；通过落实具体工作制度，如双向认领的共享共赢机制、居委综治工作站工作制度、居民区平安创建基本制度、定期巡逻制度、"警民联治"制度、重点人员安帮管控制度等，实现流程的制度化与常态化。

（三）功能建设

综合性样板居民区创建将围绕政治功能、服务功能、组织功能、治理功能对试点居民区进行功能再造与完善。

进一步保障政治功能。通过及时宣传和执行党的路线、方针、政策，宣传和执行上级和街道党工委的决议，制度化推进"两学一做"教育、常态化推进党组织政治生活、评选最美家庭以及优秀人物等途径，以推动底线民生、基层民生、质量民生三个层次"大民生"建设为目标，强化政治引领作用，实现党建工作显性化、民生化、服务化、品牌化、融合化。

进一步增强服务功能。通过各项党组织活动，以基层服务型组织建设为总抓手、以街道向居民区提供点单式服务为服务保障，推动样板居为民惠民便民的服务功能。

进一步融合组织功能。通过全面落实居民区"大党委制"，以"家门口"服务体系、"150"项目等为依托，联结社工及志愿者、楼组长队伍，实现党建共商、机制共建、资源共享，以党建带群建，融合辖区资源，增强宣传和发动能力。

进一步转变治理功能。以党建引领作为旗帜，通过项目化牵引、多元化精准帮扶、创建充分就业社区等方式，积极探索"自治共治德治法治"多级联动。

(四) 平台建设

进一步增强居民区党建平台功能。建立网上党支部、"楼组微信群"等平台，完成试点居民区党员信息群建设，强化党员队伍的教育管理。建成妇女之家、职工之家、青年中心等平台，融合群团功能，做好党建带群建工作。推动各级党建平台与党员大会、居代会等平台的对接联动，积极探索加强基层党建引领自治共治德治法治新路径。

进一步完善居民区服务性平台建设。整合街道各条线资源，完善健康小屋、智能助老、"150"项目、助老信息数据系统、"公益20"、卫生医疗服务站、助餐点等平台，以精准精细化创新服务惠民为目标，理顺机制，进一步提升平台服务功能。

进一步推动居民区文化平台建立。重点搭建文明停车公约、齐七"清风亭"、雪野二世博精神、渡口之星大舞台四个平台，以文明创建工作为引领，调动居民群众参与精神文明创建工作的干劲，有序引导居民参与社区自治、共治。

进一步规范居民区自治平台运行。规范议事厅建设，形成完善议事模式。建立居务监督委员会，开展居务监督和居务公开，实现民主管理和民主监督。完善居民区联席会议，组织社区利益攸关方开展社区共治，讨论共治议题，解决共同问题。

(五) 人才建设

加强骨干队伍培养。发掘、培养党组织中的年轻人才、优秀人才，并向上级党组织积极推荐。对本党组织已有的后备干部设计发展规划，结对帮带，积极培养，注意关心，提升后备干部能力素养。党总支配备专职党务工作者。

提升社工自治工作能力，做好居民区楼组长队伍管理。以全岗通和自治工作培训为契机，结合此次"150"项目下沉至居民区，通过业务培训、专题讲座、拓展训练、定期座谈等方式培养业务熟悉、爱岗尽责的人员队伍。发掘和培育社区自治工作人才，推动居民区楼组长队伍建设，开展优秀楼组长评比工作，激励先进。

注重社区团队负责人培养、信息员工作培训及综合志愿者队伍打造。定期召开社区团队负责人联席会，做好社区团队负责人组织能力、业务水平提升培训；提升信息员的专业水平和职业能力，提高综合服务能力，努力打造一支高素质、专业化的信息员队伍；在摸清底数情况下打造居民区本土志愿者队伍，辅助开展小区各项活动。

六、保障措施

（一）加强组织领导

各部门、各居民区要高度重视，将"美好周家渡"样板居民区试点工作纳入重点工作。各试点居民区要根据试点工作要求，制定本居民区更为具体的实施方案；要加强组织协调，争取多方支持；要加强部门联动，提供必要的人力、物力和财力保障。

（二）保障引导投入

街道加大对"美好周家渡"样板居民区试点工作的支持。一是加强创建指导，选派科级后备干部公务员及新进公务员到试点居民区任副书记或书记助理，积极协助居民区参与创建工作。二是集街道之力加强财力支持，与"五美五好"相关的专项投入在各业务部门预算盘子内列支，由试点居民区申请，各业务部门审批使用，还要根据实际情况，优先使用和重点支持；加强资源的整合和集成，引导企业和社会力量投入，形成多元化投入格局。

(三)注重检查评估

将检查评估贯穿于样板居民区创建的全过程,结合街道整体工作,将样板居创建任务纳入工作考核。充分发挥社会监督和舆论监督作用,通过开展社会评价或者第三方评估,广泛收集公众对试点工作及成效的评价意见,持续改进工作,不断提升公众满意度和获得感。每半个月,街道督查办和专家团队对两家综合样板居民区试点单位的创建工作进行一次检查评估,保证工作有推进、政策有落实、效果有落地;每个月,组织一次居民区互访学习,通过居民区之间的学习交流对试点单位形成压力,并补充工作经验;每个月,进行一次群众满意度评议,将群众对美好生活的感受作为推进工作的标准。

(四)重视经验总结

及时总结"美好周家渡"样板居民区试点工作的典型经验和成功模式,并通过多种形式加强宣传、推介和推广,充分发挥其引导辐射作用。建立健全激励制度,对在"美好周家渡"样板居民区试点工作中作出突出贡献的集体和个人予以表彰,营造良好氛围。

附录四
"美好周家渡"整体性治理模式试验区创建实施方案[1]

一、总体目标

以提升党的组织力为统领,以党建引领社会治理创新为突破口,以公共管理、公共服务、公共安全为重点,以美好生活先行区为载体,抓重点、补短板、强弱项,全面探索融组织再造、社区营造、公共(文化)服务圈打造、资源整合、居民参与、机制创新、标准示范等于一体的居民区整体性治理模式,切实提升社会治理的整体绩效,回应人民群众对美好生活的需求和向往。

二、试验对象选择

(1)选择一个居委会为"美好周家渡"综合性典范居民区。

(2)选择三个居委会为"美好周家渡"专项性典范居民区。

---

[1] 此方案由复旦大学大都市治理研究中心"治理+规划"联合试验团队设计制定。

三、试验建设内容

（一）综合性典范居民区（整体性治理试验模式）

以社区营造为突破口，以居民参与为重点，以资源整合为抓手，以机制创新为途径，以标准示范为目标，形成"党建引领美，党员形象好""幸福生活美，宜居宜业好""平安祥和美，民主治理好""自然环境美，美丽家园好""文化自信美，人文精神好""五美五好"的综合性典范居民区。

（二）专项性典范居民区（特色性治理试验模式）

以家庭小党校、健康家庭、文化驿站为突破口，建立街道—居委会—居民区—家庭"统分结合、多层治理"党建组织体系、卫生服务体系、文化服务体系，形成"党建引领美，党员形象好""幸福生活美，宜居宜业好""文化自信美，人文精神好"的专项性典范居民区。

四、试验建设步骤

（1）通过居民参与找到存在问题。

（2）通过多方协商找到解决方案。

（3）通过资源整合找到优化路径。

（4）通过监督评估找到绩效标准。

（5）通过共治共享找到美好生活之道。

五、试验方案设想

（1）由复旦大学大都市治理研究中心、上海复旦规划建筑设计研究院联合组成一支由唐亚林教授和施海涛副总规划师、教授级高工担任总负责人，以及助理工程师、博士生、硕士生、本科生组成的约30人的试验团队，在周家渡街道党政领导的全力支持与领导下,全面介入"美好周家渡"整体性治理模式试验区的试验工作。

(2) 由周家渡街道党政领导与试验团队协商综合性典范居民区与专项性典范居民区的选点、试验内容、建设方案、推进措施等。

(3) 由试验团队进入试验居民区,通过问卷调查、深度访谈、会议协商等方式,摸清民众需求,确定建设方案,制定路线图时间表。

(4) 在试验团队同步开展试验同时,街道提供与居民区试验项目相关的、包括市区、街道各办公室、居民区、社会组织、辖区各单位提供的一系列数据、资料、项目清单等,为居民区的资源整合提供依据。

(5) 试验团队与街道党政领导相商在试验开展的不同时间节点,邀请相关媒体人员撰写持续跟踪报道系列。

(6) 试验团队全程记录整个试验过程,不断总结经验,为日后出版系列宣传与研究丛书奠定基础。

六、试验成果设计

(1) 基于"美好周家渡"整体性治理模式试验区的全部建成,民众获得感、满意度、幸福感显著提升。

(2) 形成基于"美好周家渡"整体性治理模式试验区的可复制可推广经验,并形成系统总结报告,争取成为 2018 中国(上海)社会治理创新实践十佳案例之一。

(3) 形成基于"美好周家渡"整体性治理模式试验区的,集公共服务精准递送、社区治理有序运行、民众体验满意"三位一体",具有周家渡特色的高效公共服务体验与标准化模式。

(4) 远期形成基于"美好周家渡"整体性治理模式试验区标

准化市标与国标的拟定、申报与发布等成果。

七、试验进度安排

2018年4月底，完成项目签约、试验区选定工作。

2018年6月底，完成试验区的建设方案商定、经费测定、资源整合等工作。

2018年8月底，完成专项性典范居民区的试验工作，同步开展综合性典范居民区的试验工作。

2018年10月底，试验区工作整体完成，系统总结研讨，宣传报道，后续试验全覆盖推广启动。

附录五
"美好周家渡"整体治理模式试验区创建"六阶三十条"

一、党建引领（顶层设计）阶段（党建引领"四条"）

（1）坚持党对一切工作的领导和以人民为中心的发展战略。建立党政一把手齐抓共管，具体负责人一线负责，相关职能部门和社区单位配合，社区组织、居民和专家参与的共建共治共享的社会治理格局。

（2）构建"1（理念）+4（四梁）+8（八柱）"整体治理模式。通过融"美好党建360"、网格化管理、社会治安综合治理于一体，以标准化、智能化、专业化、社会化、法治化为重点，建构1（党建统领下加强整体治理、综合推进，实现人民对美好生活向往的整体治理理念）+4（建立条块整合体系、党政整合体系、街居整合体系、区域化整合体系）+8（建立自治共治德治法治"四治机制"、功能集成机制、资源集聚机制、流程再造机制、沟通指导机制、人才建设机制、智力支持机制、综合保障机制）整体治理体系，打造"美好周家渡"高品质、能复制、能推广的样板典范居民区。

(3) 坚持党建导向、需求导向、问题导向、参与导向、协商导向、结果导向六大发展导向。

(4) 构建街道党工委领导、街道办事处负责、专家咨询、居民参与、社区单位协同、标准化智能化制度化保障的社区治理体制。

二、专家咨询介入阶段（专家咨询"五条"）

(5) 收集小区基本情况（行政区划、建立情况、面积、楼组、户数、人口、年龄、党支部、物业、业委会、老龄化状况等）。

(6) 整理小区以往来自各方面条线以及辖区内各单位的资源、平台、项目、基金，以及各类社会组织活动情况。

(7) 准备小区地图（专业测绘图）。

(8) 标出小区公共区域（自然开放交往场所）、公共设施（生活服务场所、水电煤电子基站等）与公共单位（幼儿园、中小学、其他单位），从小区主进口开始，按照顺时针方向，编号排序。

(9) 形成重要生活服务设施布局图（广场、会所、休憩地、睦邻中心/社区服务站、居委会/党支部所在地、物业管理场所、业委会所在地、重要自然景观、垃圾站与垃圾桶放置地、小卖部、停车场所、晾晒区、救生场所等）。

三、居民参与阶段（居民参与"八条"）

(10) 确定主办方和参与人员（随机选定/协商指定参加人员，随机选定以楼组为单位）。

(11) 制定发言规则（确定主持人、确定发言时间、做好时间控制[初始发言三分钟]、不重复表述、不讲套话、不插话、不跑题、主持人可以打断跑题者）。

(12) 协商讨论事项（动议提出、议题确定）。

(13) 发表讨论意见。

(14) 追加动议（属于全新建议，得到主持人允许后再站立阐述新的理由）。

(15) 投票（可记名亦可无记名）。

(16) 公布投票结果。

(17) 将讨论结果由参会人员带回家再思考（征求家人意见与邻居意见）。

四、社区协商阶段（社区协商"四条"）

(18) 将讨论结果分别提交家庭小党校、社区居委会、社区党支部、街道办事处、街道党工委、区域化党建委员会等讨论，各自提出反馈意见。

(19) 再次开会集中讨论反馈意见（方法同"居民参与"的方法）。

(20) 形成二次共识结果。

(21) 将二次共识结果提交专业营造团队再次完善，并由街道党工委进行最终方案决策。

五、小区营造阶段（小区营造"五条"）

(22) 专业营造团队提出小区整体营造方案（整体方案、推进进度、预算费用、预期效果）。

(23) 成立由各方参与的小区营造监督委员会。

(24) 专业团队正式开始小区营造。

(25) 以党小组为核心，根据营造节点位置，就近划片成立监督小组，让居民随时参与随时监督。在社区营造任务完成后，各监督小组就地转化为志愿维护小组，形成志愿维护长效机制。

(26) 宣传小组全程记录小区营造进展情况。

六、绩效评估阶段（绩效评估"四条"）

（27）小区营造第三方评估。

（28）形成小区营造创建手册。

（29）形成小区营造地方与国家标准。

（30）形成周家渡街道"党建引领、专家介入、居民参与、社区协商、小区营造、绩效评估""六阶三十条"整体治理新模式。

附录六
致云台第二居民区居民的一封信

亲爱的云台第二居民区朋友们：

您想生活在什么样的社区环境里？您想邻居和楼组之间有什么样的交往？

您认为社区环境和社区治理需要做哪些改变？哪些是最迫切需要做的事情？

作为社区的主人，您可以为社区做很多事情，也可以做成很多事情。

如今，就有这样一个机会摆在我们的面前：

复旦大学的专家们与周家渡街道一起，在云台第二居民区开展"美好周家渡"综合性样板居民区创建试点活动。

您可以把对社区改造的想法和建议告诉我们。

您可以来参加我们的社区议事会，谈想法、提建议、搞协商、做决定，并见证社区营造方案的最终形成与全过程落实。

我们希望社区的每一个人都能够通过自己的亲身参与和友好协商，为社区的改变做些自己力所能及的事情。

社区的改造蓝图将在您的手中诞生，社区的美好明天将由您来决定！而您，就是社区营造的规划师、设计师、参与者、品评人、监督者和获益者!

"曾经有一个难得的机会摆在我面前,我没有珍惜,等我失去的时候,我才追悔莫及"。如今我们有了这样一个大好机会,"造什么样的社区,由我们说了算!"因此,我会毫不犹豫地大声说:我要参与,我要发声,我要行动起来!

2018年的夏天,我们不见不散!

联系人:××(课题组成员,复旦大学行政管理专业博士生)
联系电话:×××××××××××
电子信箱:××××××××××××

复旦大学社区营造联合试验团队

2018年6月21日

附录七
云台第二居民区社区居民议事会议事员推选方案

一、随机抽样参与者

随机抽样可以保证各个类型的社会人群都有自己的意见代表参与。每个居民都有均等的机会被抽中参与到社区居民议事会中来，可以保证"沉默的大多数"不再"沉默"，保证社区居民议事会真正的聚民心、汇民意、集民智。

（一）参与总体

所有云台第二居民区的居民（包含本地户籍人口及外来人口）。

（二）参与样本选取

云台第二居民区拟选取14名居民代表参与居民议事会。根据云台第二居民区的实际情况，运用等距抽样的方法进行抽样。被抽中对象由居委会及相关部门进行动员，如果动员结果没有达到规定的总数，则从第二、第三类未被抽中的参与者中随机抽取，保证居民议事会的总人数达到规定要求。

1. 确定等距抽样的单元

在实地调研的基础上，确定以楼组为单元进行抽样。目前云台第二居民区共有独立楼组46个（601弄25个、190弄21个），高层住宅5栋；为了保证居民的代表性，把5栋高层住宅划分为40个楼组，比如190弄10号的"101-2401"为一个楼组，"102-2402"为一个楼组，依此类推，最终，把居民区划分为96个楼组。随后，把601弄1号楼组编码为1，190弄10号的"108-2408"编码为96，按照此顺序对楼组进行排序。

2. 确定等距抽样的间隔

按照居民议事会开展方案，共抽取14名居民代表参与，故将所有楼组划分为14个小组。按照公式：样本距离＝总体单位数/样本单位数，确定等距抽样的间隔为6。

3. 确定抽样的起点

采用随机抽样的方法（采用随机数表法，下同），在编号1—6的楼组中，随机抽取出第一个楼组，进而确定进一步参与随机抽样的其他楼组。最终，抽中601弄3号为第一个楼组，并依次选取601弄9号、601弄15号、601弄21号、190弄17号、190弄24号、190弄30号、190弄36号、190弄2号、190弄3号、190弄3号、190弄7号、190弄8号、190弄10号共14个楼组参与随后的随机抽样。

4. 随机抽取参与的居民

在各个被抽中的楼组中采用随机抽样的方法抽取参与的居民。例如，在601弄3号楼组随机抽取403室，并设置"年满18周岁，生日距离6月30日最近"的条件，进而确定每个家庭中的参与者。为了保证参与率，随后随机抽取了404室作为备选对象，在403室没有居民参与时选择404室作为抽样结果。

二、志愿参与者

在自愿报名参与者中拟选取14名代表参与居民议事会。目前共自愿报名人数为 21 人，超过所需人数总数，故首先对所有自愿参与者进行排序，采用随机的方式抽取 14 名自愿参与者。

三、协商确定

由街道和居民区在社区能人、精英、党小组长、社区干部、驻区单位代表等人员中选择有代表性的人员参与。

附录八
社区营造团队专家唐亚林教授在浦东新区周家渡街道云台第二居民区楼组长动员会上的讲话

（2018年6月25日下午两点，复旦大学社区营造联合试验团队总负责人唐亚林教授带领团队成员，到浦东新区周家渡街道云台第二居民区召开楼组长动员会议。以下内容为唐亚林教授现场讲话内容的记录稿。）

各位云台第二居民区的朋友们，请大家安静一下，我首先做个自我介绍。我叫唐亚林，来自复旦大学国际关系与公共事务学院，受我们周家渡街道的委托，想先在我们云台第二居民区，然后在云台一居来试点标准化样板区的打造工作。

我们复旦大学大都市治理研究中心和复旦大学城市规划研究院组成了一个联合试验团队，准备先在云台二居搞试点，试点成功以后马上在云台一居进行复制推广，然后再在全街道进行复制推广。我们选择云台二居作为我们的标准化样板区试点单位，实际上就是看中了我们居民区的情况比较复杂、类型比较多样，而且在座的诸位和广大居民朋友们对身边的环境有迫切改进的愿

社区营造团队专家唐亚林教授在浦东新区周家渡街道云台第二居民区楼组长动员会上的讲话

望,尤其是得到我们居委会党支部书记陈纯同志,还有我们的李娟主任以及我们两委的大力支持。

下午我在来的路上,看到我的一个朋友在朋友圈里面转发同济大学的一个教授前些时日写的一篇文章,很感人。这篇文章是在端午节之前写的,是纪念他去世的太太的。他太太去世已经5个多月了,他觉得这5个多月来每天都是在煎熬中度过的,因为他从来没有想到过陪伴了他40多年的最亲爱的伴侣先他而去,他到现在还没有理解这对于他的生活意味着什么。我看到那篇文章以后很感动,就在朋友圈转发了一下,并写了一个转发评语,题目叫"有人陪你说话"。

我写的这段转发评语的意思是什么呢?我说我要带我们课题组到我们云台二居和楼组长做一个动员会,我说我投入这么大的精力来做这个试点,当然是得到了我们街道、居委会的大力支持。那么我的目的是什么?就是希望在我们广大的社区居民长期生活的这样一个家园里面,能够有一个个自然的、开放的、交往的公共空间可以随便说说话、谈谈心,有一个个让老百姓办事方便的便民利民场所碰碰头、聚聚会。我当然期待着广大的居民朋友们,不仅参加我们这样的活动,而且把它当成我们自己的美好使命来看待,更期待我们各位朋友今后长期的参与,尤其是打造好以后,还能转化为我们自觉遵守、爱护、维护、自愿服务的这样一个东西。

各位朋友们,我一看到你们,我就会想到我的父母亲。为什么我现在有这样一种情怀?我想更多的就是与我的年龄有关系。我今年五十出头了,我到过很多地方,我知道普通老百姓到老了,就希望身边有一个美好的环境,有一帮好邻居能够常常见见面、说说话,到老了有一些我们喜爱的活动可以让我们参加。恰恰这个时候,政府有很多的投入,政府有很多的计划,但是这些东西在以往的过程之中，主要是党委和政府一厢情愿地做，征求老百姓的意见不够，最终老百姓并不满意，尤其是我们老百姓没有被广泛地调动起来，而且做的东西也不是我们老百姓所迫切需要的，而是政府自己所想象的东西，那么最终结果会是什么呢？所做的东西与老百姓的愿望往往脱节，做成了以后，老百姓也不珍惜，这些东西很快出现了污损、废弃或者是毁坏的状况。

我也问我自己，作为一个学者，作为一个教授，我花这么大的精力来做这个试验，我图的是什么？广大居民朋友们，你们可能也会这样问我。记得我向我们周家渡街道的党工委书记张安平同志讲过，我就是想施展一种情怀。这个课题给我的经费是很少的，我们会花在整个活动进展上。而且，我现在已经超越了钱对我个人的一种束缚，就是希望能够看到我们平时纸上谈兵的东西、我们党和政府所提倡的东西，能够通过我们广大的老百姓自觉的参与，全身心的爱护，最终形成一个大家都喜欢的东西。在座的诸位，你们会看到我们周边环境，几个月以后会发生天翻地覆的变化。因此我就想，我今天下午专门过来和各位做一个交流，更期待着得到大家大力支持，那么我就先讲讲以下一些事情，请你们耐心地倾听一下，好不好？

（居民们：好。）

首先，大家知道我们这个社区是我们日常生活的一个精神家园，也是我们最重要的一个居住场所。现在我们党和政府做了大量投入，但请你注意，一定意义上讲它是分兵突进的，这个部门做一点这个，那个部门做一点那个，缺乏一个整体规划和集成使用的东西。

我们这个居民区，我已经是第三次来了。5月21日，街道党工委张安平书记陪着我们课题组把云台一居和二居全部跑了一遍；6月13日街道办事处费全明副主任带着我们一个更大的团

社区营造团队专家唐亚林教授在浦东新区周家渡街道云台第二居民区楼组长动员会上的讲话

队,又把云台二居跑了一遍。

那么我们今天开这个会是什么意思呢?因为党和政府希望给我们老百姓创造一个安居乐业的地方。我们有大量的投入,通过不同的条线进入到我们居委会,进入到我们社区,但是很多东西未必是与我们老百姓日常生活密切相关的。比如说,一进我们云台二居的大门口,我就看到了我们老百姓放在那里的长木沙发,对吧?为什么放在那?当然这个东西可能是附近居民主动捐献出来的,他希望到下午三四点、五六点以后有一个阴凉的地方,可以坐那里聊天。什么意思?老百姓住在那个高楼大厦里面,他要走下来,他要看看人,他要见见人、说说话、聊聊天,否则他长期被关在家里会变成痴呆的。当然了,那个放木制长沙发的地方是不合适的,未来我们会一起商量一下,做一个适当的调整,让老百姓下楼不远处就能找到一个大家相互交谈的地方。再比如说,我们会场隔壁的那个长满了蔓藤的长廊,通过一定的建设、投入和改造,就会变成一个非常好的居民休憩、谈心之地。

大家知道我第一次来的时候,第一眼的感觉是什么吗?各位居民朋友们,我说为什么我们那个长木板凳那么矮啊?人年纪大了,有时候蹲不下来的,它就应该高一点。设计人员当初设计的时候,可能没有考虑到我们老百姓年纪大的时候,弯腰弯不下去的情况,而且后面是不是该有个靠背呢?万一人坐上去,不小心倒下去了,怎么办?在坐的过程中,下雨了怎么办?大家还想继续聊聊天,聊不了怎么办?如果加个顶,加什么样的顶?坐凳要做多高?张三认为23厘米,李四认为25厘米,我们自己去测算一下,最后决定取24厘米,这样最后做出来的东西,就是我们大家都满意的,自然以后就愿意去用它。

然后,这里面怎么摆放东西,是否可以放一些如小桌子之类,都需要商量。比如说我刚刚看到了,有人把摩托车放到里面了,那合适吗?肯定是不合适的,因为这是让大家坐着聊天谈心的地方。碰到这个情况以后,我们周边人会叮嘱自己家的孩子,首先不能把摩托车放到那个里面去。其实以后遇到这种情况,大家可以几个人相互协商一下,告诉车主,将其移到另外一个地方。也就是说,改造好后,我们还要经常维护。如果有人在那里做了一些不合适的事情,我们中就要有人出面制止他。实际上都是为了我们共同的家园的营造。因此,我想讲的第一点,就是想通过我们专家团队的介入式试验,把党建引领、居民参与、社区协商、小区营造、自愿维护、各方合力等有机结合起来。

我可以坦率地告诉大家,如果我们做成功了,尤其是后面一系列自愿维护机制都建立起来了,那我们就是全国第一家!现在上海还有其他地方也有团队在做社区营造的事情,但是他们没有我们做得这么大,做得这么彻底,做得这么综合,设计得这么富有整体性。所以,我们最终的理想是形成这样一种综合的合力,希望有你们在座的各位以后持久的参与,这是我想讲的第一点。

第二点,我们也有一个综合性建设方案。比如说,我们制定了周家渡街道整体治理模式试验区"六阶三十条",这个我就不一一读了,因为时间有限。我们会分很多阶段,每个阶段都有具体的做法。我们今天具体做法是什么?我可以告诉大家,我刚刚向你们讲过,我们专家团队已经来这里踩过两次点,把我们云台二居都走了一遍。我们一圈走下来以后就把大致情况都了解了,但是请大家注意,我们专家学者走过了,也只是得出我们自己的想法,这是一套方案。第二套是什么呢?就是我们居委会的,居委会干部长期生活在这里,作为管理者来说,她们也有一些她们自己的想法,这是第二套方案。第三套就是我们街道有很多职能部门,像社区服务办、社区管理办、党建办、平安办等,他们也有一些想法,这是第三套方案。刚才我讲过,这些职能部门以往

社区营造团队专家唐亚林教授在浦东新区周家渡街道云台第二居民区楼组长动员会上的讲话

只是从自己的部门角度看问题、想问题、处理问题，我们未来是想做到合二为一的，甚至是合四合五为一的。虽然有这三套不同的方案，可最重要的方案就是你们的意见了，这是第四套方案，也是最重要最关键的方案。

我们准备怎么做呢？我们要选出一个议事会。这个议事会实际上今天我要请各位广泛宣传、广泛参与。我和我们居委会的陈书记、李主任，街道党工委书记张安平、副书记兼街道办主任华英姿、副书记张波都进行了交流。

我们街道的吕中子主任也来了，他在负责联络我们整个团队的活动，他是这个活动的主要联络者、通气人。我们这里有"致居民的一封信"，我请我们的街道给印好了。会后拜托各位楼组长给每家每户发一下，最好还能把我今天讲的想法、在那个信上反映不出来的想法，通过你们的转达，首先让你们的家人知道，其次让你们的隔壁邻居知道。

为什么我们要选一个居民议事会？因为我们做这种事情，它要强调广泛的代表性，楼组长是原来体系下建立起来的，但是现在做这个事情，我们希望有一个40个人组成的议事会，这个议事会怎么组成？我们想先选14个代表，就是随机抽选，比如说我们现在有86个楼组，我们就随机选出14个楼组，每6个楼组选出一个代表楼组，然后再从该楼组中随机选出一个代表，比如我们选第二层或者是第三层的某个人家，把他选上来，这个是随机抽的，一旦抽中，需要我们楼组长去做一个动员。比如说，请你们家派一个代表来参加，我们有两次活动，首先问的问题是你愿不愿意参加，其次再问你能不能参加，最后问的问题是你会不会愿意以后长时间参加。目的是什么？就是想没有上级指定，而是从老百姓中随机抽样出一个广泛的、有代表性的协商组织。

另一个是自我推荐方式，就是我们今天在座的诸位都可以主动报名，选出 13 名代表。我们没有专门请我们街道的同志，也没有请我们居委会的同志来充当联系人、记录人，而是请我的博士生钱坤给你们留下他的联系电话号码，也留下电子邮箱地址，既供你们自愿报名，也供小区里任何愿意参加的人报名。如果你们不会用电子邮件，你可以请你们孩子把你们的想法发给他，我们就把它统一收集起来。也可以直接打电话给他，他不怕手机被打爆。

还有一个就是通过协商推荐方式选出 13 个代表。我刚刚讲过，在座的各位都是积极分子，没有在座的诸位，社区很多事情都做不起来。你们也知道中国有一句老话叫"有样学样"，就是有人先弄起来了，后面马上就会有人跟随。不知以前你们看过那个试验视频没有，就是过马路的视频。我们都经常过马路，你们都知道不能随便乱穿马路，要注意红绿灯，但在现实生活中，红绿灯常常不管用，一些人照样乱穿马路，照样不管红绿灯。这个试验视频是如何做的呢？就是安排几个人，看到红灯时，他们几个就停下来，站在前面，而且有意识地形成了三个人并排的状况，后面跟着的不知道他们是搞试验的人，一般都会立马自动停下来等红灯，且屡试不爽。这些试验都是在老百姓不知道的情况下做的，这个实验说明什么？很多不好的事情，如果有人敢站出来指出，说你不能这么做，或者有人出面规劝一下，那么事情很可能就立马变了。

我们真的要将心比心，尤其是像你们长期居住在这个社区里。我刚刚前面为什么讲那个例子？我们现在学术界，包括我们官方，强调年轻人参与社区治理，我是不赞同的，什么意思呢？你们的孩子的活动场所本就不该在社区，就是周末的时候他们一帮朋友跑到酒馆去看球赛，现在正在举行足球世界杯比赛，去喝个咖啡、喝啤酒、吃烧烤排挡。年轻人不在那里玩，他在哪里玩

社区营造团队专家唐亚林教授在浦东新区周家渡街道云台第二居民区楼组长动员会上的讲话

啊？你把这些事情想清楚以后，很多家庭矛盾都得到迎刃而解，但是这并不意味着他不孝顺你。因此，我想在这里，我们就仰仗居委会、党支部，一起来共同商量一下，哪些人平时说话有分量、喜欢做公益事、有很好的公益心，就请他们来做代表，请他们来一起协商一些事情。这样的话，三种方式加起来，我们就可形成40个人的社区营造议事会。

选出来以后怎么办呢？我们就要开始行动了。我们初步考虑要花整整两天时间，请这40个人到时候腾出2天的时间。我们还要另外招聘20个学生。我们至少要派25个人左右来这里，一个学生负责对两个居民。届时上午我们到云台二居来，我们要开正式的大会，我们要发给你们每个人材料，然后我们陪着你们把我们云台二居所有的主要干道、大小场所全走一遍，走一圈下来至少要2个多小时。然后你们代表看到了这里的情况，可以思考，你觉得这里需要做一些什么改变，你看到了这里的情况，你认为应该做哪些改变。我们学生会把你们想的、看的全部记录下来。走完以后，我们就回到会议室，正式开会。我们开会时，会确定一个开会的规则，比如说一个人只能讲2分钟或者是3分钟，别人讲的时候任何人不能插嘴，前面人讲过的观点，后面人就不能再重复了，不能攻击别人，等等。

然后我们会把大家的想法全部记录下来，现场形成一个大家的意见单。实际上就是把所有代表的想法形成一个清单，你会发现这一轮可能出现五六十个乃至上百个要做的事情。然后我们再商量，甚至我们投票，最终会形成一个清单出来。请大家注意，前面我向你们讲过，你们的意见是最重要的，是最重要的方案，换句话说，今天不是我们的党支部书记陈纯同志，也不是我们的居委会李娟同志说我们门口那个花园这里该怎么改，那里该怎么改，而是我们老百姓讲这里该怎么改，那里该怎么改。专家们会把上面的意见全部统计后形成一个清单,然后报街道去备案,为日后的决策提供直接的依据来源。

有一些东西是必做的,我们肯定要形成 A 方案、B 方案、C 方案,或者是 1 套、2 套、3 套方案。比如说这个地方,这里有一个小的公共空间,一棵大树下我们怎么建一个自然开放的交往公共空间。对此大家都要发表意见,要投票,如果大家的意见高度一致,这个东西必须要做,那么最终肯定就要做它。到我们第二次正式开会的时候,我们团队的规划师就要进一步告诉你,A 套方案是怎么做的,B 套方案是怎么做的,C 套方案又是怎么做的,然后再由你们代表再次投票决定,是选择 A 方案、B 方案,还是 C 方案。甚至对最终决定选择的方案可以再提出进一步优化的意见。

之前我们团队来过云台二居民区两次,也看了很多地方并思考了一些问题,比如说我们是不是要建一些微花园、小的种植场所,我们是种薄荷,还是种菜,还是种其他什么东西,这些都应该由大家一起商量。如果决定种了什么以后,再要一起决定谁来负责这块地,以后谁来自愿维护,或者是否分成更多的小块让各家各户认领,以及如果原来认领的人不认真维护,及时地进行认领人调整。你们想想看,既然这些是我们大家协商出的一致意见,你答应做的时候就要爱护它,这样今后就不会出现一个无人管、无人理的场景。这是我们想做的最重要的事情,也就是我们学术界非常看重的自愿维护机制问题。

我来这里的路上还在想,我们有那么多的业余兴趣活动团队、文体团队,比如说大妈、大姐,有的喜欢唱唱歌,有的喜欢锻炼身体,有的喜欢种菜,有的喜欢坐在那里一起聊聊天,打发时间。如果我们开展这些活动时,可以就小区的公共事务一起交流,一起协商讨论,该是多么好的事情。比如说,涉及小区的衣

社区营造团队专家唐亚林教授在浦东新区周家渡街道云台第二居民区楼组长动员会上的讲话

服被褥晾晒问题，花园里的体育设施维护问题，小区邻里之间互帮互助问题，我们同时将它们与我们的党建活动、管理活动、服务活动结合在一块。

再比如，有一个地方，就是我们居委会所在地往前去一点点的地方，有一个被废弃的小卖部，我们可能会把那里打造成类似健康小屋、书香小屋、调解小屋、党建服务小屋，多种小屋在那里。我们老百姓经过那个地方就可以量一下血压，那个放血压计的地方，我们就希望它是一个自然开放式的公共交往空间，血压计不是放到屋里面，而是由几个周边的老百姓到了一定时间，就把它搬出来，让大家量，到了一定时间，又搬回去，而且我们会把大数据跟上。什么叫大数据跟上呢？你量完血压以后，这些数据会被自动记录下来并链接到相关服务机构。如果发现你血压偏高，或者是出现什么其他情况，他们会自动提醒你去医院做个系统检查，要注意、要吃药，等等。这样的话，就把这个地方给做活了，使之变得方便有用起来，而不是做成一个供人参观的摆设。然后，大家有时候还想一起聊聊天，还可以到这种人流容易集中的地方，一起见见面、说说话、谈谈心、议议事。

我那天进小区的时候，看到一对老大爷、老大妈把一个小的柜子搬出来，放在自家楼道前的大树下，紧挨着小区主干道，柜子上面放了一个可以折叠的门板，那上面可以放茶杯等小东西。他们老夫妻就坐在边上，一边喝茶闲聊，一边看着过往的行人打发时间。我就跟我们团队的规划师讲，我们能否设计一个下面可以简单支撑，上面可以折叠摊开，还可以有滑轮自由移动的小台桌，再设计一种方便手拿的小塑料板凳，就放在我们一楼下面的人家里，等到下午三四点天气不热的时候，把小台桌给推出来，把小板凳给拿出来，附近的邻居就可以围坐在一起大家随意聊聊天。目的是什么？就是让大家在一个自然的而不是封闭的，开放的而不是受拘束的公共空间里自由谈心聊天。在此基础上,以我们的开放自治花园为中心,在各楼房之间的空隙地,形成各具特色的微空间、微谈心点、微集会地,并形成像珍珠一样串起来的链式居民休憩地,由此可以形成我们云台二居民区的微景观特色。

这就有一个期待,什么期待呢?就是希望我们下次活动还没开展前,先请楼组长你们酝酿起来。一是从你们彼此熟悉的地方先酝酿起来;二是和你们家人商量一下,你家的房前屋后,就是楼道前、楼道后,你认为怎么改造让你觉得舒服,你觉得怎么改造可以让大家有随便坐坐、随意交流的空间,为什么要这样?你们的需求才是我们改造的动力,才是我们搞社区营造理想蓝图的直接渊源。

说实话,你们在这个居民区里生活了这么长时间,但并不是对所有地方都很了解,你要是真走完了一圈以后,很多东西也是你原来没想象到的。同时,我们还要把很多东西给结合进去,比如说,我们的垃圾分类问题,这个难度就很大。比如说,你家是不是做了一些垃圾分类的事,包括我们扔垃圾时,我们的垃圾箱怎么设计,我们设计师也会告诉你有这一套,那一套,共有好几套方案让你选。什么样的垃圾箱让我们手不要去碰,只需用脚踩,但是又要考虑怎么放进去。太小了,大东西放不下。那大东西放不下了,就要送到专门的小区垃圾站去,每天上班的年轻人又不愿意绕那么大圈子送过去,这个问题怎么解决?

我家所在小区在搞垃圾分类,我持续地观察了很久,实事求是地告诉大家,全中国的垃圾分类工作目前做得都不理想,包括上海也不理想。我跟小区从事垃圾运送的清洁工交流,有关单位搞了绿色账户积分卡,但是你们不太了解,这个卡的功能实现可能性不大。什么意思呢?它上午9点到10点,下午2点到3点,

社区营造团队专家唐亚林教授在浦东新区周家渡街道云台第二居民区楼组长动员会上的讲话

叫你把垃圾送到垃圾站去，本来这个垃圾桶是放在你家边上的，你把垃圾拎下来扔进桶里就可以走了，去上班了。现在搞绿色账户积分卡，要求你先把垃圾干湿分开，送到收理垃圾的垃圾站，干垃圾直接扔到干垃圾箱，湿垃圾还要求将湿垃圾从垃圾袋中倒出来，倒进湿垃圾桶里，再把垃圾袋放到专门装塑料袋的垃圾桶里去。一般人哪里会做这个事情？倒湿垃圾会把手甚至衣服、鞋搞脏的。这样做好后，清洁工就会给你的积分卡扫一下。两三个月后，积分达到一定的点数，可以凭此换点油、香皂之类的东西。

你想想看，除了退休的老大爷、老大妈没事可以这么做做，年轻人谁会在乎这个东西呢？因此在这个过程中，只有你自觉，才有可能做到。比如说，我和我家太太就商量好了，我家厨房里是放两个桶的，我家客厅里也放两个桶。我专门买了一个红的桶，一个蓝的桶，红的桶专门装水果皮、厨余垃圾等湿垃圾，蓝的桶放一些瓶子或者可以回收的东西。至于可能还会有的硬纸箱、报刊杂志之类，就会请小区收垃圾的清洁工专门上门收掉。

最后，我想总结一下所讲的内容。我们今天请大家来，主要是做三件大事情。

第一件大事情，就是要分发"我们要造一个什么样的社区，我要参与，我要发声"这样一封信，已经请街道印好了，麻烦你们让你们家人也看一下。我把这封信同时专门发在我的一个公众号上（微信公众号："唐家弄潮儿"），到时候请居委会主任、书记在你们各种工作群里转发一下（此信已被云台二居自己的微信公众号转载），也麻烦你们转发给你们的家人看一看。请你们告诉他们，就说复旦大学有几个教授和他们的博士生、硕士生、本科生，还有一些理想，在街道和居委会的支持下，想为我们老百姓做一点事情。别人会讲我们这是吃饱了没事干，但是我可以告诉大家，做这种事情是非常有意义的，尽管需要我们有大量的时间和精力投入，可我们一点也不后悔。这是第一件大事情。

第二件大事情，就是我们有议事会推选方案，推选方案的内容在刚才讲过的微信公众号"唐家弄潮儿"里有。微信朋友圈你们会用的，如果不会用的话，以后我会动员我们居委会专门成立一个教你们如何使用的小组，专门教你们如何灵活使用微信的各种功能。这件大事的主要内容是我们要选社区营造的议事员。在座的各位在我讲过后，如果愿意主动报名是最好不过，非常感谢了，当然了，这里可能报名的人多，只能选出 13 个代表，我们到时候再协商一下，你就算没有被选中也不要泄气，我们后期活动会一直请你们参加，这是没什么问题的。我们会要求入选者代表经常跟你们交流，包括我本人。我们会直接跟你再进行交流。

我们可能要确定时间。[1] 请大家上午一起来，当然了，我们会表示一点小的心意，买点我们复旦大学的小礼品送给大家。我们课题组会买点水，中饭怎么吃，我也会和街道、居委会协商一下。然后我们做一些什么事情，也请你全程关注。

最后一件大事是什么呢？听完大家的意见以后，我们觉得还有个具体怎么搞的问题，因为那个过程有点复杂。什么意思？各位居民朋友们，你们要了解，做这些设计要花大量的工夫，要画大量的图出来。后面还要做预算，这样做要花多少钱，要有一个概算，在这个过程中我们的规划还有大量的工作要做，不是一两天就可以做好的，但是我们大致规划了一下，在 7 月中旬时能有一个完整的方案出来。

更重要的是，各位居民朋友，这些所有要做的都是根据你们的意愿，根据大家的意愿综合形成的计划和方案，不再是街道帮

---

[1] 时间最终确定在 2018 年 7 月 10 日和 7 月 17 日两个全天，均从上午 9 点 15 分开始。

你们设计的,也不是居委会帮你们设计的,是你们自己参与设计的。我们在做这个的过程中,会请求街道各部门进行配合,也请求你们尽力配合,甚至我们后面会建立一些长效的自愿机制,比如认养机制、协商机制、维护机制、变更机制、规劝机制等。这个过程中我们还要和你们协商,怎么样让我们的老百姓在参与中感受到我们家园的改变,感受到我们党和政府对我们老百姓生活的关怀,这是我想讲的话。

真切地希望你们感受到唐亚林教授的一份情义和我们复旦大学课题组的一份情义。更感谢我们街道党工委和办事处的领导,各职能部门的干部,以及我们云台二居党支部和居委会同志们的一片心意。我期待着在座的各位居民朋友,我们共同携起手来,最终创造出一幅可以叫得响,在全中国都可以排得上号,算得上首屈一指,能够让我们开开心心过日子的美好家园蓝图和情景,大家说好不好?

(居民们:好!)

期待你们回去以后多做点宣传动员工作。我特别真心地讲一句话,谁不希望自己出了家门,走几步,就可以找到一个可以随便坐、随意交流的美好景观之地?麻烦你们真心地做一点动员工作,因为我也看到了,有一些废弃的自行车,废弃的摩托车、三轮车,废弃不用的旧家具,长期被丢弃在自行车棚里、楼道门口。因此,请你们楼组长率先行动起来,看看都是哪些家庭的车子和东西,请他们先处理一下,如果实在不愿意自己处理,我们也可以请居委会最后出面,集中处理,包括还有一些旧的违章搭建残余物,等等。

我想请大家多做做工作,好不好?这样的工作有时候做起来真的很难,这一点我是很明白的,对此也有充分估计。但是,首先要麻烦在座的各位楼组长,你们先把各自楼道的东西,废弃不用的东西处理掉,做出榜样来,大家说好不好?

(居民们:好!)

拜托你们了,让我们携起手,一起共同建设我们美好的云台二居,好不好?

(居民们:好,谢谢!)

我就讲到这里,我不会乱许诺,也不会乱承诺的,我绝对会尽最大的努力把这件事情做好。谢谢大家!

(唐教授讲话过程中,居民楼组长都在非常认真地听,部分还在认真做记录。

动员会结束后,另外一个小区的两个楼组长专门和唐亚林教授交流,希望也能够改造她们的小区,否则她们来也没啥用。唐亚林教授解释这是第一期工作,有一个试点考虑,在后续复制推广中会专门覆盖到那边小区。)

附录九

街道负责人在周家渡街道云台二综合性样板居民区开工启动动员大会上的讲话

各位居民朋友们、唐教授：

大家好！

秋高气爽、春华秋实，是个丰收的季节。

今天综合性样板居暨"美好周家渡"整体治理模式试验区建设开工启动动员大会在云台二居民区的召开，标志着"美好周家渡"建设从图纸、方案的设计真正进入具体落地与长效机制建设的新阶段。街道将以云台二综合性样板居民区建设为试点，先行先试，边建设边总结可复制、可推广的经验，同时将好的经验好的做法好的成果机制化、标准化、制度化，为后续在街道范围全面推广打下基础，并力争成为浦东新区、上海市乃至全国社区治理与城市基层治理的先进样板区。今天的样板居民区开工启动仪式有五个方面意义。

第一，云台二样板居启动仪式是对样板居建设过程的回顾、总结、分析。

我们要清晰地认识样板居建设不是一朝一夕、一蹴而就的，在样板居建设过程当中，我们取得了一些经验和成绩，同时也存在一些不足，如从信心层面、资金层面、团队力量方面到我们整体的协作层面，还存在跟我们样板居打造要求不相适应的一些薄弱环节。但是回顾这一路，居民从不理解到理解，从不支持到支持，各部门从原来大家各顾各做事到最后的相互协作，这一步步走来是非常不容易的，所以我们更要坚定信心，继续努力。

第二，云台二样板居启动仪式是对样板居建设的再动员、再部署、再落实。

样板居建设是美好周家渡建设过程中的一个载体，样板居建设不是目的，通过样板居建设推动党建引领下的整体治理机制与模式创新才是目的。我们要充分发动社区的居民群众，全面、深入地参与到整个美好周家渡的建设中来，不断让人民群众有充分的获得感、幸福感。所以，这次启动会不只是对综合性样板居，也是对14家专项样板居的动员仪式，更是对所有居民区的一个全面的再动员，再部署，再落实。

第三，云台二样板居启动仪式是对广大人民群众的再承诺、再行动、再出发。

新时代、新发展、新征程。2017年12月，党工委、办事处领导集体向社区的全体人民群众作出了重要承诺，要尽快打造美好生活先行区、创造周家渡的美好明天。此次启动仪式，是对街道党政班子集体向全体人民群众承诺的再次回顾，也是对"美好周家渡"推进过程的回顾。从蓝图到现实，样板居建设标准是不是符合百姓的所思所盼，在实践过程中能不能得到群众的拥护、百姓的支持，都是要在实践中经受群众检验的。我们要始终以人民群众的所思所想为标准，扎扎实实、一步一个脚印向前推进美好周家渡建设。

第四，云台二样板居启动仪式标志着样板居模式的正式确立。

云台二样板居是第一个开始打造的样板居，打造完成后，要打造云台一。后面3至5年间，我们要将打造样板居的经验复制、推广到所有居民区。美好生活的标准永远在路上，随着时代的发展，人民群众对美好生活的期盼，不管是在行政方面还是内涵方面都会发生一些较大的变化。我们一方面要逐步建立完善标准，另一方面也要以人民群众对美好生活的期盼为标准，持续社区营造、社区更新工作。

第五，云台二样板居启动仪式标志着党建引领下社会治理新机制、新理念是一个不断建立与完善的过程。

样板居追求的结果是简单的，如居民区环境改善、群众生活美满，但达到目的的理念、机制含金量是很高的，我们要不断探索，不断总结社会治理改革创新的重要成果，形成社会治理的整体体系。随着样板居的正式打造，我们的机制模式也要不断修正。

从美好周家渡建设提出开始，我们的思想认识、工作能力都在不断提升，我们的工作效果也在不断形成。那么接下来，我们怎样真正把样板居打造好，我再简单提五个方面的希望和想法。

一是要在贯彻落实区委、区政府提出的"四高"发展战略上下功夫。

样板居的打造要结合"高水平开放"目标，形成开放、包容、协同、绿色、共享的科学发展观；结合"高质量发展"目标，发展社会民生事业；结合"高品质生活"目标，以居民切身体会、直接感受为标准不断提升社区居民生活满意度，满足居民对美好生活的要求；结合"高素质队伍"目标，锻造一支经得起风浪、能够攻坚克难的高智商、高情商、高能力的干部队伍。

样板居建设本身是对整个街道领导班子、对所有居民区、对全体居民群众的高要求挑战。这个挑战是全方位的，比如认识、能力方面的挑战，比如总体数量、文明程度的挑战，所以我们要有能经得起风浪、能攻坚克难的队伍去打造我们的美好周家渡样板居民区。

二是要在做实做强家门口服务站上下功夫。

家门口服务站是区委、区政府全面贯彻以人民为中心的发展思想，在新时期创新社会治理的一项新举措。区委、区政府提出的七个方面的家门口服务体系内容要求，其根本目的就是最大限度地让百姓更便捷、更舒畅、更高效地在家门口享受到各种各样的民生服务，真正让居民群众在家门口有非常强烈的获得感、幸福感。

家门口服务站打造与样板居打造本质上讲是一致的，区委提出把家门口服务站做深、做优、做强的要求与样板居的打造要紧密结合，把家门口的服务毫无保留、充分地予以提供，让云台二家门口服务站成为街道家门口服务站的标杆。

三是要在党建引领社会治理机制上下功夫。

通过样板居民区的打造，形成一项项制度成果。借"解剖麻雀"之机，着力探索完善"1＋4＋8"整套社会综合治理体系的机制，打造老城区美好生活治理典范。样板居打造完成后形成的经验、成果要向上申报，把经验发扬光大。

四是要在功能、形态、人文精神上下功夫。

今天的动员开工可能更侧重的是形态、技术的打造，然而形态的打造一定要与样板区功能的不断充实和完善结合在一起，与我们人民群众随着文化物质水平的不断提高，精神面貌、文明程度也不断提高，精神不断升华密切结合在一起。在打造过程中，不断提升居民文化修养，按照社会主义核心价值观培育我们居委干部、我们全体人民群众。

假如我们整个环境非常整洁靓丽优美，谁还会随地吐痰，谁还会随便地扔垃圾呢？所以，我们今天样板居民区的开工，不光是形态建设的开始，更加重要的是在形态建设的过程当中，我们还要把我们样本居民区各项功能进一步地充实增强，加大对我们居民群众、我们居委干部以及我们全体街道干部的人文精神的培育。

五是要在居民参与、协商、民主机制上下功夫。

通过居民在建设全程中的参与协商，充分吸纳居民意见，让群众的事情群众商量着办。把家园建设成符合人民群众愿望的家园，需要人民群众全程参与进来。今天，我们的议事会代表都来了，希望议事代表们更好地发动周边居民，有序有力充分参与整个居民区的创建。前期，议事代表们已经充分参与了方案设计，那么接下来每个环节的打造应该如何做，议事代表也要充分发表意见。我们会充分吸收，并适当集中，集居民意见之大成，尊重大部分居民的需求。在样板居打造完成后，后续维护管理秩序的建立，建设成果的巩固将会是一个更繁重的任务。如何巩固成果？非常重要的一点就是把居民群众在样板居打造过程中达成的共识逐步固化成我们的市民公约，形成云台二居民的自主管理、自我发展、自我教育的一种良好自治机制。

同志们，"美好周家渡"发展规划、样板居民区的建设，是全面贯彻落实区委、区政府各项重要工作的一项重要举措，是加强党的领导、创新我们社会治理的一项重要举措，是全面建设美好周家渡、打造美好生活新区的关键一招，也是不断满足人民群众对美好生活向往的示范引领的一个新举措。我相信在街道党工委、办事处的领导下，在复旦大学唐教授组建的高智商、高情商、高能力队伍的全过程参与下，在广大居民群众和全体干部的共同努力下，我们的样板居打造一定会达成预期成果，也一定能够回应我们人民群众对美好生活的期盼。"美好周家渡"发展规划在不久的将来，也会在周家渡辖区里全面落地生根，产生新的实效。

中秋已至，国庆将临，我谨代表街道党工委、办事处祝愿大家身体健康、家庭幸福、事业有成。谢谢大家。

中共浦东新区周家渡街道党工委书记、人大党工委主任

张安平

附录十
社区营造团队专家在周家渡街道云台二综合性样板居民区开工启动动员大会上的讲话

各位云台二居民区社区议事会议事员们，周家渡街道党政班子、各职能部门、云台二居民区党支部和居委会、各社区党支部的各位朋友们：

大家下午好！

今天，我们在云台二居民区居委活动室召开"美好周家渡"整体治理模式试验区建设开工启动动员大会，这次大会也是云台二综合性样板居民区的开工启动动员大会。

看到你们，我很激动。回想我们以往为了一个共同的目标和心愿，多次见面商量，听取意见。听说有议事员有段时间没有看到我带营造团队到小区来，还问云台二居民区党支部书记陈纯同志怎么回事。实际上，我也一直惦记着你们。

回想过往的接触和交流，有一些时间节点很特别。

首先，5月21日是个时间节点。当时，周家渡街道党工委张安平书记陪同我们复旦大学社区营造联合试验团队成员到云台第二居民区、第一居民区实地调研。离那时已过去了四个多月。

其次，6月25日是个时间节点。那天下午，我们复旦大学社区营造联合试验团队在云台二居民区召开社区议事会第一次动员大会，并和大家一起实地调研云台二居民区社区建设情况，听取各位议事员关于小区营造的实际需求和具体意见。离那时已过去了整整三个月时间。

再次，7月17日是个时间节点。那天下午，我们复旦大学社区营造联合试验团队到云台二居民区召开社区议事会第二次会议，听取各位议事员关于云台二综合性样板居民区总体规划初步方案意见，就有关方案选择进行投票表决。离那时已过去了两个多月。

最后，9月14日是个时间节点。那天上午，周家渡街道党政领导和各职能部门第三次听取复旦大学社区营造联合试验团队关于云台二综合性样板居民区总体方案优化设想，及小区营造投资概算情况。离那时已过去了十来天时间。

如果算上2017年12月7日周家渡街道在中华艺术宫举办全面建设"美好周家渡"专家研讨会，我们复旦大学社区营造联合试验团队与周家渡街道达成"美好周家渡"整体治理模式试验区建设初步意向，并于2018年4月底正式确定由复旦大学社区营造联合试验团队承担云台二综合性样板居民区整体规划与建设工作的时间，可以用两句俗语来形容，一是"十月怀胎，一朝分娩"，二是"好事多磨"。我们云台二综合性样板居民区美好家园建设的面纱即将揭开，打造美好生活先行区的号角正式全面吹响。

记得6月25日在云台二居民区召开的社区议事会第一次动员大会上，我向各位议事员们做了一个汇报和展望：

我们在周家渡街道党政领导和各职能部门以及云台二居民区党支部、居委会的坚强领导和大力支持下，投入很大的精力，付出很大的心血，和大家一起来做这项功在当代，利在千秋，造福广大社区居民和街道，有利于其他基层社区和街道复制推广的伟大事业，其目的是什么呢？

　　这就是希望把我们专家学者所学的理论和方法与实践有机地结合起来，把我们专家学者在书斋里的美好理想和情怀与广大社区居民的美好生活需要，与广大基层干部干实事有担当不忘初心的建设中国特色社会主义的伟大历史使命有机结合起来，让我们广大的社区居民在安身立命的美好社区家园里，能够有一个个自然、开放、交往的公共空间可以随便见见面、说说话、谈谈心，有一个个让老百姓办事方便的便民利民场所可以经常碰碰头、聚聚会、办办事，有一个个让我们广大社区居民自觉参与、相互协商、志愿维护的长效管理机制。

　　如今，这一美好初心将随着云台二综合性样板居民区的全面开工和建设完成，一步步地转化为现实，一步步转化为我们美好生活的一部分。

　　在今天云台二综合性样板居民区开工启动动员大会之后，我们复旦大学社区营造联合试验团队还要和各位社区议事会议事员，广大的社区党员、楼组长，广大的居民朋友们一起就社区营造的各种长效管理机制等议题进行协商，形成一整套长效管用的制度体系。也希望各位议事员平时多发挥主人翁精神，广泛宣传，相互协商，一起参与到这项伟大的改造与建设我们美好家园的实际行动中。

　　毫无疑问，随着云台二综合性样板居民区建设的逐步展开，我们将看到居住环境的改善、各种服务性功能设施的完善、小区美丽家园的创建、小区房价的上涨，等等；更重要的是我们不再是关起门来自成一统，而是邻里之间、楼栋之间、小区居民之间相互关心、相互帮助、相互学习、相互协商的自治之风蔚然兴起，并将云台二居民区作为我们安身立命、休养生息及精神寄托之所在。

如果通过我们专家团队的介入式试验，尤其是在周家渡街道党政班子的坚强领导下，在街道各职能部门、云台二居民区党支部、居委会、业委会、物业管理公司以及各类社会组织的大力支持下，在广大社区居民自觉参与、相互协商、志愿维护下，我们把党建引领、居民参与、社区协商、小区营造、智慧应用、自愿维护、各方合力等有机结合起来，一定可以交出一份社区治理长效运作和基层治理长治久安的美好答卷。

再次感谢各位社区议事员的倾情奉献，再次感谢周家渡街道和云台二居民区的全力支持，让我们携起手来，共同创造云台二居民区美好生活先行区的美好明天！

复旦大学国际关系与公共事务学院教授、博士生导师，"'美好周家渡'整体治理模式试验区创建暨云台二社区营造"试验团队总负责人

唐亚林

附录十一
社区营造长效机制建设与社区公约

云台第二居民区文明养犬公约

第一条 文明养犬，和谐共处，携犬出户时，应对犬束犬链（犬链长度不得超过1.5米），并由成年人牵领。同时，携带养犬登记证，尽量避免近距离（1—2米）接触老年人、残疾人、孕妇和儿童等人群。

第二条 携犬出户时，要准备好清理犬粪的工具，及时妥善处理犬在户外排出的粪便，保持社区环境卫生。

第三条 室外遛狗应在社区划定的遛狗区域。

第四条 以积极合作的态度对待因犬引发的纠纷，主动承担责任，平和、友好地协商解决相关事宜，化解矛盾。

第五条 犬伤害他人后，犬主人应主动致歉，立即将伤者送至医疗机构诊治，并先行垫付医疗费用。

第六条 要保持睦邻友好，采取有效措施制止犬叫，避免犬叫扰民，干扰他人正常生活。

第七条 积极响应政府号召，配合有关部门做好养犬管理工作，严格履行养犬义务保证书规定的其他义务。

中心花园遛狗功能区管理公约

第一条 中心花园遛狗功能区是为社区养狗居民专门开辟的遛狗空间，功能区由栅栏围起，居民可在该区域范围内松开牵引绳，自由遛狗。

第二条 遛狗居民请从功能区入口进入并随手关门。

第三条 遛狗功能区内设置有专门收集狗粪便的袋子，遛狗过程中产生的狗的排泄物需及时清理，保证遛狗功能区的卫生。

第四条 养狗居民应避免在遛狗功能区遛狗时狗产生影响其他居民的叫声，遛狗过程中应注意避免所遛狗与其他狗的撕咬，如有发生需及时分开。

第五条 遛狗功能区是社区公共基础设施，每一位遛狗居民都应积极维护。

中心花园文明游园公约

第一条 中心花园是公共场所，凡在中心花园内进行晨练、健身、休闲的居民都应遵守本公约，大家共同保持花园清洁，不随地吐痰、不乱丢垃圾、不乱丢香烟头。爱护园中一切物件。损坏物品要照价赔偿。

第二条 中心花园内道路和塑胶场地上，不准违章堆物、停车、私搭建筑物。注意隔离烟火和热源，严禁在塑胶场地内抽烟，避免烟头等火种留在塑胶地面上。严禁烧遗物、锡箔等易燃物品。

第三条 不准在塑胶场地上乱摔玻璃酒瓶，不准乱扔果皮、纸屑、食品、饮料瓶等废弃物。

第四条 禁止在塑胶场地上使用滑板车，禁止使用尖锐铁器破坏塑胶场地，不要穿钉鞋、高跟鞋、再生胶底鞋等棱角分明的硬性鞋底进入场地。

第五条 严禁在中心花园的塑胶场地上、休闲亭、休闲长廊内遛狗，为狗梳理修剪毛发，严禁狗随地大小便。

第六条 遛狗时请牵好绳索，带好纸巾和塑料装，随时清理狗的粪便，并到指定的规定区域遛狗。

第七条 严禁在花园的场地上、长凳上等乱晾晒。

第八条 严禁在花园内、长廊、凉亭内打牌、打麻将。

第九条 居委会社工、物业公司工作人员、小区党员、楼组长、志愿者、热心的居民群众都有权对不文明行为予以劝说和阻止。

第十条 凡违反上述规定的，视其情节轻重要求照价赔偿。

云台第二居民区家门口休憩点志愿维护公约

第一条 家门口休憩点是满足社区居民日常休憩与公共交往需求的公共设施，是所有社区居民的公共财产，希望每一位居民都能够爱护、维护。

第二条 以休憩点为划片节点，以就近的党小组为基础，通过居民议事程序，确定每处休憩点的志愿者，负责休憩点的日常管理与维护，包括劝阻对休憩点设施的破坏和不文明行为等。

第三条 志愿者服务时间以自然年为单位，每届一年，期满前一个月通过居民议事程序选择下一届休憩点志愿者。志愿者中途如不能继续服务，可向居委会提出，通过居民议事程序重新选择新的志愿者。

第四条 家门口休憩点是公共空间，居民使用休憩点应文明礼让，同时做到"三不"，即不破坏休憩设施，不乱扔垃圾，不堆放私人杂物。

第五条 居民在休憩点休憩时应和谐共处，进行有利于居民团结,展现社会主义和谐新风的活动,禁止在休憩点打牌、打麻将。

第六条　原则上休憩点设施由政府或小区公共维修基金出资建设,不建议居民摆放私人桌椅,但如果居民确实需要另配活动桌椅,则由该休憩点志愿者负责活动桌椅的摆放与收纳工作,活动桌椅摆放时需整洁有序。

第七条　倡议休憩点周边经常使用的居民组成志愿维护小组,配合志愿者负责休憩点的日常卫生清扫、监督休憩点的日常规范使用。

云台第二居民区多功能聚空间志愿管理公约

第一条　多功能聚空间是集书香小屋、亲子小屋、健康小屋、法制小屋等多功能为一体的,为社区居民提供生活便利条件的公共场所,需要社区的每一位居民共同爱护与维护。

第二条　多功能聚空间采用居民自治、自我管理的方式运营,即每种功能聘请一个本社区居民进行管理与维护,几个管理者形成管理运营小组,聘请其中一人做小组长,组织协商多功能聚空间的诸项事宜。

第三条　管理者的聘请原则上采用居民自荐的方式,并通过居民议事程序通过,确定管理者后,制作管理者铭牌,标示管理者联系方式,便于居民联系及反映情况。

第四条　管理者聘期为一年一聘,可以续聘。如管理者中途提出退出,即行通过议事程序选择新的管理者接任。

第五条　居民在多功能聚空间活动时应文明礼让,和谐有序,并听从管理者的引导,爱护公共财物。

第六条　由居委会、业委会维修基金共同出资成立多功能聚空间基金,用以多功能小屋的日常维护,同时发动社区居民为多功能小屋捐献物品，实现社区居民的共建共治共享。可捐献物品包括书籍、玩具、文具、健身器、医疗检测工具、媒体播放资料，等等。

第七条 由居委会、业委会和物业不定期举办各种小活动，包括读书会、法制宣传会、安全普及宣传会、健康饮食学习会、党组织生活会等，促进居民之间交流融合，提高生活品质。

云台第二居民区垃圾分类管理公约

第一条 小区实行垃圾分类管理，各住户倒垃圾时应按规定分类装袋，并于规定时间内将垃圾袋放到设置的分类垃圾桶内。

第二条 我们倡议各住户在家中放置多个垃圾桶，按照有害垃圾、可回收物、湿垃圾和干垃圾等不同类别进行分类收集和丢弃。

第三条 我们倡议以家庭为单位，家中的老人、小孩、中青年都要学习垃圾分类知识，养成垃圾分类习惯。

第四条 我们倡议社区中的党员、楼组长、社区干部要起到示范带头作用，从自己做起，切实践行垃圾分类。

第五条 不准随意移动垃圾桶的摆放位置。住户浇花、晾晒拖把时，应注意不要将水滴到楼下。

第六条 住户在装修过程中勿将装修垃圾及废物弃于走廊及公共区域，不得与生活垃圾混淆，要保持环境清洁，做到日产日清。

云台第二居民区共享花园认领与晾晒设施维护公约

第一条 社区共享花园和晾晒设施是社区的公共领域，为广大社区居民服务、提供生活便利，需要社区的每一位居民共同爱护与维护。

第二条 在小区内划定特定的区域作为宅间共享花园，先行试行，如试行成功再行适度推广。划定区域由居委会、业委会征得居民同意后由物业向广大居民公布。

第三条 共享花园的权属归全体业主所有，不是认领人的私人领地，认领人自愿付出劳动，并且有义务把认领片区维护好，打理好，提升小区环境品质。

第四条 有认领意愿的居民可在物业公布共享花园信息后到物业处报名。认领人的确定通过居民议事程序确定，优先有花卉种植爱好与经验的居民认领。考虑到植物养护的延续性，认领期分为1年、3年、5年三档，优先选择5年的认领人认领共享花园，其次是3年，再次是1年。确定认领人后在认领片区挂牌标明认领人。

第五条 业委会聘请一名有丰富种植专业经验的居民业主作为共享花园总指导，定期对共享花园进行巡查、指导，认领人需虚心接受总指导的指教，并在其指导下进行种植。

第六条 认领人在认领片区内可种植许可范围内的花卉植物或小型灌木，允许架设尺度适宜、形态简洁的各种种植箱以丰富造型，但不建议种植乔木，如希望种植乔木则需向物业申请，经居委会、业委会、物业同意后方可种植。认领片区内严禁种菜，如种植的植物结有一定可食用果实，则须由认领人采摘并分享给社区居民，不能占为己有，社区其他居民未经认领人同意禁止私自采摘。认领人承担认领期限内认领片区植物种植的所有费用。

第七条 如认领人中途不再继续种植，或花园种植总指导在巡查时发现某认领人种植经验严重缺乏导致认领片区种植效果较差时，则需及时通知物业，通过简易议事程序（或每年定期议事程序选择认领人时排定候补名单）即行确定新的认领人。

第八条 居委会、业委会、物业每年定期举行游园活动（可同时组织社区美景摄影展、绘画展等活动），组织社区居民欣赏共享花园美景，交流种植心得与经验，鼓励小朋友参加，并对共享花园打理佼佼者予以一定精神及物质奖励。

第九条 由种植爱好者、居委会、维修基金共同出资成立共享花园共享基金，用以聘请专业人士指导、活动组织及激励奖励等。

第十条 室外晾晒设施是在社区整体规划指导下设置的公共设施，居民可就近使用，并自觉维护。

第十一条 居民在使用晾晒设施时应互相礼让，底层住户优先使用，高楼层住户尽量在自家阳台中晾晒。

云台第二居民区规范停车公约

第一条 社区内以人为本，行人优先，一切车辆（包括自行车、电瓶车、机动车等）必须限速、安全行驶，不能乱鸣喇叭。

第二条 进入小区车辆需听从保安指挥，按规定路线行驶，并有序停放于划定的停车位内，如暂时无停车位可用，只能临时停放于非停车位区域时，要做到不堵塞主干道，不占用绿化，不阻挡他人车辆，不堵塞消防通道和消防设施，并在有停车位可用时尽快将车辆停放于停车位内。

第三条 车窗内应放置车主联系方式和门牌号，便于其他居民通知其挪车时能够尽快联系到车主。外来车辆进入小区时在门卫处登记所拜访门牌号，便于需要时及时联系。

第四条 实行业主车辆与外来车辆不同的收费制度。所有车辆须按规定自觉交纳停车费。业主车辆可凭房产证、行驶证到物业办理包月停车服务。外来车辆按时间收取停车费。停车包月费用和外来车辆收费标准由业委会组织召开业主大会确定，应保证本小区业主车辆的优先停放。所得费用由业主维修基金与物业公司按比例分成。

第五条 非机动车在小区内应降低车速，确保安全。应有序停放于非机动车停车库或宅间的停车棚内，不应贪图方便，乱停乱放，影响他人。共享单车一律不允许进入小区。

第六条 社区聘请志愿者数名，发现不文明行车或停车行为时及时劝阻或制止。广大居民应文明行车，从我做起，共同维护社区安全环境。

云台第二居民区爱护环境守护绿化公约

第一条 从自我做起爱护环境守护绿化。养成良好的卫生习惯，不踩踏草坪、不高空抛物，不乱扔果皮纸屑、塑料袋、烟头等废弃物。

第二条 看到地面上有纸屑、塑料袋等垃圾，主动捡起来，扔进垃圾筒里，努力做到垃圾不落地。

第三条 爱护绿化不在绿化带种菜，不饲养家禽，看到种菜、饲养家禽的现象及时制止。在事先征得居委会及物业同意的情况下，提倡小区居民在绿化带内有序地种植绿化树木，优化小区环境。

第四条 建立社区管理专业委员会，每月一次例会，将居民近期对小区存在的环境方面的问题及时落实整改措施。

第五条 建立每季度一次居委会、业委会、物业联席会议，针对住区、道路、绿地等责任区的保洁（养护）问题，管理员及卫生监督员齐抓共管，形成合力，提高工作效率和质量。

第六条 通过各种形式加强公民道德教育、健康教育、环卫意识教育和法制教育。推进环境卫生工作与精神文明建设相结合，深入开展各项创建评选活动，促进居民群众养成良好的卫生习惯，提高参与环境整治与管理的自觉性。

第七条 健全居民区清洁卫生志愿者队伍，每年四月为爱国卫生月，要结合本居住区实际，积极开展各项爱国卫生活动，重点解决群众关心的卫生问题。每月15日开展"环境清洁日"活动以及每周"周四爱国卫生义务劳动"，组织共建单位、党员、干部、居民群众、志愿者骨干积极参与。

云台第二居民区和谐楼道公约

第一条 讲究卫生

1. 各户居民自觉整理门前卫生，包括楼梯。

2. 不在墙壁、门窗以及其他设施上乱涂写、乱刻画、乱张贴。不随地吐痰，乱扔烟头、瓜果皮核等杂物。

第二条 注意安全

1. 保持楼道逃生通畅，不在楼道内堆放、吊挂杂物，注意消防安全。不随意移动消防设施，不损坏消防箱，不在消防设施附近堆物。

2. 爱护楼道电子门，文明开关楼门，随开随关。不生拉硬拽，不用硬物支挡。

3. 进出楼道必须随手锁门，对进出楼道的陌生人应主动询问排查。

4. 爱护小区、楼道的公共设施，保证水、电、气、通信设施畅通。不随意更换大功率楼道灯。

5. 增强安全防范意识，防盗、防火、防天然气中毒。装修居室不得破坏承重结构及原管道线路。出租住房应向租借人说明应承担的责任，及时办好外来人口登记。

6. 不准在房内进行违法、违规行为。

第三条 和谐互助

1. 楼道内邻里团结友好、和睦相处，上下楼道碰面打招呼，尊重楼内老人，爱护楼内小孩，相互谅解、相互礼让，遵守楼道公约。

2. 中午12点30分至下午2点整及晚上10点以后，请居民上下楼梯脚步放轻，请在家尽量穿软底鞋，不要敲打硬物，勿使用高音喇叭电视、音响等电器、勿发出巨大响声（意外响动不记），以免影响其他住户休息。每年中考、高考期间，自动自觉降低音量，为学生们营造良好的迎考氛围。

3. 提倡楼内互助结对，楼道内在职在册党员发挥好先锋模范作用，主动关心楼内独居老人、高龄老人。

4. 关心楼道公告通知信息，楼内居民互相转告，及时了解通知、活动。

火警电话：119　急救电话：120

街道派出所电话：××××××××

居委会电话：××××××××

物业服务热线：××××××××

我们有缘住在一起就是朋友，就是一家人，我们互帮互助，互相守护。让我们团结在一起和睦共处。

文明楼道小公约

邻里见面招招手，你我有缘住同楼。

邻里困难帮帮手，问题面前不用愁。

邻里矛盾拉拉手，相互谦让是朋友。

邻里安全联联手，出入无碍放心走。

邻里卫生动动手，我扫你扫环境好。

邻里活动牵牵手，和谐融洽到永久。

云台第二居民区睦邻互助公约

第一条 居民区每年对生活困难家庭进行一次排摸,了解他们致贫原因,给予精神上的关心和生活上的帮助。

第二条 以独立小区为单位设立固定睦邻点以及流动睦邻点,开展睦邻活动,逐步建立结对帮扶制度。通过采取"一对一""一帮一"等形式,加强与困难居民的经常性联系沟通,及时帮助他们解决生活中的一些实际困难,实现帮困工作的日常化、制度化。

第三条 针对社区困难群众、独居老人、小孩,每年开展一次微心愿征集活动。社区党组织要对心愿内容进行认真筛选,确保简单微小,易于实现,并张贴到微心愿墙上。社区工作人员和党员,根据自身能力,积极认领微心愿,尽己所能帮助困难人员。

第四条 邻里之间互相帮助,主动关心楼道内独居老人、高龄老人,对遭受重大灾难的困难居民,社区可组织居民群众自觉捐资,帮助他们渡过难关。

第五条 对贫困家庭学生,协助其做好有关帮困助学申请手续。

第六条 对重大疾病患者,协调上级有关部门,在医疗经费的报销等方面给以关心和帮扶。

第七条 积极动员、鼓励和倡导社会各方面资助贫困家庭。

第八条 完善维护好社区内的无障碍设施,方便残疾人出行。

云台第二居民区平安公约

第一条 严格遵守国家法律法规,做到学法知法、守法用法、维护国家安全、保守国家秘密，不做危害国家和人民利益的事。

第二条 积极参加社区平安志愿者队伍，利用业余时间参与社区平安巡逻。积极参加社区每年组织的消防演习、红十字救援等活动，学习灭火器的使用，急救包扎等知识。

第三条 提高治安防范意识，做到加强自身安全防范，做好邻里相互守望，配合有关部门做好出租房管理，防止各类安全事故。

第四条 自觉维护社会安定稳定，做到依法办事、依法维权、尊老敬幼、家庭和睦、团结互助、邻里和谐。

第五条 崇尚科学健康生活，做到远离"黄、赌、毒"，反对迷信邪教，自觉抵制社会丑恶现象。

第六条 宣传小区正能量，发现身边好人好事及时上报居委会；发扬见义勇为精神，做到积极配合政法机关打击犯罪，发现犯罪活动及时举报，机智勇敢地与犯罪分子作斗争。

参考文献

专著

1. 罗家德、孙瑜、楚燕:《云村重建纪事:一次社区自组织实验的田野记录》,社会科学文献出版社,2014年版。
2. 王本壮等:《社区×营造:政策规划与理论实践》,社会科学文献出版社,2017年版。
3. 罗家德、梁肖月:《社区营造的理论、流程与案例》,社会科学文献出版社,2017年版。
4. [日]飨庭伸、山崎亮、小泉瑛一:《社区营造工作指南:创建街区未来的63个工作方式》,上海科学技术出版社,2018年版。
5. 刘悦来、魏闽:《共建美丽家园:社区花园实践手册(社区花园手册)》,上海科学技术出版社,2018年版。
6. [美]亨利·罗伯特:《罗伯特议事规则》,上海人民出版社,袁天鹏、孙涤译,2008年版。
7. 李蔚、吴旭明、叶泷泽:《KPO标准化管理》,科学出版社,2007年版。
8. 周鹤龄:《我所参与的改革:国企领导干部制度改革与社区党建回忆录》,上海交通大学出版社,2018年版。
9. 韩福国:《我们如何具体操作协商民主:复式协商民主决策程序手册》,复旦大学出版社,2017年版。
10. [美]戴维·H.罗森布鲁姆等:《公共行政学:管理、政治和法律的途径》（第五版），张成福等译校，中国人民大学出版社，2002年版。

11. 姚纪纲：《交往的世界——当代交往理论探索》，人民出版社，2002年版。

12. 唐亚林、陈水生主编：《世界城市群与大都市治理》，复旦城市治理评论第1辑，上海人民出版社，2017年版。

13. 唐亚林、陈水生主编：《城市公共服务创新》，复旦城市治理评论第2辑，上海人民出版社，2017年版。

14. 唐亚林、陈水生主编：《城市精细化治理研究》，复旦城市治理评论第3辑，上海人民出版社，2018年版。

15. 唐亚林、陈水生主编：《社区营造与治理创新》，复旦城市治理评论第4辑，上海人民出版社，2019年版。

16. Lefebvre and Henri, *The production of space*, Blackwell, 1991.

论文

1. 唐亚林：《"所有的道路都通向城市"的中国之道》，《探索与争鸣》2016年第12期，第35—37页。

2. 李程骅：《新型城镇化战略下的城市转型路径探讨》，《南京社会科学》2013年第2期，第7—13页。

3. 唐亚林、钱坤：《城市精细化治理的经验及其优化对策——以上海"五违四必"生态环境综合治理为例》，《上海行政学院学报》2019年第2期，第43—52页。

4. 狄英娜：《"街乡吹哨、部门报到"——强化党建引领基层治理，促进城市精细化管理的北京实践》，《红旗文稿》2018年第23期，第13—15页。

5. 刘建军、王维斌：《"社区中国"：原理、地位与目标》，《城乡规划》2018年第3期，第54—60页。

6. 苏海威、胡章、李荣：《拆除重建类城市更新的改造模式和困境对比》，《规划师》2018年第6期，第123—128页。

7. 魏娜：《我国城市社区治理模式：发展演变与制度创新》，《中国人民大学学报》2003年第1期，第135—140页。

8. 唐亚林、陈先书：《社区自治：城市社会基层民主的复归与张扬》，《学术界》2003年第6期，第7—22页。

9. 黄瑞茂：《社区营造在台湾》，《建筑学报》2013第4期，第13—17页。

10. 张梅青、张蕾：《文化创意产业与社区交融互动模式研究——借鉴台湾社区营造实例》，《山西财经大学学报》2010年S2期，第151—152页。

11. 张婷婷、麦贤敏、周智翔：《我国台湾地区社区营造政策及其启示》，《规划师》2015年S1期，第62—66页。

12. 李朝阳：《城市社区党建：加强党的建设的战略性选择》，《天津师范大学学报（社会科学版）》2005年第5期，第3—7页。

13. 林尚立：《合理的定位：社区党建中的理论问题》，《探索与争鸣》2000年第11期，第16—19页。

14. 曹海军：《党建引领下的社区治理和服务创新》，《政治学研究》2018年第1期，第95—98页。

15. 唐亚林、刘伟：《党建引领：新时代基层公共文化建设的政治逻辑、实现机制与新型空间》，《毛泽东邓小平理论研究》2018年第6期，第21—27页。

16. 孔娜娜、张大维：《嵌入式党建：社区党建的经验模式与路径选择》，《理论与改革》2008年第2期，第51—53页。

17. 沈素琍：《社区党员保持先进性的思考》，《党建研究》2002年第10期，第46—47页。

18. 梁妍慧：《区域化党建是党的建设新课题》，《理论学刊》2010年第10期，第21—23页。

19. 冯小敏：《上海城市基层党建回眸与启示》，《中国浦东干部学院学报》2017年第9期，第97—102页。

20. 卢爱国、陈洪江：《论城市基层区域化党建的整合功能》，《湖南师范大学社会科学学报》2015年第1期，第34—40页。

21. 牛月永：《区域化党建：基层党建的重大课题》，《新视野》2013年第6期，第80—82页。

22. 李雪萍、陈艾：《社区组织化：增强社区参与达致社区发展》，《贵州社会科学》2013 年第 6 期，第 150—155 页。

23. 高红：《社区社会组织参与社会建设的模式创新与制度保障》，《社会科学》2011 年第 6 期，第 76—83 页。

24. 李友梅：《基层社区组织的实际生活方式——对上海康健社区实地调查的初步认识》，《社会学研究》2002 年第 4 期，第 15—23 页。

25. 王德福：《城市社会转型与社区治理体系构建》，《政治学研究》2018 年第 5 期，第 6—9 页。

26. 魏智慧、杨敏：《社区主体意识的复苏及其参与行动的培育——社会互构论视野下的社区建设考察》，《学习与实践》2015 年第 6 期，第 81—88 页。

27. 徐学通：《城市社区需求现状调研》，《党政论坛》2018 年第 12 期，第 46—49 页。

28. 陈国权、张岚：《从政府供给到公共需求——公共服务的导向问题研究》，《人民论坛》2010 年第 2 期，第 32—33 页。

29. 郝彦辉、刘威：《转型期城市基层社区社会资本的重建》，《东南学术》2006 年第 5 期，第 27—33 页。

30. 桂勇、黄荣贵：《城市社区：共同体还是"互不相关的邻里"》，《华中师范大学学报（人文社会科学版）》2006 年第 6 期，第 36—42 页。

31. 李宽：《城市社区共同体的生成机理：从陌生人到熟人》，《重庆社会科学》2016 年第 5 期，第 49—55 页。

32. 杨君、徐永祥、徐选国：《社区治理共同体的建设何以可能？——迈向经验解释的城市社区治理模式》，《福建论坛（人文社会科学版）》2014 年第 10 期，第 176—182 页。

33. 罗中峰：《社区共同体的追寻：解析社区总体营造运动的理路》，《台北市：两岸文化与族群学术研讨会论文集》2004 年，转引自李敢：《"社区总体营造"：理论脉络与实践》，《中国行政管理》2018 年第 4 期，第 51—56 页。

34. 赵蔚、赵民：《从居住区规划到社区规划》，《城市规划汇刊》2002 年第 6 期，第 68—71 页。

35. 孙施文、邓永成：《开展具有中国特色的社区规划——以上海市为例》，《城市规划汇刊》2001 年第 6 期，第 16—18 页。

36. 钱征寒、牛慧恩：《社区规划——理论、实践及其在我国的推广建议》，《城市规划学刊》2007 年第 4 期，第 74—78 页。

37. 王丰龙、陈倩敏、许艳艳、刘云刚：《沟通式规划理论的简介、批判与借鉴》，《国际城市规划》2012 年第 6 期，第 82—90 页。

38. 林赛南、李志刚、郭炎、刘达：《走向社会治理的规划转型与重构》，《规划师》2019 年第 1 期，第 25—30 页。

39. 钟晓华：《"嵌入"还是"搅动"？外部精英介入社区营造的路径》，《南京社会科学》2018 年第 7 期，第 87—93 页。

40. 杨立华：《学者型治理：集体行动的第四种模型》，《中国行政管理》2007 年第 1 期，第 96—103 页。

41. 陈水生：《中国城市公共空间生产的三重逻辑及其平衡》，《学术月刊》2018 年第 5 期，第 101—110 页。

42. 刘中起：《基层社区动员的框架整合：凌云"绿主妇"个案研究》，《华东理工大学学报（社会科学版）》2015 年第 6 期，第 40—49 页。

43. 刘博、李梦莹：《社区动员与"后单位"社区公共性的重构》，《行政论坛》2019 年第 2 期，第 117—123 页。

44. 闵学勤：《社区协商：让基层治理运转起来》，《南京社会科学》2015 年第 6 期，第 56—61 页。

45. 胡晓芳：《公共性再生产：社区共同体困境的消解策略研究》，《南京社会科学》2017 年第 12 期，第 96—103 页。

46. 邓沁雯、王世福、邓昭华：《城市社区智慧治理的路径探索——以佛山张槎"智慧城市管家"为例》，《现代城市研究》2017 年第 5 期，第 9—15 页。

47. 常恩予、甄峰：《智慧社区的实践反思及社会建构策略——以江苏省国家智慧城市试点为例》，《现代城市研究》2017 年第 5 期，第 2—8 页。

48. 陈跃华：《加快智慧社区建设，破解社区治理难题》，《人民论坛》2019 年第 2 期，第 60—61 页。

49. 杨贵华：《自组织与社区共同体的自组织机制》，《东南学术》2007 年第 5 期，第 117—122 页。

50. 谢宇：《走出中国社会学本土化讨论的误区》，《社会学研究》2018 年第 2 期，第 1—13 页。

51. 洪大用：《超越西方化与本土化——新时代中国社会学话语体系建设的实质与方向》，《社会学研究》2018 年第 1 期，第 1—16 页。

52. 李宗克：《社会学本土化的理论反思》，《探索与争鸣》2011 年第 10 期，第 75—77 页。

53. 熊万胜：《归向何处：对本土知识传统的审思》，《探索与争鸣》2018 年，第 5 期，第 106—116 页。

54. 吴海红、郭圣莉：《从社区建设到社区营造：十八大以来社区治理创新的制度逻辑和话语变迁》，《深圳大学学报（人文社会科学版）》2018 年第 2 期，第 107—115 页。

55. 李敢：《"社区总体营造"：理论脉络与实践》，《中国行政管理》2018 年第 4 期，第 51—56 页。

56. 韩福国：《超越"指定代表"和"随机抽样"：中国社会主义复式协商民主的程序设计》，《探索》2018 年第 5 期，第 71—81 页。

57. 曾凡军：《从竞争治理迈向整体治理》，《学术论坛》2009 年第 9 期，第 82—86 页。

58. 胡象明、唐波勇：《整体性治理：公共管理的新范式》，《华中师范大学学报（人文社会科学版）》2010 年第 1 期，第 11—15 页。

59. 竺乾威：《从新公共管理到整体性治理》，《中国行政管理》2008 年第 10 期，第 52—58 页。

60. 成伯清：《社会建设的情感维度——从社群主义的观点看》，《南京社会科学》2011 年第 1 期，第 70—76 页。

61. 文军、高艺多：《社区情感治理：何以可能，何以可为？》，《华东师范大学学报（哲学社会科学版）》2017 年第 6 期，第 28—36 页。

62. 何雪松：《情感治理：新媒体时代的重要治理维度》，《探索与争鸣》2016 年第 11 期，第 40—44 页。

63. 狄金华：《通过运动进行治理：乡镇基层政权的治理策略——对中国中部地区麦乡"植树造林"中心工作的个案研究》，《社会》2010年第3期，第83—106页。

64. 李瑞昌：《中国公共政策实施中的"政策空转"现象研究》，《公共行政评论》2012年第1期，第59—85页。

65. 杨雪冬：《压力型体制：一个概念的简明史》，《社会科学》2012年第11期，第4—12页。

66. 杨敏：《作为国家治理单元的社区——对城市社区建设运动过程中居民社区参与和社区认知的个案研究》，《社会学研究》2007年第4期，第137—164页。

67. 李强、王拓涵：《新清河实验：基层社会治理创新探索》，《社会治理》2017年第7期，第56—63页。

68. 刘悦来、尹科娈、葛佳佳：《公众参与，协同共享，日臻完善——上海社区花园系列空间微更新实验》，《西部人居环境学刊》2018年第4期，第8—12页。

69. 马得勇、王正绪：《民主、公正还是绩效？——中国地方政府合法性及其来源分析》，《经济社会体制比较》2012年第3期，第122—138页。

70. 周黎安：《中国地方官员的晋升锦标赛模式研究》，《经济研究》2007年第7期，第36—50页。

71. 陈家喜、汪永成：《政绩驱动：地方政府创新的动力分析》，《政治学研究》2013年第4期，第50—56页。

72. 倪星：《政府合法性基础的现代转型与政绩追求》，《中山大学学报（社会科学版）》2006年第4期，第81—87页。

73. 郁建兴、秦上人：《论基本公共服务的标准化》，《中国行政管理》2015年第4期，第47—51页。

74. 尹栾玉：《基本公共服务：理论、现状与对策分析》，《政治学研究》2016年，第5期，第83—96页。

75. 陈国权、张岚：《从政府供给到公共需求——公共服务的导向问题研究》，《人民论坛》2010年第2期，第32—33页。

76. 杨莉：《以需求把居民带回来——促进居民参与社区治理的路径探析》，《社会科学战线》2018年第9期，第195—201页。

77. 蔡礼强：《政府向社会组织购买公共服务的需求表达——基于三方主体的分析框架》，《政治学研究》2018年第1期，第70—81页。

78. 李怀、武艳楠：《城市"社区社会需求"整合：一个重建社区公共性的分析》，《兰州大学学报（社会科学版）》2017年第4期，第44—53页。

79. 容志：《推动城市治理重心下移：历史逻辑、辩证关系与实施路径》，《上海行政学院学报》2018年第4期，第49—58页。

80. 家齐、李旭超：《重心下移：近年来党和政府执政的新趋势》，《社会主义研究》2012年第1期，第80—85页。

81. 郭圣莉、张良：《实现城市社会治理重心下移》，《领导科学》2018年第31期，第20—21页。

82. 龚世俊、李宁：《城市新型社区的人际交往与和谐社会构建》，《南京社会科学》2007第9期，第98—103页。

83. 张振洋、王哲：《有领导的合作治理：中国特色的社区合作治理及其转型——以上海市G社区环境综合整治工作为例》，《社会主义研究》2016年第1期，第75—84页。

84. 何平立：《冲突、困境、反思：社区治理基本主体与公民社会构建》，《上海大学学报（社会科学版）》2009年第4期，第20—31页。

85. 徐宏宇：《城市社区合作治理的现实困境》，《城市问题》2017年第6期，第75—82页。

86. 邢晓明：《城镇社区和谐邻里关系的社会学分析》，《学术交流》2007年第12期，第163—165页。

87. 闫文鑫：《现代住区邻里关系的重要性及其重构探析——基于社会交换理论视角》，《重庆交通大学学报（社会科学版）》2010年第3期，第28—30页。

88. 袁方成、汪婷婷：《空间正义视角下的社区治理》，《探索》2017年第1期，第134—139页。

89. 《习近平：人民群众的事情就是我们的牵挂》，新华网，2016年2月3日，

http：//news.xinhuanet.com/politics/2016-02/03/c_128700094_3.htm。

90. Yang L, Lan G Z, He S, "Roles of scholars in environmental community conflict resolution: A case study in contemporary China", *International Journal of Conflict Management*, 2015, 26 (3), pp. 316-341.

91. Grundmann R, "The role of expertise in governance processes", *Forest Policy and Economics*, 2009, 11 (5-6), pp. 0-403.

92. Spann R N, Mosher F C, "Democracy and the Public Service", *Administrative Science Quarterly*, 1971, 16 (2), p. 237.

93. "Expertise and Policy-making: Legal Professionals in Local Government", *Public Administration*, 2010, 84 (3), pp. 771-781.

"陪你说说话"：把论文写在祖国的大地上（后记）

庚子年春节注定是一个不寻常的春节。

节前，应"老东家"华东理工大学人文社会科学处朋友之约，笔者到华东理工大学做课题申报讲座。讲座前，该校朋友告诉笔者，他刚从上海市浦东新区周家渡街道云台第二居民区调研回来，碰到当地社区的居民大妈们，她们纷纷问唐教授最近为何没来，并说她们很希望唐教授多去那里看看。

听了朋友的转告，笔者心头涌起一阵感动——做了点事情，还一直被人念叨和挂牵着，真是件幸福的事情。掐指一算，笔者有近半年的时间没去周家渡街道云台第二居民区转转了，内心深处也不时泛起要去当初社区营造现场看看的念头。奈何手头杂事太多，加之也有一种"近乡情更怯，不敢问来人"的愧疚感始终充盈在心头，便将此念头一再压制。

人过五十岁后，不仅生理上会呈现诸多变化，比如记忆力减退，身体机能下降，而且心理上也会发生很大改变，比如会日益看淡名利之争，会争取机会做成一两件既富有意义又问心无愧的事情。

孔子针对两千多年前农耕社会物质水平低下、医疗条件极差的情况，在《论语·为政》中提出了我称之为"人生刻度理论"的"年龄说"："吾十有五而志于学，三十而立，四十而不惑，五十而知天命，六十而耳顺，七十而从心所欲，不逾矩。"

当今时代，高度发达的营养条件、医疗条件或者说社会保障条件，让人的正常寿命远远超过古时难以逾越的高峰——70岁，甚至80岁不稀奇，90岁、100岁也正常。据估算，2018年上海市户籍人口人均期望寿命为83.63岁，其中男性81.25岁，女性86.08岁。这个数字就全世界范围比较，都算是很高的。

当然，针对孔子著名的"人生刻度理论"，笔者还是另有一番见解的。比如，笔者将"三十而立"改为"四十而立"，这是因为现代教育制度让人的大学毕业时间或者研究生毕业时间大大推迟（本科毕业一般22—24岁，博士毕业一般28—30岁），而现代婚姻制度又延迟了男女成家的年龄，刚毕业就"买房"，就要"成家立业"，有点不太现实。而古人是十五六岁就可成家，男耕女织十五六年，生儿育女，单立门户，就算"成家立业"了。可中国人又讲"有恒产者有恒心"，没房子，成什么家立什么业呀，实在是矛盾得很。此外，针对孔子另一个著名的"人生刻度理论"之"阶段说"，我也认为同样需要修改。孔子在《论语·季氏》中提出："少之时，血气未定，戒之在色；及其壮也，血气方刚，戒之在斗；及其老也，血气既衰，戒之在得（贪）。"根据现代人的成长与成熟规律，少时勇猛无知，顽劣不堪，需要"戒斗"；壮时名利双收，诱惑很多，需要"戒色"；老时的困境与古时一样，要学会放手，需要"戒得"，即"少之戒斗，壮之戒色，老之戒得"。这些都属于题外话，暂且按下不表。

人均寿命的大幅提升，直接带来了什么样的后果呢？老龄化社会的提早到来！按照通行标准，一个国家或地区60岁以上老年人人口数量占总人口比例超过10%，或者65岁以上老年人人口数量占总人口比例超过7%时，意味着这个国家或地区进入老龄化社会；65岁以上老年人人口数量占总人口比例一旦达到14%时，意味着这个国家或地区进入深度老龄化社会。

2011年，笔者指导一个博士生以"养老服务供给"为主题做博士论文研究，其原因就在于看到了老龄化社会的到来，而"未富先老"的中国人将前所未有地提早进入由"满城银发"现象而引发的老龄化时代。当笔者看到博士生搜集的有关上海老龄化社会的资料时，极其震惊地发现按照前述老龄化社会标准，1982年上海市户籍人口总数为1 180.51万，60岁以上老年人人口数量为136.53万，老年人人口数占人口总数的比例为11.57%，65岁以上老年人人口数量为88.07万，占人口总数的7.46%。上海居然在1982年就进入了老龄化社会（户籍人口）！如今上海60岁以上的户籍老年人人口，截至2019年底，已达503.28万人，占户籍总人口的34.4%，上海已然进入超级老龄化社会了。

更重要的是，在45岁之后，笔者日渐认识到"养小送老自己活"构成了自身的人生使命，也是中国一代又一代人的日常人生使命之核心内容。而当时，笔者父母的年龄均已超过75岁，也让笔者不得不思考将如何面对家中老年人的未来养老问题。

现实出难题，实践出真知，生活出学问。自那时起，养老问题就深深扎根于笔者的内心，成为笔者思考人生使命与学问转型的一大动力源。而把论文写在祖国的大地上，就成为之后笔者学问人生的根本价值取向。

把论文写在祖国的大地上，当然离不开对生于斯、长于斯、老于斯的"吾国吾民、吾土吾命"的深切关怀。笔者在书斋与现实、理论与实践、历史与未来、中国与世界间来回穿行，一直渴望能找到将书斋里的理论完整地应用到实践中的机会，而不只是照抄照搬书本上的大词，然后照本宣科；或者是下车伊始，搞搞浮光掠影式调研之后,就自以为是地提战略、出对策。

俗话说,机会偏爱有准备的头脑。实际上,美好也时常偏向有情怀的奉献。2017年12月7日,笔者参加了中共浦东新区周家渡街道党工委在中华艺术宫举办的全面建设"美好周家渡"专家研讨会。在会上,笔者了解了中共周家渡街道党工委一班人的雄心壮志,他们要将中共十九大报告提出的解决"人民日益增长的美好生活需要和不平衡不充分的发展之间的矛盾",作为街道党工委一切工作的出发点和落脚点,并将其转化为以"五美五好"为核心的"美好周家渡"发展战略。笔者基于自己多年的基层调研经验和对中共十九大报告的理解,对"美好周家渡"发展战略提出了实事求是的建议。

2018年4月20日,周家渡街道召开综合性样板居民区评审工作会,邀请相关领域的多名专家对各居民区申报的建设方案进行现场评审,笔者应邀再次参加。在会后,笔者与街道党工委负责人等进行了非常友好坦诚的交流。双方对由复旦大学大都市治理研究中心与复旦规划建筑设计研究院联合组成"治理+规划"社区营造试验团队,在中共周家渡街道党工委的领导下,在周家渡街道云台第二居民区开展"标准化样板居民区建设"试点工作,以实现将理论指导转化为积极社会实践以及创造可复制可推广的基层整体治理模式这一构想,达成了高度共识。

2018年5月21日,时任中共周家渡街道党工委书记、人大工委主任张安平同志陪同我们复旦大学社区营造联合试验团队成员到云台第二居民区、第一居民区实地调研。那天天气炎热,我们把两个居民区走遍就花了近三个小时,汗水湿透了上衣,可我们掌握了实情,了解了民意,明确了方向,理清了思路,增添了信心。在之后近一年的时间里,张安平书记,时任中共周家渡街道党工委副书记、办事处主任华英姿同志(现任中共周家渡街道党工委书记、人大工委主任)、中共周家渡街道党工委副书记张波同志等多次陪同我们团队成员到云台第二居民区实地调研,听取民意,开现场办公会督促落实。

2018年6月25日下午,笔者在浦东新区周家渡街道云台第二居民区楼组长第一次动员大会上,就本次社区营造试点活动的目的、方法、举措和目标等向居民朋友们作说明时,特别强调了我们社区营造联合试验团队投入巨大精力的原因:一是街道党工委、办事处领导高度重视,想切切实实地为广大社区居民办实事,努力探索具有周家渡街道特色并具有可复制可推广价值的基层整体治理模式。二是希望立足广大居民的实际需求,通过社区营造这一新型社区治理方式,在广大居民安身立命的美好家园里,营造一个个自然的、开放的、交往的公共空间,让居民之间可以随意见见面、说说话、谈谈心;建设一个个让老百姓办事方便的便民利民服务场所,让居民朋友可以经常碰碰头、聚一聚;构建一个个让广大社区居民可以自觉参与、相互协商、志愿维护的长效管理机制,订立一系列居民自我管理、自我教育、自我服务、自我监督的社区公约。三是通过大家共同的努力和积极的参与,让邻里之间走动起来,让居民之间互动起来,让社区街道之间联动起来,构建新型交往关系、新型服务关系、新型协商关系、新型邻里关系。尤其是在社区各种公共服务设施建好后,大家把它们当作自己投入的杰作,主动自愿地爱护,长久义务地维护,营造共同使用、共同爱护的家园文化。

到2019年上半年,这项持续了近一年的社区营造活动告一个段落,后续深化工作待日后再开展。在此过程中,笔者和团队成员先后到云台第二居民区社区营造现场二十几次,用脚步丈量社区的土地,实地调研摸清情况,现场开会解决问题,相互交流寻找方案,到居民家探访做思想工作,与广大社区居民结下了深厚的情谊。同时，我们到周家渡街道办公地先后达二十几次，与街道领导、各职能部门的同志商谈合作、审议方案、协商问题，一次又一次地赢得理解、安慰和支持。在此过程中，也发生了一些"小插曲"。比如，有居民在社区居民议事会上对营造方案没有满足自己所在楼栋的诉求而发火，有居民不愿意将自家房前屋后的违章搭建物拆除，还有居民在社区营造施工建设过程中不愿意主动配合，社区营造项目因资金拨付、项目审计、代理方为难等原因而无法按计划及时开展。为此，付出了巨大体力、脑力和心力的社区营造联合试验团队成员受过委屈，有过放弃的念头，可最终在周家渡街道主要领导的大力支持和云台第二居民区广大居民的热切期盼下，我们坚持了下来，圆满地完成了预定的各项任务，兑现了把论文写在祖国的大地上的誓言。

在地方党委政府，社区党组织、居委会、业委会、物业公司，广大居民，社区各单位，以及各自治组织、专家联合团队、志愿者等的全力支持和参与下，通过各方共同奋斗，周家渡街道云台第二居民区旧貌换新颜。社区营造活动既创造了鲜活生动的实践经验，又构筑了城市基层整体治理的理论模式，还为广大社区居民创造了安居乐业的生活环境以及参与协商、交往互动、整体合力的社区文化。

2019年7月，由中共上海市委组织部、中共上海市委政法委、中共上海市社会工作委员会为指导单位，中国浦东干部学院、中共上海市委党校、新华社中国经济信息社、新华网等单位共同发起的"2018中国（上海）社会治理创新实践十佳案例"正式发布，由中共浦东新区周家渡街道党工委、周家渡街道与复旦大学大都市治理研究中心、复旦规划建筑设计研究院联合选送的"标准化样板居民区建设"在激烈的评比竞争中获得了"十佳案例"的荣誉称号。更为重要的是，通过相关各方的共同奋斗，浦东新区周家渡街道云台第二居民区的社区营造暨整体治理模式试验区创建活动取得了圆满的成功,达到了预期的目的!

贯穿于此次社区营造实践创新活动全过程的美好初心,就是把广大社区居民的美好生活需要,以及广大基层干部和社区工作者干实事、有担当、不忘初心建设中国特色社会主义的伟大历史使命,与专家学者在书斋里的美好理想和情怀有机结合,而本书就是这一美好初心得以贯彻与实现的全景式记录和展示。

作为这项社区营造暨城市基层整体治理模式创新活动的总策划人和本书框架结构的总设计者与主要撰稿人之一,在本书即将付梓之际,特作如下说明,并表达深深的感激之情。

第一,衷心感谢包括社区议事会成员、社区各(网格)党支部成员、家庭小党校成员、楼组长等在内的浦东新区周家渡街道云台第二居民区的广大社区居民,没有你们的积极支持和全力参与,此次社区营造活动不可能取得如此的成功,你们的家园环境也不会变得如此美好。尤其是很多议事员、楼组长、党支部书记等,主动参与、主动值班、主动监督、主动奉献,让我们一次又一次地感动。我们期待通过这次社区营造而提升的美好社区环境与社区文化(包括上升的社区房价),能够创造出让大家安居乐业的生活环境。

第二,衷心感谢在此次社区营造活动中投入了巨大精力的云台第二居民区党总支、居委会、业委会、物业管理公司以及社区各单位的负责人和工作人员。尤其要感谢时任云台第二居民区党总支书记的陈纯同志、居委会主任李娟同志、业委会副主任季黎明老书记以及经常出金点子的云台第一居民区党总支书记刘霞同志等,他们日夜奔波,亲力亲为,积极协调,无私奉献,让我们见识了基层社区治理领域的"最可爱的人"群体的整体魅力和工作精神!

第三，衷心感谢周家渡街道各职能部门的负责人和工作人员，他们全力配合，形成了"街（道）（社）区"整体合力发展架构。尤其要感谢时任推进办负责人吕中子同志（现为南码头街道党工委委员、办事处副主任）、原党建办负责人袁媛同志、党政办负责人陈善培同志、自治办负责人田学斌同志以及管理办等部门同志，他们或居中联络协调，或配合调研行动，或解决实际难题，无不显示了积极主动的负责和奉献精神。

第四，要衷心感谢周家渡街道党政班子负责人和成员，他们想干事、能干事、干成事的事业心和责任感，一直激励着我们社区营造联合试验团队成员尽力配合把有利于广大社区居民的美好事业做好。尤其要感谢原中共周家渡街道党工委书记、人大工委主任张安平同志，没有他的总体决策、鼎力支持、亲自督战、现场指挥、综合调控，社区营造事业难以取得今天这样亮丽的成就，也难以达到如此的理论高度。虽然张安平同志因为职业发展原因离开了党政机关，可他在基层日常事务工作中创造的把政府的具体工作目标与人民的美好愿望有机统一的发展理念和发展构想，永远被我们社区营造联合试验团队成员所铭记，也会被广大云台第二居民区的居民所称赞；要感谢时任中共周家渡街道党工委副书记、办事处主任华英姿同志（现任中共周家渡街道党工委书记、人大工委主任），对社区营造方案的顶层设计、行动方案、人力调配、经费统筹从总体上把关，让社区营造事业运行顺畅、光彩倍增；要感谢一直陪伴着社区营造联合试验团队成员的中共周家渡街道党工委副书记张波同志，事必躬亲，有求必应，有思想有规划有行动，充分体现了基层管理者的职业风采和美好情怀，展现了基层到处都藏龙卧虎的发展生机。

第五，衷心感谢社区营造联合试验团队在进行社区营造过程中，招募到的包括复旦大学、华东师范大学、华东政法大学等的本科生、研究生志愿者，你们暑期顶着烈日，陪着社区议事员两次走遍社区，记录他们的问题与建议，贡献你们的所思所想，确保了此次社区营造活动的成功进行。

第六，衷心感谢与我们一起参与浦东新区周家渡街道云台第二居民区社区营造具体改造活动的两家建筑公司的负责人。要特别向他们表达笔者本人、社区营造联合试验团队以及云台第二居民区党总支和居委会、广大居民朋友的由衷谢意，他们在遵循正规招投标程序和规定的同时，也受到笔者本人对此美好事业倾情投入行为的感召，不把赚钱作为第一要务，而是讲情怀讲奉献讲投入，甚至遇到个别居民提出无理要求时，自己掏钱买空调"消灾"，与我们共同创造了这一能在全国的社区营造领域产生广泛影响的经典案例。他们施工建设团队整体利润不高，有的小项目还亏了本，以致我至今都心怀愧疚。"将心比心"，这种无以言表的情感至今充盈在我的心头。这两位有情有义的建筑公司负责人，一个是上海达圣建筑安装工程有限公司的项目经理戚伯伟，他的手机号码为13761818197；另一个是上海进华建设工程有限公司的经理刘盛东，他的手机号码为13391274728。我期待有社区营造需求的领导和朋友看到此后记后，也会被他们的情怀所感动，进而主动与他们联系，创造合作的机会，再创基层治理的伟业。

最后，笔者也要感谢我们社区营造联合试验团队的成员。复旦规划建筑设计研究院副院长施海涛教授级高工负责社区营造在规划方面的总体构想，提供了周全的人力资源保障；王旗高工全程督促并参与了社区营造规划方案的总体设计，多次去社区营造实地调研；张正芬高工参与了多次实地考察，提供了智慧贡献；徐龙喜规划师作为此次社区营造的具体设计师，和笔者一起二十多次跑遍云台第二居民区，二十多次跑到街道办公地进行商谈，默默奉献，居功至伟，本次社区营造活动所有规划图纸都出自他之手；复旦大学大都市治理研究中心钱坤博士生不仅负责所有联络性事务，参与实地调研和具体方案设计的讨论，而且是本书主要撰稿人之一，既锻炼了能力，又开阔了眼界；还有博士生王小芳、张慧娟、魏诗强等多次参与实地调研，居中联络，提供服务；同事李春成教授、朋友马西恒教授、唐有财副教授多次参与社区营造方案的讨论工作，贡献了他们的真知灼见。

理论来源于实践，又深度指导实践。本书提出的社区营造暨城市基层整体治理模式的实践操作方法与发展理念，使上海的一个老旧社区旧貌变新颜，相信也可为国内更多街道、广大社区提供有益参考和借鉴。这种"从理论指导中来，到实践探索中去，再到理论提升中来，又到实践推广中去"的循环往复过程，是构建具有强大生命力和发展力的当代中国本土化社区营造模式与理论的不二法门。

期待本书能够为新时代的社区营造与基层治理创新提供有益的经验借鉴。欢迎读者朋友批评指正！

复旦大学　唐亚林

微信公众号：唐家弄潮儿

电子邮箱：tangyalin@fudan.edu.cn

图书在版编目(CIP)数据

社区治理的逻辑:城市社区营造的实践创新与理论模式/唐亚林等著. —上海:复旦大学出版社,2020.4(2023.9重印)
(中国治理的逻辑丛书)
ISBN 978-7-309-14951-7

Ⅰ.①社… Ⅱ.①唐… Ⅲ.①城市-社区管理-研究-中国 Ⅳ.①D669.3

中国版本图书馆 CIP 数据核字(2020)第 047499 号

社区治理的逻辑:城市社区营造的实践创新与理论模式
唐亚林 钱 坤 徐龙喜 王 旗 著
责任编辑/邬红伟

复旦大学出版社有限公司出版发行
上海市国权路 579 号 邮编:200433
网址:fupnet@fudanpress.com http://www.fudanpress.com
门市零售:86-21-65102580 团体订购:86-21-65104505
出版部电话:86-21-65642845
常熟市华顺印刷有限公司

开本 787×960 1/16 印张 24 字数 290 千
2020 年 4 月第 1 版
2023 年 9 月第 1 版第 4 次印刷

ISBN 978-7-309-14951-7/D·1026
定价:65.00 元

如有印装质量问题,请向复旦大学出版社有限公司出版部调换。
版权所有 侵权必究